高职高专财政金融类专业规划教材

投资原理与实务

尤强　编著

清华大学出版社

北　　京

内 容 简 介

本书的内容主要分为两部分：理论部分与实务部分。理论部分包括 6 章：投资概述、投资过程与投资策略、基本分析原理、技术分析原理、投资组合理论、行为金融理论；实务部分包括 4 章：股票投资实务、期货投资实务、外汇投资实务、黄金投资实务。

本书适合各高职高专院校财经类专业的投资课程教学使用，也可作为投资者的自学教材。

本书配有课件，下载地址为：http://www.tupwk.com.cn/downpage。

图书在版编目(CIP)数据

投资原理与实务 ／ 尤强 编著. —北京：清华大学出版社，2013 (2019.7 重印)
(高职高专财政金融类专业规划教材)

ISBN 978-7-302-34146-8

Ⅰ. ①投… Ⅱ. ①尤… Ⅲ. ①投资学—高等职业教育—教材 Ⅳ. ①F830.59

中国版本图书馆 CIP 数据核字(2013)第 243475 号

责任编辑：施　猛　马遥遥
封面设计：周晓亮
责任校对：曹　阳
责任印制：沈　露

出版发行：清华大学出版社
　　　　　网　　　址：http://www.tup.com.cn，http://www.wqbook.com
　　　　　地　　　址：北京清华大学学研大厦 A 座　　　　邮　　　编：100084
　　　　　社 总 机：010-62770175　　　　　　　　　　邮　　　购：010-62786544
　　　　　投稿与读者服务：010-62776969，c-service@tup.tsinghua.edu.cn
　　　　　质 量 反 馈：010-62772015，zhiliang@tup.tsinghua.edu.cn
　　　　　课 件 下 载：http://www.tup.com.cn，010-62796865
印 装 者：北京九州迅驰传媒文化有限公司
经　　销：全国新华书店
开　　本：185mm×260mm　　　　　印　　张：13.75　　　　字　　数：246 千字
版　　次：2013 年 10 月第 1 版　　　印　　次：2019 年 7 月第 2 次印刷
定　　价：46.00 元

产品编号：044151-02

前　言

2013年8月3日，我终于完成了这本书稿的收尾工作，从开始构思、设计、动笔写作、修改，到最终定稿，历经两年零一个月的时间，可以说这本书的编写工作是非常细致的。我希望这部教材既能够立足于实际，解决教学中存在的问题，又能够有所突破，写出一点有新意的东西。投资类课程的教学难点在于模拟实训，让学生开设真实的账户风险太大，而且学生也没有足够的资金，所以必须通过虚拟账户和虚拟资金进行模拟实训。但是，如何模拟实训，实训的目的和内容是什么，如何评价学生实训的效果，需要什么样的软件和硬件条件，这些都是在实际教学过程中会面临的问题。本书就是立足于解决这些实际问题而编写的。

本书可供高职高专院校财经类专业的投资类课程教学使用，也可供投资者作为入门教材使用。本书的特点在于：第一，作为理实一体化教材，在教材中加入了大量模拟实训的内容，并收集了很多免费的软件资源，使学生能很方便地完成模拟实训，能够真正地让学生动手、动脑。本教材贴近现实，能够直接指导投资者进行投资活动。第二，内容丰富，本书分为两部分——理论部分与实务部分。理论部分有6章，主要介绍投资活动中必需的基本原理，包括投资概述、投资过程与投资策略、基本分析原理、技术分析原理、投资组合理论、行为金融理论；实务部分有4章，主要介绍在现实中投资价值较高、比较受欢迎的投资业务，包括股票投资实务、期货投资实务、外汇投资实务、黄金投资实务。各章中另有大量的例题、图形、表格、课后习题及课外阅读推荐、小资料、思考题等，可增加学生的学习兴趣。第三，结构严谨、条理清晰。各章的体例基本保持一致或相近，有利于学生理解、掌握知识以及将知识系统化。第四，整体性和统一性较好。本书前后衔接紧密，思路统一，没有前后矛盾、雷同、重复等问题。

作为一名多年从事金融、投资类课程教学的教师，我深知学科理论与实践相融合的重要性。因此，在本书的编写上，着重解决了实际教学过程中发现的问题，并且将实务界的最新动态、最前沿创新一并在教材中加以体现。相信同学们认真地学完这本教材之后，一定会有很大的收获，对于投资会有更加深入的理解，投资的分析决策能力和操作能力会有很大的提高。

　　另外，教材在编写过程中难免会有一些不足之处，请读者提出宝贵的意见和建议，便于本书的修改和提高。反馈邮箱：wkservice@vip.163.com。

尤强

2013年8月5日

目　录

第1章 投资概述 ⊙

引言

不愿投资未来的人也不会拥有未来——H. W. 刘易斯。这句名言很好地解释了投资的重要性,投资对于个人、家庭、企业乃至国家都是极其重要的。

"不仅要拼命地为了赚钱去工作,还要学会让金钱拼命地为你去赚钱,这就是投资。"这句话告诉我们,即使你不是专业投资者,也需要掌握一定的投资知识。因为你通过工作赚到的金钱要通过一定的投资、理财活动才能实现保值、增值。

"你的今天取决于你昨天的决策,你的明天取决于你今天的决策。"这句话告诉我们,投资的最本质特征是:为了在未来收获更多的利益。

那么,我们应该如何获得投资的成功呢?下面三句名言将给你答案:

"投资成功其实很简单,但这并不容易;做一个仰卧起坐很简单,在你今后的生命中每天做一个仰卧起坐也很简单,但却不容易"——持之以恒。

"知识能对抗致富的两个敌人:风险和恐惧"——学习研究。

"你必须为富有付出的代价是时间"——勤奋加耐心。

1.1 投资的含义

投资是人类社会一种重要的经济活动，随着经济的不断发展，"投资"概念也成为一个多层次、多角度的经济概念。因此，在开始学习投资之前有必要理解投资的内涵。

在日常生活中我们经常会用到"投资"这个词，通常可以理解为：为了获得更高的回报而预先付出一定的代价的行为。在不同的学科中，"投资"的概念也不尽相同。

要理解什么是投资，就要理解如下三个特征：第一，时间性，即牺牲当前消费而计划的未来消费，这里蕴含着资金的时间价值，任何投资都要付出等待的代价才能获得回报；第二，不确定性，即风险性，任何投资的收益和损失都具有不确定性，只是概率的大小不同；第三，收益性，任何投资者进行投资的目的都是为了获得经济效益和社会效益。

1.1.1 西方经济学中的"投资"

在西方经济学中，"投资"是指厂商(企业)对资本品的需求或者指厂商购买资本品的行为。斯蒂格利茨认为，"资本"有两种既相互区别又密切联系的含义。资本的第一种含义是指资本品，即生产出来的又投入生产中的产品，例如，生产设备、厂房、原材料等。资本的第二种含义是指购买资本品的货币资金。所以，西方经济学中的"投资"概念更接近于"实业投资"这个概念，即企业购买生产设备、厂房等资本品的行为。但是，当人们说到资本市场时，其中的资本是指购买资本品的货币资金。因为资本品本身的买卖与产品的买卖没有什么不同，所以资本品的买卖常常被划入产品市场之中。例如，企业为了生产所购买的设备是一种商品，属于商品市场。

可见，投资与资本的关系是十分密切的。投资与资本的关系实际上是流量与存量的关系。投资是流量，它来源于资本存量，最终又归之于资本存量。根据能否增加资本存量这一标准，投资可以划分为重置投资与净投资两种。重置投资用来补偿生产过程中所消耗掉的资本。总投资与重置投资的差额，叫做净投资。净投资会增加资本存量。若重置投资等于零，投资就等于资本存量的变动量。厂商的投资包括存货投资与固定资产投资两部分。存货投资包括新增库存原材料、新增库存产成品与新增在产品或半成品三项。

西方经济学中的"投资"内容如图1-1所示。

固定资产投资
如：生产设备、厂房等

存货投资
如：原材料、在产品或半成品、产成品

厂商投资

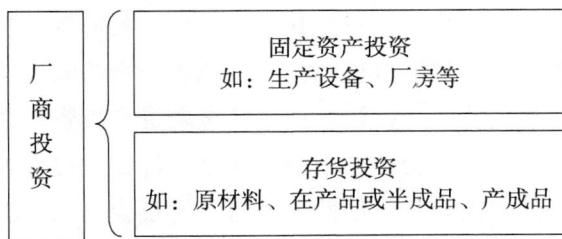

图1-1　西方经济学中的"投资"

1.1.2　投资学中的"投资"

在投资学领域中，"投资"概念是广义的概念。广义的投资，是指经济主体为获取预期收益投入经济要素，以形成资产的经济活动。经济主体即投资者，包括各种类型的企事业单位、个人、政府以及外国厂商等。预期收益不仅包含投资的可计算的微观经济收益，还包括不可直接计算的社会效益和环境效益等。投入的经济要素，是指从事建设和经营活动所必需的物质条件和生产要素，包括货币资金、机器设备、房屋、运输工具、通信、土地等有形资产以及劳务、专利权、商标、工艺资料、技术秘诀、经济信息等无形资产。投资的对象可以是实物资产、产业、项目以及金融工具等。

可见，投资学中的"投资"概念范畴要比西方经济学中的"投资"概念范畴大得多。按照投资对象不同，投资可以分为实业投资、实物投资和金融投资，如图1-2所示。

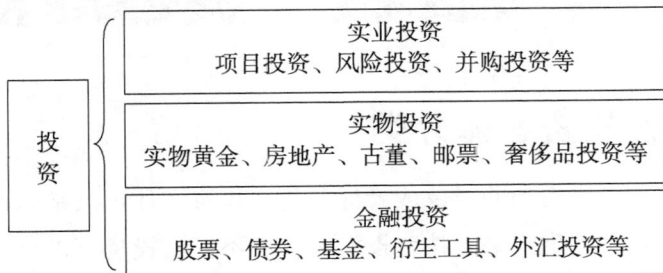

实业投资
项目投资、风险投资、并购投资等

实物投资
实物黄金、房地产、古董、邮票、奢侈品投资等

金融投资
股票、债券、基金、衍生工具、外汇投资等

投资

图1-2　投资学中的"投资"

虽然投资学中的"投资"是广义的概念，但是投资学研究的内容是有侧重点的，以金融投资、实业投资为主要研究对象，对其他的投资活动有所涉及。

1.1.3　会计领域中的"投资"

在会计领域中，将企业的经济活动划分为经营活动、投资活动和筹资活动三大类，企业所有的经济业务都不超过这三大类的范畴。会计领域中的投资是指企业长期资产的购建和非现金等价物的投资及其处置活动。长期资产是指固定资产、无形资产、在建工程、其他资产等持有期限在一年或者一个营业周期以上的资产。这里所讲的投资活动既包括实物资产投资，也包括金融资产投资。之所以将对现金等价物的投资排除在外，是因为在会计领域中将现金等价物的投资视为现金。所谓现金等价物是指企业持有的期限短、流动性强、易于转换为已知金额现金、价值变动风险很小的投资，包括国库券、商业本票、货币市场基金、可转让定期存单、商业本票及银行承兑汇票等。

不同的企业由于行业特点不同，对于投资活动的认定也存在一定的差异。例如，购买股票等以期获得利差的行为，对于工商企业而言，属于投资活动；而对于证券公司或者基金管理公司而言，属于经营活动。

可见，会计领域中的投资概念与投资理财领域中的投资概念也是存在一定差异的。首先，会计中的投资概念要比投资学中的投资概念在内容和范畴上小一些。例如，在投资学中，现金等价物的投资叫做固定收益证券投资，是投资学中一个相当重要的研究内容，而在会计中并不把其视为投资活动；在会计中购买原材料等流动资产的活动，不作为投资活动而被视为经营活动，但在投资学中将其视为实业投资的范畴。其次，两者的投资主体是不同的。会计中的投资概念是针对企业而言的，而投资学中的投资主体有企业、事业单位、政府机构和个人等。

1.2　投资的分类

1.2.1　按投资客体分类

投资客体是指投资活动的对象或者标的物，投资客体可以是建设项目、整个企业、有价证券以及实物资产等。按照投资客体的不同，投资可以分为实业投资、实物投资和金融投资三类。

1. 实业投资

实业投资也叫产业投资，是指经济主体(包括法人和自然人)为获取预期收益，以某个项目或者整个企业作为投资对象，投入各种生产要素，形成生产经营能力的经济活动。实业投资包括对传统产业的投资和对新兴产业的投资。实业投资的目的是获得利润，即通过形成生产经营能力，出售商品和提供服务来获得收益。

实业投资的作用，可以从宏观和微观两个角度来分析。其一，从宏观的角度看，实业投资可以影响产出和就业水平。实业投资增加，会相应扩大内需，增加产值，进而增加就业机会。其二，从宏观角度来看，通过实业投资能够增加社会的物质财富，切实改善人民物质生活水平。其三，从宏观角度来看，只有通过提高实业投资的能力和水平，才能提高本国的生产力，进而增强本国的经济实力和国际竞争力。其四，从微观角度来看，实业投资对于投资主体的作用有：增强投资者的经济技术实力，提高投资者的创新能力，增强投资者的市场竞争能力。

实业投资按具体投资对象可划分为固定资产投资、流动资产投资等。固定资产包括建筑物、设备、运输工具等；流动资产包括现金、银行存款、存货等。按投资方向可划分为对内投资和对外投资，对内投资主要是指建设项目投资，对外投资包括风险投资和并购投资等。对外投资往往是以股权投资的方式进行的，形成投资企业的长期股权投资，长期股权投资的目的是控制、影响被投资企业，所以将其划分为实业投资，而不划分为金融投资。实业投资的分类如图1-3所示。

可见，实业投资可以是购建一台设备、购建一条生产线或者建设、并购整个企业，也可以指对固定资产的新建、扩建、更新改造等活动，只要是能够形成和提升企业的生产经营能力的投资都可归为实业投资。

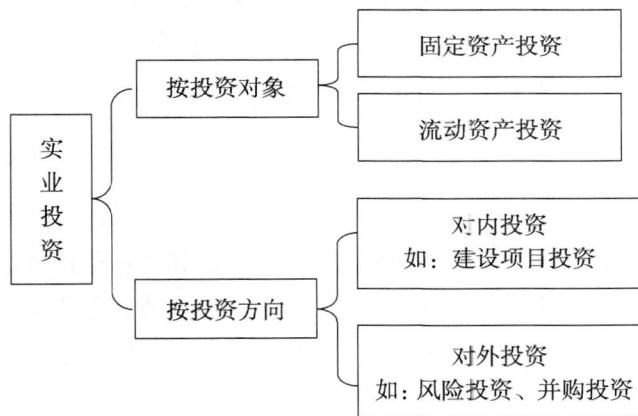

图1-3 实业投资的分类

2. 实物投资

实物投资是指投资者(主要是自然人)投资于实物资产，寄希望于该资产价格上涨，以获取差价收益的行为，包括房地产投资、实物黄金投资、收藏投资等。实物投资的目的是从投资对象的买卖差价中获利。

实物投资对于投资者个人而言，是一种有效的财产保值增值、获得收益、规避风险的手段。对于整个国民经济而言，房地产投资从某种意义上讲，促进了房地产市场的发展和繁荣；民众大量进行实物黄金投资，可以增加我国黄金的储备量，实现"藏金于民"，增强我国经济抵御汇率风险、购买力风险的能力。实物投资也需要加以监督和管理，例如，房地产投资如果过于膨胀，会导致房价虚高，增加居民的购房成本，进而降低国民的生活质量和幸福指数。同时，大量的房屋被空置，是一种极大的资源浪费，一旦房价开始大幅度下跌，将导致相关行业的危机，银行也会出现大量的坏账，对国民经济的危害极大，应该加以监管。

3. 金融投资

金融投资是指投资者将各种金融工具作为投资对象的投资行为。包括存款、贷款、股票投资、债券投资、基金投资、外汇投资、金融衍生工具投资等。金融投资的目的是多样化的，因为不同的金融工具都具有各自的功能，主要包括：获得买卖价差收益、分散风险、提高资产的流动性、增强企业的偿债能力、套期保值以及实现企业规模的扩张等。

金融投资表面上看是金融工具的买卖，本质上是资金的融通，因此，金融投资的最显著特征是体现资金借贷关系或者信用关系，这是金融投资区别其他投资的特点。例如，在外汇投资中，投资者持有美元，相当于美国货币当局对该投资者负有一定的债务，同样体现了金融投资的信用关系。金融投资的重要作用在于它是为实业投资服务的，金融投资的繁荣可以使资金融通顺利完成，有利于实业投资的发展。虽然金融投资并不创造产值，不会增加GDP，但金融投资的发展将为实业投资创造良好的融资、投资环境，促进其更好的发展。

思考题

甲企业在股票市场上收购了乙企业50%的股票，目的在于控制乙企业，并拥有乙企业的经营决策权。你认为甲企业这项投资属于实业投资还是金融投资？

上述投资分类并非是绝对的，这要看投资主体的投资目的。以房地产为例，企业购建房地产作为厂房，用于生产经营活动，那么这些房地产就属于实业投资中的固定资产投资；如果企业或者个人购建房地产，目的在于出租或者持有以备增值后转让，这些房地产就属于实物投资；居民个人购买房地产用于自住，那么这些房地产就属于商品、耐用消费品，是居民的消费行为而非投资行为。

对于股权投资同样如此。如果投资主体购买股权、股票的目的在于控制被投资企业，获得被投资企业的经营决策权，那么这项投资就属于实业投资；如果投资主体购买股权、股票的目的在于通过股票本身的价格波动来获利，那么这项投资就属于金融投资。也可以这样理解，实业投资和金融投资往往是密不可分的，实业投资需要金融投资的支持，金融投资要靠实业投资来实现收益。没有实业投资金融投资就成了无本之木、无源之水。

1.2.2 按投资主体分类

投资主体是指从事投资活动的具有资金来源，拥有投资决策权，享受投资收益并承担投资责任与风险的法人和自然人。随着我国改革开放的深入发展，投资领域发生了重大变化，由过去单一的政府投资主体格局，演变为当前投资主体、投资资金来源和投资方式多元化的投资格局。我国的投资主体有政府投资主体、企业投资主体、个人投资主体、社团投资主体和国外投资主体。相应的，投资也可以分为政府投资、企业投资、个人投资、金融机构投资。

1. 政府投资

政府投资是指政府为了实现其职能，满足社会公共需要，实现经济和社会发展战略，投入资金用以转化为实物资产的行为和过程。政府投资的目的是促进经济的持续发展、增加就业、稳定物价和提高社会公共利益、实现社会经济的协调发展。因此，政府投资不仅要考虑投资项目的经济效益，还要考虑项目的社会效益甚至考虑项目对生态环境的影响。

政府投资具有重要的作用，是国家宏观调控的手段，在社会投资和资源配置中起重要的导向作用。其一，政府投资可以调节经济周期性波动。当经济过热时，减少政府投资，缓解通胀压力；当经济低迷时，增加政府投资，扩大社会需求，增加就业，带动经济发展。其二，政府投资可以起到调节投资结构、引导社会投资方向的作用。政府投资起到了一种先导和示范作用，它通过运用直接投资和间接投资手段(如投资补贴、投资抵免、投资贷款贴息等)，引导社会资金更多地投入国家鼓励发展的产业和领域。其三，减轻市场失灵的影响，提升社会公众利益，改善投资环境。公用设施和社会基础设施及软环境建设，有相当部分是无法实现市场化经营的，因此这方面的投资是政府投资主体的义务和责任，是政府投资的一个重点。其四，支持国家重点项目建设。

政府投资也有其局限性。其一，如果政府投资于竞争性领域，将会对私人企业产生"挤出效应"。其二，过度的政府投资将增加财政赤字，使民背上沉重的债务负担。其三，政府投资的效率一般较低，浪费严重。其四，政府投资于基础设施建设，对消费和需求的带动作用有限。

政府投资的领域一般是公益性项目和基础设施项目。随着我国经济体制改革的深入，政府投资的方向和领域正发生着重大的转变。政府财政将加大对社会公益事业的支持，积极扶持农牧业生产和做好扶贫工作，搞好非经营性基础设施建设，同时，压缩生产性基本建设投资和企业挖潜改造资金，财政资金坚决退出生产性和竞争性领域。政府投资非经营性基础设施项目，要积极推动产业化经营，改变目前基础设施项目主要由政府"一家抬"的局面，减轻财政负担。对有收益的基础设施项目，如轨道交通、收费公路、自来水厂、燃气、热力以及污水、垃圾处理设施等，政府要采取招标方式选择投资企业，由政府赋予投资企业项目的特许经营权。对中标的投资者采取BOT(建设—经营—转让)、BOOT(建设—拥有—经营—转让)、BOO(建设—拥有—经营)和BTO(建设—转让—经营)等多种建设方式。

小资料

政府的投资冲动

我国二季度GDP增速仅为7.6%，在我国经济下行压力加大的背景下，"稳增长"已经成为我国的当务之急。在内需和出口不振的情况下，地方政府只能把"最后一根稻草"寄托在投资上。中央在本轮"稳增长"过程中再次强调投资对于经济增长的重要性，地方政府在压力之下，当然也乐得举债大搞基础建设。

想象一下，如果出现新一轮的政府投资狂潮，无疑增加了浪费和腐败的潜在风险。上一轮"4万亿"投资虽然对于拉动GDP起到了一定作用，但很多人也提出质疑，大量资金是否属于无效投资和低效投资，挤压了本来就非常紧张的信贷，使许多真正需要资金的中小企业无法得到信贷支持，给中国经济带来了诸多负面影响。

世界著名的管理学家大前研一曾经批评过日本在1990年初在正常财政预算之外投资一万亿美元用于一系列的"紧急经济刺激"项目。他注意到，即使是依照宽松的评价标准都没有任何必要建设的项目，为了刺激经济和保证就业而纷纷上马。在《无形的大陆》一书中，他写道："他们在没有几个学生就读的偏僻之处建造学校，在没人愿走的地方架起许多桥梁，在根本没有商业运输要求的地点建立超一流的港口。"

今天的中国与当时大前研一笔下的日本何其相似。过去几年，我国建设了那么多高速公路、高速铁路、桥梁、机场和高楼大厦，但最终这些耗费巨资的设施能有效发挥它们的价值吗？没人知道答案。"十二五"期间，动辄万亿的各省(自治区、直辖市)投资计划将面临更为严重的资金短缺的情况，虽然没有一个权威的数据显示地方政府未来将面临多大的融资压力，但可以肯定的是，未来各地对资金需求的渴望和焦虑将是普遍现象。

过去几年中国经济的表现让很多经济学家更为冷静。中国社会科学院研究院马光远认为，仅仅为了短期的稳定再次放开货币水龙头，启动政府投资，加快项目审批的速度，长期看不仅无法稳定增长，反而会积累更多的风险。他还提醒说："对于中国经济而言，比经济下滑更危险的，是警惕地方政府在'稳增长'的烟幕弹下，再次拿出庞大的投资计划，将政绩留给自己，将债务留给银行和后人。"

资料来源：财识网.中国地方政府投资冲动又起

2. 工商企业投资

工商企业投资是指企业作为投资主体对内或对外进行的投资。对内投资是指把资金投放在企业内部，购置各种生产经营用资产的行为。对外投资是指企业将资金投放于其他单位的股票、债券等金融资产的行为。企业投资的目的在于要实现企业价值最大化，这个目标与企业财务管理的目标是一致的。

企业投资对于国民经济而言有重要的作用。企业投资属于个别投资，企业投资首先对自身产生影响，把所有企业的投资效果汇聚在一起才会对国民经济产生影响。企业投资的重要作用表现在以下几方面。其一，投资对于企业自身而言，可以提升盈利能力和持续经营能力、降低企业风险、提高企业的发展速度、扩大经营规模和提高企业的经营效率等。其二，众多企业的投资效果共同影响着宏观经济的规模、发展速度、经济增长的效率和质量。其三，众多企业的投资方向在一定程度上影响了国民经济的产业结构、地区结构的优化和升级。其四，一国企业的投资能力也是一个国家国际竞争力的组成部分。

但需要注意的是，企业投资也有一定的局限性。其一，企业投资往往带有盲目性。例如，我国央企在国际投资过程中，对国内外的经济、政治形势和自身的能力缺乏理性的判断，盲目地实施"走出去"战略，致使相当比例的对外投资项目亏损，给国内的投资者和国有资产造成极大损失。其二，企业投资带有逐利特性，投资的领域存在盲区。例如，国防、基础设施、义务教育、环境保护等非营利性的公共产品是没有企业愿意投资的，但这些公共产品关系国计民生，因此必须由政府投资加以弥补。其三，企业投资往往只考虑自身的经济利益而忽略了社会效益和生态效益。例如，企业很可能为了自身利益过度开采资源、破坏生态环境、损害人民群众利益等，因此，对企业的投资行为必须加以引导和规范。

另外，企业投资领域是十分广泛的，主要包括对固定资产、流动资产和无形资产的项目投资，也包括对股票、债券等的金融投资。

3. 个人投资

个人投资也可以称为个人理财，是指在对个人收入、资产、负债等数据进行分析整理的基础上，根据个人对风险的偏好和承受能力，结合预定目标运用诸如储蓄、保险、证券、外汇、收藏、住房投资等多种手段管理资产和负债，合理安排资金，从而在个人风险可以接受范围内实现资产增值最大化的过程。个人投资的目标是实现个人和家庭财富的保值、增值，为未来的生活提供保障和支持。该目标可以分解为获得投资收益、规避和控制风险、合理安排资产和负债结构、合理规划未来的收支等。

个人投资对于国民经济同样是不可缺少的一环。其重要作用表现在：其一，居民通过储蓄将闲置的小额资金聚集起来，重新进入社会再生产过程，加快货币的周转速度。其二，居民通过投资股票、企业债券等将资金投入效益好的企业，起到了优化资源配置和资产定价的作用。其三，一国资本市场的发展离不开中小投资者的支持，在资本市场上，资金供给主要来自于家庭和个人，而资本市场对于国民经济而言是举足轻重的。

个人投资的局限性在于：其一，盲目性。个人投资往往缺乏理性，经常出现"追涨杀跌"和"盲从"的情况，给投资者个人造成损失的同时也形成资产泡沫和加剧市场的波动。其二，个人投资者较为分散、资金量少、信息掌握不充分、知识和技能水平较低，因此，个人投资者的权益得不到有效的保护。为了维护资本市场的稳定、健康发展，有必要加强对中小投资者的保护力度。

个人投资者由于资金量有限，较小涉及实业投资领域，主要集中于实物投资和金融投资领域。例如，房地产投资、黄金投资、收藏投资等实物投资领域；股票投资、债券投资、基金投资、外汇投资等金融投资领域。

4. 金融机构投资

金融机构是指从事各种金融活动的组织，也称为金融中介、金融中介机构。金融机构在投资中的作用主要是充当资金余缺双方的中介，为筹资者与投资者双方牵线搭桥。除此之外，金融机构也可利用自有资金或者筹集的资金进行投资。不同的金融机构的投资目的是不同的。商业银行按规定可以进行一定范围的证券投资，证券投资中商业银行为获取一定利益而承担一定风险，将资金用于购买有价证券。其目的是获取收益、分散风险、保持流动性和合理避税等。投资公司、投资基金及证券公司等机构进行的股权投资、风险投资、证券投资等，其投资目的在于获得收益。

金融企业利用自有资金和依法筹集的资金进行投资，可以为需要资金的项目、企业提供资金支持，为整个金融市场提供充足的资金，加快资金的周转速度和提升资金的配置效率。由于金融企业多为高负债经营，财务风险较大，因此投资对象的选择必须要十分谨慎，否则会给金融企业自身和投资者带来极大的损失。金融机构如果发生危机将危及整个经济体的安全，所以，金融企业的投资行为受到的限制和监管较多。

我国对商业银行在投资范围上的限制较为严格，可以投资政府债券、央行票据、公司债券，但不可投资股票、期货等金融工具。我国对保险公司、证券公司、投资公司、投资基金等金融企业在投资对象、投资比例、投资金额等方面也有相关的规定。

1.2.3 其他分类方法

1. 按投资时限分类

投资按投资时限分类，可以分为短期投资和长期投资。短期投资是指企业购入能够随时变现，并且持有时间不超过一年(含一年)的有价证券以及不超过一年(含一年)的其他投资，包括各种商业票据、股票、债券、基金、流动资产投资等。长期投资是指不准备在一年或长于一年的经营周期之内转变为现金的投资，包括长期股权投资、长期股票投资、长期债权投资、长期债券投资、固定资产投资和无形资产投资以及收藏投资等。

2. 按投资的地域分类

投资按照地域可划分为国内投资和国际投资。国内投资是指投资者将资金投放于本国境内，投资于本国境内的投资对象。国际投资又称对外投资或海外投资，是指跨国公司等国际投资主体，将其拥有的货币资本或产业资本，通过跨国界流动和营运，以实现价值增值的经济行为。

1.3 如何学习投资

1.3.1 投资课程的学习内容

虽然投资学领域中的"投资"概念是广义的，无论从投资主体角度和投资客体角度来看都几乎包含所有的投资行为，但是投资教材、投资课程在研究的内容方面，是有主次和轻重之分的。从投资主体角度看，主要是站在个人和企业的角度，研究个人投资和企业投资；从投资客体角度看，主要是研究实业投资和金融投资。

投资的业务和种类繁多，但可以从各种投资中归纳和提炼出它们所共同遵循的原理、决策思路与方法、投资策略与技术等。因此，投资课程的具体学习内容又可以分为理论与实务两大部分。

1. 投资中主要应用的理论和原理

资金的时间价值原理是非常重要的知识，在投资、理财、财务管理领域被称为"第一原则"。该原理对于项目投资、股票投资、债券投资等的投资决策、分析都有重要的意义。

关于收益与风险的理论内容十分丰富，包括投资收益与投资风险的衡量与测度、收益与风险的关系、资产组合理论、资本资产定价模型、套利定价理论等。可以说，收益与风险是制定投资决策和投资策略要考虑的重要因素，是投资与理财领域极为核心的研究内容。

无论是何种投资，具体的投资分析方法都是相同或者相近的。都可以采用基本分析、技术分析的方法。有些人的思维存在误区，认为基本分析和技术分析只是用于股票的投资分析，而不能用于其他投资的分析，这是极其错误的。其实，只要被投资对象受宏观政策、经济形势、行业状况、公司状况的影响，就可以使用基本分析的方法进行分析；只要被投资对象存在成交价格、成交量等市场信息，就能够应用技术分析加以研究。

2. 一些重要的投资实务

投资是一门理论与实践相结合的课程。理论部分教会学生原理和方法，在实务部分，将侧重于对理论加以应用，教会学生如何进行分析、如何作出决策以及采用什么样的投资策略与技巧。

实务部分的主要内容包括金融投资中的股票投资实务、期货投资实务、外汇投资实务、黄金投资实务，实业投资中的项目投资、风险投资等。本书主要侧重于金融投资的讲解。

1.3.2　投资课程的学习特点

投资课程的学习具有综合性强、实践性强的特点。

1. 综合性较强

要学好投资，要求有较开阔的知识面和扎实的基础。投资活动种类繁多、业务多样，涉及的影响因素有政治、经济、社会以及心理预期等，所以要更好地制定投资策略、完成投资分析，必须尽量扩展自己的知识面、增加阅历。

在学习投资之前，先要学习经济学、金融学、财务管理、会计、经济数学等课程，因为在投资决策和投资分析中，要应用宏观经济理论、金融工具相关知识、估值模型、财务比率、概率、期望值、方差等知识，这些知识分布在相关的基础课程中。

2. 实践性强

学会原理和理论不是学习投资的目的，而将理论应用到实践中去，解决实践中的现实问题才是学习投资的根本目的。

投资是一门理论与实践结合得非常紧密的专业课程，具有很强的实践性和操作性的特点。在学习这门课程的时候，要求学生在掌握投资基本理论知识的前提下，进行实际的操作与分析。在教学过程中，老师要多采用案例教学、加大例题和练习题的在教学中所占比例，最重要的是要进行模拟实训，学生在学习时应该积极应用所学的理论去分析实际的投资对象。实践是检验理论的唯一标准，只有不断地把理论应用到实践中去，学生才能真正学会应用在投资类课程中所讲的理论与方法。

习 | 题

一、判断题

1. 资本可以有各种表现形态，但必须有价值。（　　）

2. 无形资本投资不具备实物形态，却能带来收益，在本质上属于实业投资范畴。（　　）

3. 证券投资是以实业投资为基础的，是实业投资活动的延伸。（　　）

4. 直接投资是实物投资。（　　）

二、单项选择题

1. 下列行为不属于投资的是（　　）。

A. 购买汽车作为出租车使用　　　　　B. 农民购买化肥

C. 购买商品房自己居住　　　　　　　D. 政府出资修筑高速公路

2. 关于实业投资和金融投资的区别表述错误的是（　　）。

A. 实业投资的风险一般小于金融投资　B. 实物资产的流动性低于金融资产

C. 实物资产的交易成本低于金融资产　D. 金融资产的交易比较快速简捷

3. 关于投资的分类下列说法错误的是（　　）。

A. 按照投资行为介入程度的不同分为直接投资和间接投资

B. 按照投资方向的不同分为营利性投资和非营利性投资

C. 按照投入领域不同分为生产性投资和非生产性投资

D. 按照投资对象不同分为实物投资和金融投资

三、多项选择题

1. 以下是投资主体必备的条件有（　　）。

A. 拥有一定量的货币资金　　　　　　B. 对其拥有的货币资金具有支配权

C. 必须能控制其所投资企业的经营决策　D. 能够承担投资的风险

2. 实业投资往往会形成（　　）。

A. 固定资产　　　B. 无形资产　　　C. 金融资产　　　D. 流动资产

3. 投资的特点包括（　　）。

A. 目的性　　　B. 时间性　　　C. 收益性　　　D. 风险性

课外阅读推荐

滋维·博迪，等. 投资学. 北京：机械工业出版社，2012

第2章 投资过程与投资策略

引言

投资策略可以理解为投资者在作出决策时所依据和遵守的核心原则，是投资者根本的行为准则。每个投资者都有其偏好、笃信的投资策略，这能够反映出投资者对投资的认知和看法。投资者应该选择并遵守某一投资策略，不要经常在不同的投资风格之间摇摆，这对于投资者能否取得成功是非常重要的。

很多投资大师都取得了优秀的业绩，他们都有自己所笃信和严格遵守的投资策略。从他们的名言中，我们将得到答案。只有当优良的公司被不寻常的信息包围，导致股价被错误评价的时候，才是真正大好的投资机会——沃伦·巴菲特。这是典型的价值投资策略，即寻找价值被低估的优质公司，以低于其真实价值的市场价格将其股票买入并长期持有。

一家公司是否值得投资的判断要点之一：这家公司的产品或服务有没有充分的市场潜力，至少几年内营业额能否大幅度成长——菲利普·A. 费雪。费雪是成长型投资策略的代表人物，其核心思想是把公司的增长潜力、成长性放在首位，而不看重股票价格是否一定低于其真实价值。

顺应趋势，花全部的时间研究市场的正确趋势，如果保持一致，利润就会滚滚而来——江恩。这是波段投资策略或趋势投资策略的思想，关注的重点是市场价格本身的运行方向、趋势，主张上涨过程中做多，下跌过程中做空。

下面我们就开始学习本章的内容。

2.1 投资过程

2.1.1 实业投资过程

实业投资主要项包括：项目投资、风险投资和并购投资，在此分别对其投资过程进行简介。

1. 项目投资过程

项目投资是一种以特定建设项目为对象，直接与新建项目或更新改造项目有关的长期投资行为。从企业的角度来看，对项目投资就是对内投资，是企业将资金投放于为取得供本企业生产经营使用的固定资产、无形资产、其他资产和垫支流动资金而形成的投资。

企业项目投资的程序主要包括以下步骤。

(1) 提出投资领域和投资对象。这需要在把握良好投资机会的情况下，根据企业的长远发展战略、中长期投资计划和投资环境的变化来确定。

(2) 成立投资评估小组，并进行可行性分析。可行性分析的主要内容包括：财务可行性分析、市场可行性分析和技术可行性分析等。

(3) 制订、修订投资计划。如果通过可行性研究，得出该项目投资是可行的，就需要制订出具体的投资计划。

(4) 投资计划的执行。投资计划的执行相当于项目建设，是发生各种支出和费用的过程。

(5) 项目运营。在完成项目建设之后，就可以进行生产经营了，即项目运营。在项目运营阶段，企业能够取得项目运营的收益，同时也会产生相应的运营成本。

项目投资流程如图2-1所示。

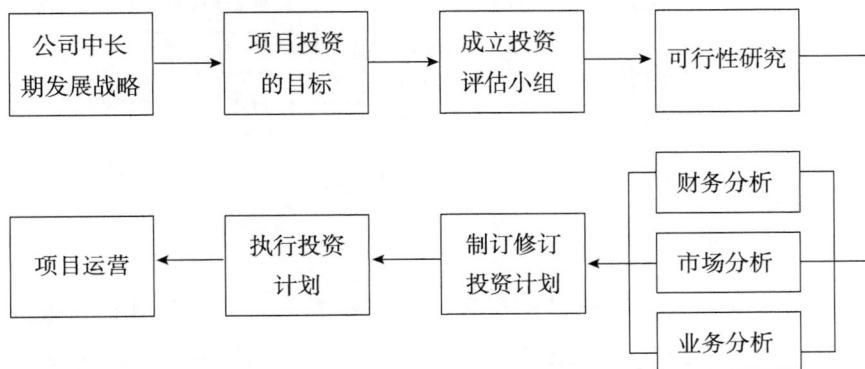

图2-1　项目投资流程

2. 风险投资过程

风险投资又称为创业投资或者创业资本，是投资主体将资本投入高科技领域中的处于种子期、成长期的中小企业的投资形式。风险投资是一种将虚拟经济与实体经济紧密联系在一起的投资形式。

风险投资的流程(见图2-2)主要包括以下步骤。

(1) 筹集风险资金。风险资金的来源是整个循环的起点，风险资金的来源主要有政府机构、养老基金、大公司资金、富有家庭和个人、金融机构和外国资本等。

(2) 项目筛选、评估、洽谈。这一系列过程是风险投资取得成功的关键环节。项目筛选是指风险投资机构按照一定的标准，对项目进行初选、筛选，以缩小项目的范围。评估是指对筛选出来的项目进行更广泛、深入和细致的调查、评价、打分、测试等活动，以期选出最优的项目。洽谈是指在评估之后，风险投资机构与风险企业进行具体投资事宜的协商，签署投资协议的过程。

(3) 资金注入。在达成投资协议之后，风险投资机构向风险企业一次性注入或者分期投入资金。

(4) 风险投资机构为风险企业提供后续增值服务。风险投资机构一般要参与被投资企业的经营决策，为被投资企业提供管理、监督、咨询、再融资等后续的服务。

(5) 风险资本增值、退出与收益回馈。在被投资企业取得成功后，投入的资本实现了增值，一般会选择退出被投资企业。退出的方式主要有：企业上市后出售股权、企业回购股权、风险企业被并购等。最终投资者获得高额回报。

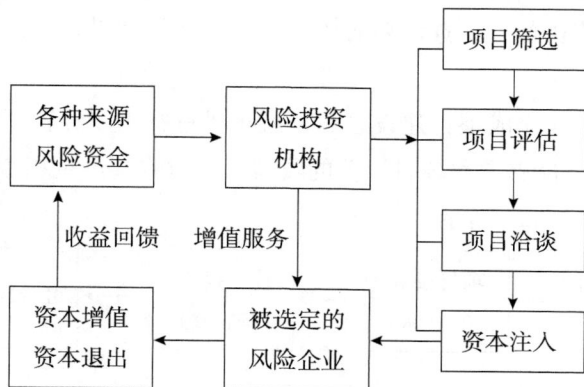

图2-2　风险投资流程

3. 并购投资过程

企业并购投资是指企业通过购买和股权交换等方式，获得其他企业的全部或者部分股权，从而掌握其经营决策权的投资过程。并购投资涉及的双方为收购企业和被收购企业。并购投资的目的在于，横向并购、联合有利于增加企业市场份额、减少竞争者、降低成本和提高利润水平；纵向并购有利于降低成本、构建完整产业链等。

企业并购投资流程(见图2-3)主要包括以下步骤。

(1) 交易准备阶段。在此阶段，被收购企业确定目标、流程，将股权和业务进行重组，进行估值预测，确定潜在投资者，准备市场推介材料等。

(2) 买方尽职调查第一阶段。在此阶段，被收购企业与潜在投资者接触，签署保密协议和股权静止协议，分发流程通知和机密信息备忘录，选择入围第二阶段的投资者等。

(3) 买方尽职调查第二阶段。收购企业对被收购企业管理层进行评价，实地访问，查阅被收购企业资料，传阅买卖协议，进行最终竞标。

(4) 交易最终谈判阶段。双方商谈估值，商谈最终文件，签署协议，在媒体上发表声明。

(5) 完成交易阶段。在此阶段，需要进行政府审批、股东批准，交割完成。

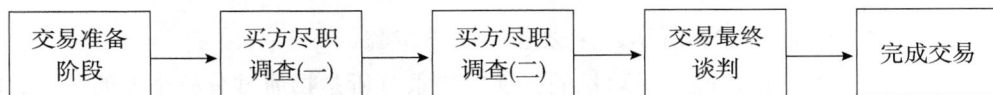

| 交易准备阶段 | → | 买方尽职调查(一) | → | 买方尽职调查(二) | → | 交易最终谈判 | → | 完成交易 |

图2-3　并购投资流程

2.1.2　金融投资过程

金融投资主要包括：证券投资、保险投资等，在此分别对其投资过程进行简介。

1. 证券投资过程

证券是指多种记载并代表一定权利的法律凭证。通常所说的证券是指有价证券，有价证券分为商品证券、货币证券和资本证券。商品证券主要有提货单、运货单、仓库栈单等。货币证券主要有商业汇票、商业本票、银行汇票、银行本票和支票等。资本证券是有价证券的主要形式，主要包括股票、债券、基金、金融期货、股票权证、金融期权、可转换公司债券等。本书中的证券投资是指资本证券投资。

证券投资的决策过程(见图2-4)主要包括以下步骤。

(1) 确定证券投资政策。确定投资者有多少可投资的财富，并确定其投资目标。

(2) 进行证券投资分析。仔细检查已鉴别过的各种证券或各组证券以识别价格扭曲的情况。

(3) 构建证券投资组合。确定投资的证券，以及可投资财富在各种证券中的分配比例。

(4) 对证券投资组合进行修正。确定现行证券组合中将卖出哪些证券，以及购入哪些证券来代替它们。

(5) 评估证券投资组合的业绩。根据风险和收益确定证券组合的实际绩效，并与标准证券组合的绩效作比较。

证券投资的操作过程(见图2-5)主要包括：开户、交易委托、撮合成交、清算与交割4个步骤。

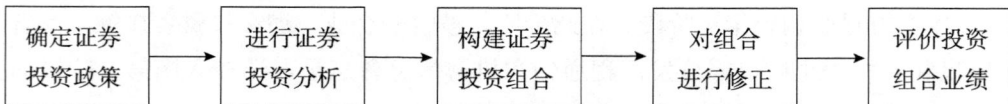

| 确定证券投资政策 | → | 进行证券投资分析 | → | 构建证券投资组合 | → | 对组合进行修正 | → | 评价投资组合业绩 |

图2-4　证券投资决策过程

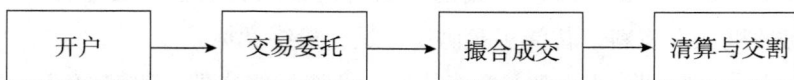

| 开户 | → | 交易委托 | → | 撮合成交 | → | 清算与交割 |

图2-5　证券投资操作过程

2. 保险投资过程

保险投资过程如图2-6所示。主要包括以下步骤。

(1) 保险需求分析，确定保险标的。保险需求分析是指通过分析个人的年龄、收入、家庭状况、面临的风险及已有的保障情况等，确定保险标的，定量分析财务保障需求额度，并作出最适度的财务安排的活动。

(2) 选择保险产品及保险公司。在保险需求分析的基础上，选择在功能和价格上都能满足需要的保险产品或者保险组合，并且选择信用、管理、服务等方面表现较好的保险公司。

(3) 确定保险方案。投保人与保险人之间必须签订保险合同，对相关保险事宜进行明确和细化，如保险主体、客体、保险金额、保险期限、保险责任等。

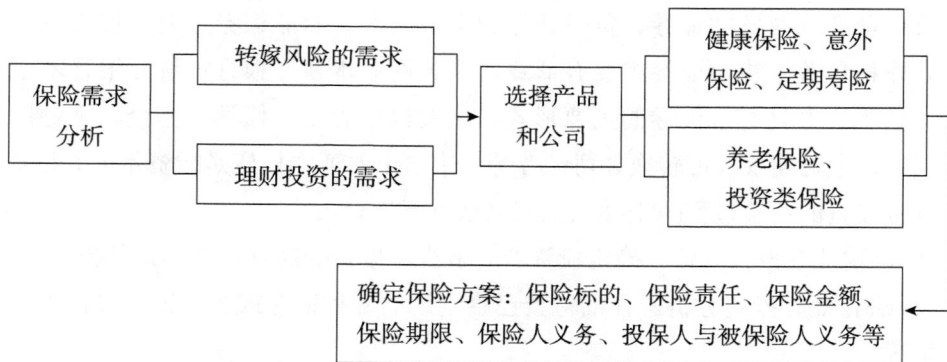

图2-6　保险投资过程

2.2　投资策略

2.2.1　投资的基本原则

投资过程中应遵循以下几项基本原则。

1. 理性投资原则

理性投资原则是指投资者在作出投资决策、制定投资策略时，要以客观事实为依据，而不能以个人好恶和感觉为依据。投资者必须在掌握大量的知识的基础上，收集、整理投资对象和投资环境的大量信息，并且在对这些信息进行充分的理解、分析的基础上作出决策。虽然任何投资行为都需要有投资者个人的主观判断，但是主观判断要建立在对客观事实进行分析的基础上。投资者在投资过程中要尽量避免受自身主观情绪的影响，如盲从心理、恐惧心理、贪婪心理、急躁心理和轻率心理等。可以作为投资者决策依据的客观事实包括反映基本面的信息——宏观经济情况、行业发展情况、公司情况、财务状况、内在价值等；反映技术层面的信息——价格、成交量、换手率、技术形态、技术指标等。

2. 收益与风险综合考虑原则

个人投资者和企业投资主体中的决策者有各种类型，他们对于收益和风险的态度是有区别的。有的投资者对收益比较敏感对风险不敏感，而有的投资者对收益不敏感而对风险比较敏感。前者往往只关注投资可能取得的收益，而不关注投资风险，这样的投资者属于激进的投资者，其投资结果可能是高额回报，也可能是高额亏损。后者往往过于关注风险而忽视收益，这样的投资者属于保守型投资者，他们经常会出现不敢投资、错过机会、裹足不前等情况，即使他们进行某项投资也不会有太高的投资回报率。

投资者首先要认识到收益与风险往往存在正相关关系。将不同的投资对象之间进行对比，体现了收益与风险之间的正相关关系。例如，股票投资的风险大于债券投资的风险，就是说股票投资的盈利远大于债券投资的盈利，股票投资的损失也远大于债券投资的损失。对于同一种投资对象，采用不同的投资方法，也会体现收益与风险的正相关关系。例如，股票投资采用短线操作，可能产生数倍于长线操作的盈利，也可能产生数倍于长线操作的损失。

3. 量力而行原则

苏格拉底说："知道自己的无知的人才是最聪明的人。"用孔子的话说就是：

"知之为知之，不知为不知，是知也。"对于投资活动也是一样的，你并不需要成为一个通晓每一家或者许多家公司的专家。你只需要能够评估在你能力圈范围之内的几家公司就足够了。对于自己不熟悉的领域或者不熟悉的项目、企业，要避免盲目投资，这是巴菲特提出的"能力圈原则"。 对于大多数投资者而言，重要的不是他到底知道什么，而是他们是否真正明白自己到底不知道什么。只要能够尽量避免犯重大的错误，投资人只需要做很少几件正确的事情就足以成功了。这并不是说投资者的投资范围被限定得很小了，因为投资者可以通过不断的学习和努力，扩大能力圈范围，从而扩大自己擅长投资的领域。

4. 预期性原则

无论是实业投资还是金融投资，其投资价值都取决于未来的收益和风险，而不取决于过去的收益和风险。例如，项目投资或者股票投资的估值分析，都可以用预期未来的现金流的现值作为决策依据。因此，投资活动要想取得成功，一个重要的前提是能够比较准确地预测项目、企业未来的业绩或者现金流情况。所以，投资决策的依据是项目或者企业预期未来的业绩，现在和过去的资料和数据只能作为预测未来业绩的参考资料。如果一个企业过去取得了辉煌的业绩，但在可预见的未来业绩会出现大幅度下滑，那么这个企业的投资价值就会极大地下降；如果一个企业过去是亏损企业，预期会扭亏为盈并且持续盈利，那么这个企业就具有极大的投资价值。由于每个投资主体都会对未来的业绩进行预测，所以，很多实物资产和金融资产的价格都是投资主体心理预期活动结果的体现。例如，央行宣布加息，并不会立即导致股市资金短缺，但是由于投资者预见到加息将会使股市的资金供给减少，就会大量卖出股票，导致股价立即下跌，这就是心理预期的作用。

5. 合理分配资金原则

每个投资者的资金都是有限的，用于投资的资金不要占用其他用途的资金。根据生命周期理论，个人的生命周期可以分为成长期、青年期、成年期、成熟期、老年期5个阶段。在各个阶段，个人的消费、储蓄和收入是不同的，投资者在投资时要根据这些特点，合理计划和分配资金。第一，投资者应持有应急用的流动资金，以便应付日常开支和意外支付。第二，不能只投资风险资产(股票等)，还应兼顾无风险资产(固定收益证券等)。第三，随着收入的增加，可以增加风险资产投资的比例，而当收入变得不稳定时，应该降低风险资产的投资比例。对于企业投资主体而言，投资项目需要的资金较多，投资周期较长，必须保证有足够的资金供应。否则，不但会使投资项目本身中途下马，造成巨大损失，而且有可能使整个企业的资金链出现断裂，危急企业的生存。

6. 勤奋不懈原则

投资领域和人类其他大部分活动领域一样，想要成功，必须努力工作，勤奋不懈，诚信正直。投资有时难免有些地方需要靠运气，但长期而言，好运、霉运会相抵，想要持续成功，必须靠技能和良好的知识储备。投资的成功一定属于那些能够自律且肯付出心血的人。每位投资大师几乎都有丰富的知识储备，并且在投资实践中积极思考和总结经验，对投资对象进行认真、细致的调查和分析，只有这样才能保证他们不断地取得成功。

2.2.2 投资策略的主要流派

数百年的西方证券市场发展，推动着投资理论积淀，形成了宝贵的理论财富。投资理论成果浩如烟海，各种投资理论和思想层出不穷。如基本分析理论、价值投资理论、技术分析理论、趋势理论、波浪理论、形态理论、资产选择理论、资本资产价格模型、期权定价模型、公司资本结构理论、市场动能理论、市场异象理论、反向投资策略以及非稳定性理性投机理论、因素模型、期权定价理论等。通过归纳分析纷繁复杂的理论表象，发现投资理论有一个清晰的脉络，大体分为4大流派：基本分析流派、技术分析流派、心理分析流派和学术分析流派。如图2-7所示。

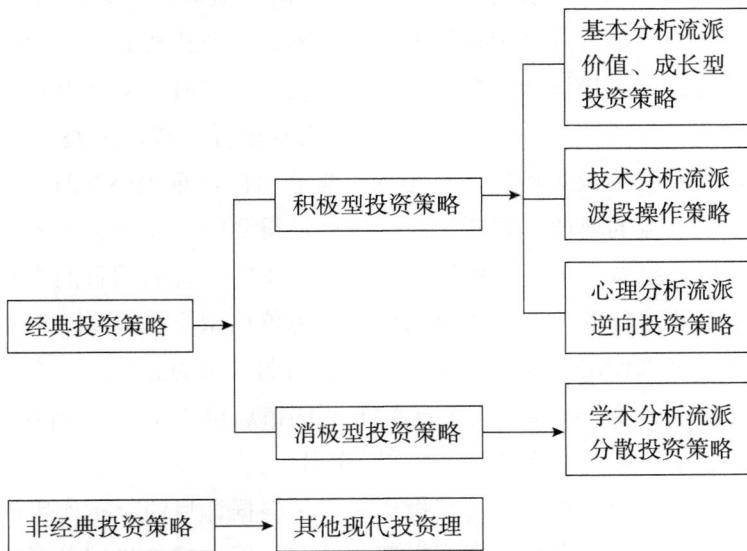

图2-7 投资策略主要流派

1. 基本分析流派

基本分析是目前投资界的主要理论流派，以宏观经济形势、行业特征及上市公司的基本财务数据作为投资分析对象与投资决策基础。以价值分析理论为基础、以统计方法和现值计算方法为主要分析手段，因此价值成为测量价格合理与否的尺度。基本分析流派认为价格和价值间偏离的调整，是造成证券价格波动的原因。该理论流派有两个基本假设：股票的价值决定其价格、股票的价格围绕价值波动。

基本分析流派在基本面分析的基础之上，产生了投资界最为主流的两种投资策略：价值型投资策略和成长型投资策略。

1) 价值型投资策略

价值型投资是投资策略和理论的其中一种，是指投资者通过估算投资对象的内在价值，并与投资成本、市场价格相比较，进而决定是否进行投资的一种基本策略。这种投资策略最早可以追溯到20世纪30年代，由哥伦比亚大学的本杰明·格雷厄姆创立，核心理念是安全边际。最本质意义上的格雷厄姆价值投资其实是一种套利交易：安全边际出现(价格低于价值)时买入，价格高于价值时卖出。安全边际首先追求的是保本，而将盈利放在次要位置。

很难把价值投资型理论的发明权归属于哪个学者。对这一理论作出实质性贡献，并计算出价值与价格之间细微差别的是约翰·B.威廉(John. B. William)。在《投资价值理论》这本书中，威廉提出了一种计算股票内在价值的公式。这一公式是将预期未来的股息收入按照一定的折现率进行折现，进而估算出股票的内在价值。

价值型投资策略最早应用于股票投资中，但在债券投资、基金投资等金融投资以及实业投资中，都可以运用价值型投资策略。实业投资必然采用价值型投资策略，当项目投资、风险投资和并购投资在进行投资决策时，必然要对被投资项目和目标企业的内在价值进行估算，并与投入的成本进行比较，最终决定是否进行投资。例如，项目投资的决策指标之一是项目现金流的净现值(NPV)，这一指标就是用项目未来净现金流的现值之和减去原始投资后得到的。NPV大于零，说明项目的内在价值大于原始投资，项目是可行的；NPV小于零，说明项目的内在价值小于原始投资，项目是不可行的。金融投资也可以采用价值型投资策略。例如，在股票投资决策中，同样可以使用净现值指标。首先用预期未来的股利或者企业收益来估算股票的内在价值，再减去股票的买入成本(股票的市场价格)，就得到股票投资的净现值。当NPV大于零时买入，当NPV小于零时卖出。

价值型投资策略的优势在于，其投资决策是根据详尽的分析作出的。价值投资相对于投机而言，本金安全和满意回报都比较有保证。但是我们必须认识到，内在价值是一个难以把握的概念。一般来说，它是指一种有事实作为依据的价值，例如以资产、收益、股息、明确的前景为依据。它有别于受到人为操纵和心理因素干扰的市场价格。关键的一点是价值型投资策略并不是要确定某一证券、资产或者项目的内在价值到底是多少，而是只需要搞清楚其内在价值是否高于或低于其投资成本即可。这就好像，你无须知道一位男士的确切体重，也可以看出他是不是过于肥胖。内在价值和价值型投资策略在应用中存在一些障碍：数据不足或不准确、未来的不确定性、市场的非理性行为等。投资者基于过去和当前的事实对未来的业绩、股息、现金流进行预测，但任何新的发展都有可能使这种预测落空。市场并非总是理性的，有时价格相对于价值的偏离较多，价格向价值的回归缓慢。这些原因的存在导致内在价值的可靠性大打折扣。

2) 成长型投资策略

成长型投资策略是指在投资分析时，将公司的成长性放在首要位置，而将证券的市场价格放在次要位置，将现金股息放在无足轻重的位置。成长型投资策略虽然也要考虑买入价格(投资成本)和投资时机问题，但并不像传统的价值型投资策略那样，要求价格低于价值时才能投资。成长型投资策略更注重盈利的快速增长、公司的发展前景和管理能力、研发能力、营销能力等定性分析指标。成长型投资策略的核心思想是：精选企业，集中持股，长期持有，持有后不考虑二级市场的价格波动。

成长型投资策略是由菲利普·费雪(Philip A. Fisher, 1907—2004)开创的。菲利普·费雪是现代投资理论的开路先锋之一、成长型投资策略之父。如果说，本杰明·格雷厄姆是"低风险"的定量分析家，那么，菲利普·费雪则是"高风险"的定性分析家。前者侧重于固定资产、过去及当前利润、红利分析，为了减少风险，他建议投资者彻底多元化组合，并购买被低估的股票。后者侧重于对产品的市场潜力、管理能力、研发能力、营销能力等的分析，他建议投资者在投资前，做深入的研究、访问，建议投资者不要过度分散投资。

成长型投资策略的优势在于能够帮助投资者选出少数优秀的公司，投资者将资产集中配置于这些优质公司，同样可以起到降低风险的作用，而且可以使投资者实现超过市场平均水平的收益。例如，1960年代中后期，费雪开始投资摩托罗拉，持有21年，股价上升了19倍——即在21年内股价由1美元上升至20美元。不计算股利，每年复合增长率为15.5%。同时，在交易成本比较高的时候，长期持有证券可以节省大量的交易费用。

但是，成长型投资策略也存在一定的局限性。首先，成长型投资策略不主张预测宏观经济的景气周期，就是说当经济出现萧条、衰退时，也不用理会被投资企业股价的下跌。这对于投资者的信心和耐心都是一种极大的考验，并且在短期内确实会给投资者造成巨大的损失，这需要很长的时间才能弥补回来。其次，成长型投资策略注重分析企业预期未来的成长前景，而不太重视其股票价格是否被高估，这不但可能助长市场的投机氛围，导致资产的严重泡沫，也可能给投资者造成损失。

实际上价值型投资策略与成长型投资策略是有一定的矛盾之处的。价值型投资策略主要是在市场价格与内在价值之间套利；而成长型投资策略主要是从企业的自身成长获利。用一句俗话来形容这种矛盾就是"好货不便宜"，就是说具有高成长性的优质企业同样被市场追捧，其股价会比较高；而股价便宜的企业往往是比较平庸的企业。一个形象的比喻就是，你不可能用买到切诺基轿车的价钱买到奔驰轿车。投资大师巴菲特被奉为股神，除了惊人的业绩和财富之外，他最大的贡献是统一了价值型投资和成长型投资。费雪与价值型投资之父格雷厄姆同为投资大师巴菲特的启蒙老师。巴菲特曾经推崇地说：我的血管里85%流着格雷厄姆的血，15%流着费雪的血。巴菲特将投资策略修正为"以合理价格买入优秀企业，而非以便宜的价格买入平庸企业"。

小资料

巴菲特在中国的投资

巴菲特在中国投资了一些公司的股票，其中比较有名的是中国石油和比亚迪汽车。巴菲特称中石油和比亚迪股票的共同点在于："我买的时候这两个公司的价值都是被低估的"。

2002年，巴菲特买进11.09亿股中国石油，平均价格约为1.53港元。2003年买进12.3876亿股，价格为1.65港元。2007年，巴菲特以均价12.441港元出售了1690万股中国石油股票，此后，频繁减持中石油股票，到10月18日，巴菲特公开表示，已经全部抛出中石油股票。四年间，巴菲特在中石油上净赚277亿港元，收益率达7倍。

对于投资理由巴菲特是这样说的，起因是自己看到了一份中石油的年报，看完之后就决定要买了。中石油的规模是埃克森石油的80%，当年盈利120亿美元，能赚这么多钱的公司世界上也没几家，而此时中石油的市值也就350亿美元，也就是说买进股票的时候其市盈率才区区的3倍，由于上市公司的年报向来是公开的，如此绝佳的投资机会每个人都可以发现，但很多人竟然没看到，总之，这笔买卖是非常稳的。

就是这样一家为巴菲特带来巨额收益的公司，却成为许多国内投资者的噩梦。2007年，中石油回归A股市场，发行价格为16.7元人民币，市盈率为22.44倍，融资规模达668亿元。在上市交易的首日中国石油以48.60元开盘，然后直线下跌，开启了漫长的下跌之路，到2013年其股价在7到9元之间波动。

可见一家好的公司也可能让投资者赔钱，关键在于以什么样的价格买入、什么时候卖出，对于买卖时机的把握可能就是普通投资者与"股神"的差距所在。

2. 技术分析流派

技术分析流派是以证券的市场价格、成交量、价和量的变化以及完成这些变化所经历的时间等市场信息作为投资分析对象与投资决策基础的投资分析。该流派以价格判断为基础、以正确的投资时机抉择为依据。技术分析理论可以分为以下几类：K线理论、切线理论、形态理论、技术指标理论、波浪理论和循环周期理论。技术分析流派认为市场供求均衡状态偏离会引起证券价格的波动。

技术分析的理论基础和前提是：市场行为包含一切信息；价格呈趋势运动；历史会重演。"市场行为包含一切信息"这句名言形成了技术分析的基石，意思就是说如果影响市场价格的所有因素最终反映在市场价格之中，那么研究市场价格就足够了。趋势的概念对技术分析来说绝对必要，将一个市场的价格行为绘制成走势图的全部目的就是要在趋势发展的初期确定它们，从而达到顺势交易的目的。"历史会重演"这个前提的意思是，某些形态过去很管用，那就假定它们将来会同样有效。

技术分析的理论十分丰富，查尔斯·道(Charles Dow)与他的合伙人爱德华·琼斯(Edward Jones)在1882年创办了道琼斯公司。大多数技术分析人士以及市场研究者一致认为，今天我们称之为技术分析的许多东西都源于道在20世纪提出的各种理论。今天，大多数技术分析人士都知道并吸收了道的基本理念，道氏理论是技术分析研究的基石。对我们来说不幸的是，道不曾为自己的理论著书立说。他把自己对股票市场行为的认识写在了20世纪初出版的《华尔街日报》的一系列社论中。1903年，即查尔斯·道逝世一年之后，S. A. 纳尔逊(S. A. Nelson)将这些文章收录到一本名为《股市投机常识》的书中。在这本著作中，纳尔逊创造了"道氏理论"这个词。除此之外，技术分析还有很多其他的理论或技术，如形态理论、价量分析技术、K线分析技术、均线分析技术、艾略特波浪理论、指标分析技术等。

技术分析方法经历了从直觉化决策方式到图形化决策方式，再到指标化决策方式，以及现阶段模型化决策、智能化决策方式的演进，分析方法日趋定量化、客观化、系统化。如图2-8所示。

直觉化决策 → 图形化决策 → 指标化决策 → 模型化决策 → 智能化决策

图2-8 技术分析方法发展过程

技术分析的优势在于短期分析和对买卖时机的选择分析。技术分析对市场的反应比较直接和迅速，依据技术分析，投资者能够对市场变化作出快速的反应。依据技术分析所采取的投资策略一般为波段操作策略，其波段操作周期可以是短期、中期和长期。短期一般是指一周到一个月，中期是指一个月到一年，长期是指一年以上。应该注意的是，即使是波段操作也不可以过于频繁操作，频繁交易会产生大量的交易费用。波段操作策略可以说是一种完美主义的交易策略，最佳状态是在上升波段中持有证券，而在下降波段中持有货币，将会使投资者收益最大化。但如果投资者的判断错误，也会给投资者造成极大的损失。

技术分析也存在一定的缺陷。第一，技术分析是建立在对历史数据进行分析的基础上的，并假定它会在未来重复。事实上市场是永远不会重复的，不能套用历史数据进行简单的预测。第二，技术分析无法判定市场供求关系。任何投资对象的价格变化都是由供求关系变化引起的。例如，资金的注入、新股发行、入市意愿等因素的变化，是技术分析无法判定的。第三，技术分析对于宏观经济与政策、行业与公司状况的变化是无能为力的。

基本分析和技术分析都难以独立解决投资者所面临的问题。因此，投资者在投资时，最好将基本分析与技术分析综合起来应用，以基本面分析解决投资者的投资方向问题，即买什么的问题；以技术分析解决投资时机问题，即买卖时机的决策。所以，欧奈尔总结出，股票投资60%取决于基本分析，40%取决于技术分析，这是有一定道理的。

3. 心理分析流派

心理分析流派以个体心理分析和群体心理分析为基础，例如通常所说的"羊群效应"、逆向思维方式等。心理分析流派认为市场心理平衡状态偏离会引起证券价格的波动。个体心理分析基于"人的生存欲望"、"人的权力欲望"和"人的价值欲望"三大心理分析理论对个体心理进行分析，旨在解决投资者在投资决策过程中产生的心理障碍问题。群体心理分析基于群体心理理论与逆向思维理论，旨在解决投资者如何在研究投资市场过程中保证正确的观察视角的问题。

心理分析流派所依据的理论基础是行为经济学理论和行为金融理论以及一般的心理学理论，尤其以行为金融理论为重点理论依据。行为金融学是关于心理因素如何影响金融行为的研究。心理因素是人类欲望、目标和动力的基础，也是多种类型错误的基础，如过度自信、过度悲观、盲从和从众心理、贪婪与恐惧等。这些错误与偏差贯穿整个金融界，影响个人投资者、机构投资者、分析师、经纪人、期权交易商、期货交易商和媒体的金融评论员等。心理分析及行为金融理论应用正是要帮助人们认识到心理因素对投资行为、投资决策的影响，进而帮助人们克服不良心理因素带来的不利影响。成功的投资者几乎都能很好地控制自己的情绪，能够理性和独立地思考，而不是盲从于他人。一个投资者如果没有良好的纪律性来控制自己情绪的波动，那么即使该投资者有丰富的投资理论和良好的投资技术，也无法取得投资成功。

行为金融是一个新兴的研究领域，现在，美国几乎所有领先的金融研究机构都非常关注行为金融学。在心理分析流派中，比较有代表性的人物是赫什·舍夫林(Hersh Shefrin)，他是当前世界上行为金融研究的先驱和顶尖学者，在这个领域内发表了大量原创性的观点。舍夫林教授的主要著作有《超越贪婪和恐惧：了解行为金融和投资心理学》《资产定价的行为方法》《行为公司金融》等，这些著作都是为了识别、纠正人们在投资活动和管理活动中的心理偏差。另外，汉弗莱·B.尼尔(Humphrey B. Neil)在其著作《逆向思考的艺术》中，告诫人们要避免从众心理，避免被各种宣传、大众舆论、煽情鼓动等左右自己的思想，要保持逆向思维方式——用理性、独立、怀疑的态度去思考。另一位很有影响力的美国教授罗伯特·J.希勒(Robert J. Shiller)，在其著作《非理性繁荣》中指出：传统的观点认为市场是有效的，即市场价格能够准确反映金融信息，投资者都是理性又精明的，这种观点是值得怀疑的。现实中的种种事件都充分证明了市场和投资者的非理性行为在所有投资行为中所占比例是相当高的，投资者行为往往受到心理因素、文化因素、结构性因素的影响，这就使得投资行为偏离了理性轨道。

心理分析和行为金融理论的应用范围极其广泛，不仅应用于证券投资，还可以用来分析实业投资和实物投资。例如，在房地产投资、收藏投资、实业投资中，投资者的行为往往受到盲从心理、过于自信等非理性心理因素的影响，使得投资者经济上遭受重大损失。学习和掌握心理分析和行为金融学知识后，投资者可以在一定程度上管理和控制自己的情绪，避免遭受不必要的损失。

基于心理分析和行为金融理论，可以得出的投资策略主要有逆向投资策略、博傻型投资策略(凯恩斯的空中楼阁理论)等。逆向投资策略不是让投资者时刻与大多数人的操作保持相反方向，而是指投资者在市场过于狂热、资产泡沫严重的时候要保持谨慎的态度和清醒的认识；在市场极度低迷和大多数人极度恐惧的时候要敢于投资。逆向投资策略是投资者克服盲从心理、保持理性思考、避免损失的有力工具，值得投资者认真掌握并加以应用。

小资料

日本房地产泡沫破灭对中国的启示

日本的房地产泡沫肇始于1985年，这一年是代表日元大幅度升值的"广场协议"的签署年。美元贬值日元升值使得大量国际资本进入日本的房地产业，大大刺激了房价的上涨。加上当时的日本政府为刺激经济的发展，日本中央银行采取了非常宽松的金融政策，鼓励资金流入房地产以及股票市场，受房价骤涨的诱惑，许多日本人纷纷拿出积蓄进行房地产的投机，致使房地产价格暴涨。1990年9月，日本地价达到最高点，到了十分荒唐的程度。当时，国土面积相当于美国加利福尼亚州的日本，其地价市值总额竟相当于整个美国地价总额的4倍。仅东京的地价就相当于美国全国的总地价。一般工薪阶层即使花费毕生储蓄也无力在大城市买下一套住宅，能买得起住宅的只有亿万富翁和极少数大公司的高管。

1991年后，随着国际资本获利后的撤离，很大程度上由外来资本推动的日本房地产泡沫迅速破灭。泡沫的破灭对日本经济和社会造成了巨大的影响，首先是大量房地产公司以及与其相关的大量金融机构倒闭，并由此产生了巨额不良资产，破坏了金融正常的运转机制，特别是针对中小企业，银行出现严重的惜贷现象。其次，泡沫时期形成的大量过剩的房地产投资，使企业负债过度，成为1990年的日本企业投资不振的一个主要原因。再次，房地产价格持续下跌，日本平均储蓄率下降，生活质量无法提高。许多在泡沫经济时期购买房地产的日本人生活陷入窘境，甚至破产。最后，泡沫的破灭也使"银行不倒"、"地价只涨不跌"的神话同步破灭，企业和国民的心理状态跌入深渊，信心指数下降。日本的房地产泡沫最终让日本自吞苦果，丧失了多年的发展机会，可谓付出了极其沉痛的代价。

中国当前的房地产投资泡沫也是非常严重的。2013年7月31日，中国社会科学院学部委员余永定在某论坛上表示：中国房地产业的发展已经"走得太过"，中国有380座摩天大楼，在建的超过600多米的十大建筑，中国占了4个还是5个，我觉得是疯了。这是非常严重的问题。

余永定称，他走遍世界各国，与国外的情况对比，中国的房地产市场发展超出了所有国家。日本那些中等城市，冈崎、秋田跟中国的一个县都没法相比，中国在这方面走得太过了。中国房地产投资在总投资中的比重太高，在GDP中的比重太高。

根据新华社的资料，中国每户住房拥有率已经超过了100%，这在世界上也是少有的。我曾经问过梁振英，香港的户均面积是多少，他说我没有户均数，我有中数，中数是47平方米，香港的人均收入是两三万美元，我们是五六千美元，我们经济适用房的面积是90平方米，总而言之，我认为是严重的资源错配。中国作为一个发展中国家，作为人均收入只有五千美元的国家，不应该把这么多资源用于房地产投资，不应该让房地产业成为中国经济发展的支柱产业。

资料来源：搜狐财经.社科院专家：中国房地产"疯了"

4. 学术分析流派

1900年，法国数学家刘易斯·巴切利写了一篇探讨股票市场价格的博士论文《投机的数学理论》，开创了使用学术理论特别是数学工具研究股票市场的先河。

在当今高等教育普及程度极高的投资实业界，该流派的人士已经占据绝对主导地位。学术分析流派的理论基础有两个：一是有效市场理论，二是投资组合理论。学术分析流派理论发展过程如图2-9所示。

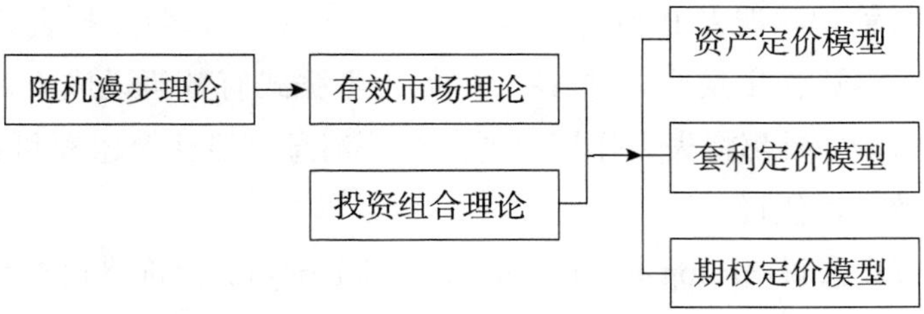

图2-9　学术分析流派理论发展过程

随机漫步理论(Random Walk Theory)认为，证券价格的波动是随机的，没有任何轨迹可循。1964年，奥斯本提出了"随机漫步理论"，他认为股票价格的变化类似于化学中的分子"布朗运动"(悬浮在液体或气体中的微粒所做的永不休止的、无秩序的运动)，具有"随机漫步"的特点，也就是说，它变动的路径是不可预期的。随机漫步理论是技术分析流派的大敌，如果股价的波动没有任何规律，那么技术分析的方法将失效。

有效市场理论(Efficient Markets Hypothesis，EMH)的代表人物有尤金·法玛(Eugene Fama)、保罗·萨缪尔森(Paul A. Samuelson)等。1965年，尤金·法玛第一次提到了有效市场的概念：有效市场是这样一个市场，在这个市场中，存在着大量理性的、追求利益最大化的投资者，他们积极参与竞争，每一个人都试图预测单个股票未来的市场价格，每一个人都能轻易获得当前的重要信息。在一个有效市场上，众多精明的投资者之间的竞争导致这样一种状况：在任何时候，单个股票的市场价格都反映已经发生的和尚未发生、但市场预期会发生的事情。1970年，法玛提出了有效市场假说，其对有效市场的定义是：如果在一个证券市场中，价格完全反映了所有可以获得的信息，那么就称这样的市场为有效市场。根据这一假设，投资者在买卖股票时会迅速有效地利用可能的信息，所有已知的影响一种股票价格的因素都已经反映在股票的价格中，因此根据这一理论，股票的技术分析是无效的。

有效资本市场假说包括以下三种形式。

1) 弱式有效市场假说

弱式有效市场假说(Weak-Form Market Efficiency)认为在弱式有效的情况下，市场价格已充分反映所有历史的证券价格信息，包括股票的成交价、成交量，卖空金额、融资金额等。推论一：如果弱式有效市场假说成立，则股票价格的技术分析将失去作用，基本分析还可能帮助投资者获得超额利润。

2) 半强式有效市场假说

半强式有效市场假说(Semi-Strong-Form Market Efficiency)认为价格已充分所映所有已公开的有关公司营运前景的信息。这些信息有成交价、成交量、盈利资料、盈利预测值、公司管理状况及其他公开披露的财务信息等。假如投资者能迅速获得这些信息，股价应迅速作出反应。 推论二：如果半强式有效假说成立，则在市场中利用技术分析和基本分析都将失去作用，通过内幕消息可能获得超额利润。

3) 强式有效市场假说

强式有效市场假说(Strong-Form Market Efficiency)认为价格已充分地反映所有关于公司营运的信息，这些信息包括已公开的或内部未公开的信息。 推论三：在强式有效市场中，没有任何方法能帮助投资者获得超额利润，即使基金和有内幕消息者也一样。

投资组合理论(Modern Portfolio Theory，简称MPT)的代表人物有马科威茨(Markowitz)、威廉·夏普(William Sharp)等。1952年，马科威茨在其发表于《金融学》杂志的一篇论文中创造性地提出用概率论中的数学期望来度量投资的预期收益，用方差(或标准差)来度量预期收益的不确定性(风险)。投资组合理论可以简化为如何在投资组合的预期收益及其方差两方面取得平衡，在证券投资理论流派当中，投资组合理论系统地运用数学方法对投资收益和风险进行定量化的科学分析，在证券投资理论领域具有里程碑的意义。在均值方差模型之后，又发展出资本资产定价模型、套利定价模型、期权定价模型、投资绩效评价模型等著名的理论模型。

投资组合理论提出的投资策略是多元化投资策略、分散投资策略和长期投资策略，即通过构建资产组合获得市场平均收益。这一策略在实务界有着广泛的应用，尤其是在拥有大量资金的投资基金中，更是一种首选的投资策略。

同其他理论一样，有效市场理论和投资组合理论也存在一定的局限性，面临很多挑战。第一，投资者并非是完全理性的，投资者行为所依据的是"噪音"而非信息。第二，投资者不止偶然偏离理性，而是经常以同样的方式偏离理性。行为金融学中"投资者心态"理论讨论的就是大量投资者犯同样的判断失误的错误，且他们的错误又具有相关性的现象。第三，套利者不会完全消除非理性投资者的错误对价格的影响。大多数情况下证券没有合适的替代品。即使能找到完全的替代品，套利者也面临其他风险。第四，资本市场作为一个复杂系统并不像有效市场假说所描述的那样和谐、有序，有层次。例如，有效市场假说(EMH)并未考虑市场的流通性问题，而是假设不论有无足够的流通性，价格总能保持公平。故EMH不能解释市场恐慌、股市崩盘，因为在这些情况下，以任何代价完成交易比追求公平价格重要得多。第五，通过多元化投资也只能分散掉一部分风险——非系统性风险，对于系统性风险是无法通过分散投资来化解的。各种投资分析流派的对比如表2-1所示。

表2-1　各种投资分析流派的对比

流　派	投资策略基本特征	对证券市场价格波动的解释	投　资　目　标
基本分析流派	积极型	对价格与价值间偏离的调整	战胜市场：取得高于市场的收益率
技术分析流派	积极型	对市场供求均衡状态偏离的调整	
心理分析流派	积极型	对市场心理平衡状态偏离的调整	
学术分析流派	消极型	对价格与所反映信息内容偏离的调整	平均的长期收益率：遵从市场平均收益率的态度

习｜题

一、判断题

1. 技术分析流派的代表人物是巴菲特。(　　)

2. 基本分析流派的投资策略可以分为价值型投资策略和成长型投资策略。(　　)

3. 价值型投资策略：在市场价格高于内在价值时买入、市场价格低于内在价值时卖出。(　　)

4. 成长型投资策略注重投资对象未来收益的增长速度及投资对象的发展潜力，而对价格是否高于内在价值并不作为首要考虑因素。(　　)

5. 仅仅依靠技术分析方法就能作出正确的投资决策，技术分析方法可以单独使用，不用与其他分析方法配合使用。(　　)

6. 技术分析流派所采用的投资策略主要是波段操作策略、趋势投资策略等，但投资者应该避免频繁地买卖操作，应该尽量去把握长期趋势和大波段，不要被短期的价格波动所迷惑。(　　)

7. 波段操作策略的核心思想是在价格上升的趋势中持股，而在价格下跌的趋势中持币。(　　)

二、单项选择题

1. "在别人贪婪时恐惧，在别人恐惧时贪婪"是巴菲特的名言，其真正含义是(　　)。

A. 在下跌趋势中买入股票，在上涨趋势中卖出股票

B. 当别人都在卖出时买入，当别人都在买入时卖出

C. 敢于买入别人都不愿买入的股票，卖出别人认可的股票

D. 当价格过高过热时不要买入而是卖出，当价格过于低估时要敢于买入而非卖出

2. 认为投资者无法战胜市场，而以获得市场平均收益水平为目标的分析流派是(　　)。

A. 基本分析流派　　　　　　　　　　B. 技术分析流派

C. 学术分析流派　　　　　　　　　　D. 心理分析流派

3. 投资学中的"风险"概念的真正含义是(　　)。

A. 发生损失的概率　　　　　　　　　B. 损失的程度

C. 预期未来收益的不确定性　　　　　D. 等同于损失

4. 分散投资策略不能够有效分散的风险是(　　)。

A. 单个公司经营的不确定性　　　　　B. 单个公司股票价格的不确定性

C. 市场整体价格的不确定性　　　　　D. 某个行业状况的不确定性

5. 每个投资者都是不完美的、不完全理性的，看见价格下跌就跟着卖出、看见上涨就急于买入，而不经过自己细致的分析的现象称为(　　)。

A. 羊群效应　　　　　　　　　　　　B. 过于自信

C. 后悔规避　　　　　　　　　　　　D. 过于悲观

三、多项选择题

1. 有效市场理论按市场的有效程度，提出有效市场假说的三种形式包括(　　)。

A. 弱式有效市场假说　　　　　　　　B. 半弱式有效市场假说

C. 半强式有效市场假说　　　　　　　D. 强式有效市场假说

2. 随机漫步理论的主要观点是(　　)。

A. 股价的短期波动是没有规律的、不可预测的

B. 股价的长期波动也是没有规律的

C. 技术分析方法是无法预测价格短期波动的

D. 基本分析方法也是无效的

3. 下列属于积极型投资策略的是(　　)。

A. 成长型投资策略　　　　　　　　　B. 趋势型投资策略

C. 逆向投资策略　　　　　　　　　　D. 分散投资策略

课外阅读推荐

菲利普·A. 费雪. 怎样选择成长股. 北京：机械工业出版社，2009

第3章 基本分析原理 ➡

引言

世界经济史是一部基于假象和谎言的连续剧，要获得财富，做法就是认清其假象，投入其中，然后在假象被公众认识之前退出游戏——乔治·索罗斯。

索罗斯被人称为"金融大鳄""危机制造者"，但不可否认的是，他是宏观经济分析的大师，他把握宏观经济形势的能力无人能及。

1970年，他和吉姆·罗杰斯一起创立了量子基金。量子基金是全球著名的大规模对冲基金，是乔治·索罗斯旗下经营的五个对冲基金之一。量子基金是高风险基金，通过筹资在世界范围内投资于股票、债券、外汇和商品。量子基金没有在美国证券交易委员会登记注册，而是在库拉索离岸注册。它主要采取私募方式筹集资金，其投资者都是非美国国籍的投资者。

1997年开始的东南亚金融危机与索罗斯有直接关系。许多东南亚国家如泰国、马来西亚和韩国等长期依赖中短期外资贷款维持国际收支平衡，汇率偏高并大多维持与美元或一揽子货币的固定或联系汇率，这给国际投机资金提供了一个很好的捕猎机会。量子基金扮演了狙击者的角色，从大量卖空泰铢开始，迫使泰国放弃维持已久的与美元挂钩的固定汇率而实行自由浮动，从而引发了一场亚洲金融市场前所未有的危机。这种危机的根本原因在于当时亚洲各国经济的失衡状态和不稳定性、脆弱性。

索罗斯的做法就是：发现过于高估或低估的投资对象，然后通过大量的卖出或买入迫使其价格回归均衡，也就是让投资对象的价格按照他们设计好的路线运行，从而获得巨额收益。无论是股市、外汇市场、大宗商品市场都可以这样操作。

本章将向同学们介绍一些关于基本分析的基础知识。

3.1　基本分析概述

　　基本分析也可以称为基本面分析，是指通过分析宏观经济情况、行业现状、公司的盈利能力、偿债能力、发展能力等，进而选择投资时机和投资对象的过程。

3.1.1　基本分析的含义

　　基本分析是指根据宏观经济形势、行业状况和公司情况等信息作出投资决策的过程与活动。在基本分析中，证券分析师要运用经济学、金融学、财务管理、投资学等知识，对影响证券价格的因素进行分析，进而评估证券的投资价值，判断证券的合理价位以及买卖时机，提出相应的投资建议。影响投资决策的因素包括：宏观经济形势、经济政策、行业发展状况、公司发展前景及财务状况等。

　　基本分析的核心思想是：任何一种投资对象都存在内在价值，并且投资对象的市场价格围绕其内在价值波动——市场价格与内在价值之间的差距最终会被市场纠正。因此，投资者可以在市场价格低于内在价值时买入，而在市场价格高于内在价值时卖出。基本分析主要包括宏观经济分析、行业分析和公司分析三个方面的内容。

　　宏观分析主要研究宏观经济周期、宏观经济政策对证券价格的影响。分析和判断宏观经济周期需要借助各种宏观经济指标，如GDP增长率、通货膨胀率、利率、企业整体利润率、货币供给量增长率、居民可支配收入增长率、失业率、PMI(采购经理指数)、宏观经济景气指数等。宏观经济政策主要包括货币政策(信贷政策、利率政策)、财政政策(税收政策、财政支出政策)、收入分配政策、汇率政策、产业政策等。

　　行业分析是介于宏观经济分析与公司分析之间的中观层次的分析。行业分析主要研究行业所处的生命周期、国家产业政策、行业特征(产品的收入弹性、产品的供求关系等)等，判断和预测行业自身的发展状况以及对行业内企业证券价格的影响。

　　公司分析侧重于对公司的竞争能力、盈利能力、偿债能力、发展能力等进行分析，进而评估和预测证券的投资价值、价格和未来的变化趋势。

3.1.2　基本分析的优势与局限性

　　任何一种分析方法都存在一定的优势与局限性，基本分析优缺点如表3-1所示。

表3-1 基本分析的优缺点

优 点	缺 点	适用范围
能够判断出证券价格的长期趋势	不能判断短期价格变化趋势	①周期相对比较长的证券价格预测；②相对成熟的证券市场；③预测精度要求不高的领域
能够找到决定证券价格的根本因素	证券价格趋势与其决定因素可能会出现较大的偏离	
能够使投资者不受市场价格波动的影响	需要大量的数据资料，应用难度大，估值模型本身准确性差	

3.1.3 基本分析的主要分析手段

基本分析的主要分析手段包括：估值分析、指标分析、定性分析三种。

1. 估值分析

所谓估值就是对投资对象的价值进行评估或估算，包括有价证券估值、企业价值评估、房地产价值评估等。参考"资产评估学"课程中的观点，可以将估值的方法分为：收益法(折现法、绝对估值法)、市场法(比较法、相对估值法)、成本法三大类。

收益法也称折现法、绝对估值法，是指通过预测投资对象未来预期收益，选择适当的折现率进行折现得到预期收益的现值作为投资对象的内在价值。当市场价格低于内在价值时买入，当市场价格高于内在价值时卖出。收益法应用的前提条件有：一是能够较为准确地预测被评估资产的预期收益；二是能够根据被投资对象的风险情况确定合适的折现率；三是预测出被投资对象收益持续的期限。收益法的一般公式如下

$$PV = \sum_{i=1}^{n} \frac{R_i}{(1+r)^i} \tag{3.1}$$

式中：PV——现值、内在价值；

R_i——未来各期的预期收益、预期现金流；

r——折现率(投资者的最低报酬率、必要报酬率；企业的资金成本)；

i——第i期；

n——总期数为n。

式中的R_i可以有多种选择，可以是股息、净利润、息前税后利润、净现金流、股东自由现金流、企业自由现金流等。R_i可以只有一笔现金流，也可以是一系列现金流；可以是一系列各不相同的现金流，也可以是一系列相等的现金流——年金，还可以是一系列按等比、等差变化的现金流。

市场法也称市场价格比较法、相对估值法，是指利用市场上同类资产或类似资

产的近期交易价格，通过比较与被评估资产的异同程度，以判断被投资对象价值的各种评估技术手段的总称。市场法应用的前提条件有两个：一是存在发育完善的、交易活跃的公开市场；二是市场上存在与被投资对象具有可比性的参照物及其交易活动，并且能够找到二者之间的差异进行调整。市场法的一般公式如下

$$P = P_参 \times \frac{A}{A_参} \times \frac{B}{B_参} \times \cdots \tag{3.2}$$

式中：P——被投资对象的市场价值估计值；

$P_参$——参照物的市场价格；

$\dfrac{A}{A_参}$——某个可比指标的比值。

常用的可比指标有市盈率、市净率、市值回报增长比、市销率等。如表3-2所示。

表3-2　市场比较法常用指标

指　标	简　称	适　用	不　适　用
市盈率	P/E	周期性较弱的行业、一般制造业、服务业	亏损企业、周期性行业
市净率	P/B	周期性公司、重组型公司	重置成本变动较大的公司、固定资产较少的服务行业
市销率	P/S	销售收入和利润率较稳定的公司	销售不稳定的公司
市值回报增长比	PEG	成长速度快的行业	成熟、稳定的行业

成本法一般适用于实物资产价值的评估，不适用于金融资产投资、房地产投资、项目投资价值的评估，所以这里不作介绍。

对于估值中所提到的被投资对象的"价值"这一概念，也可以有不同的理解。主要的价值类型可以分为内在价值(收益现值)、市场价值(公允价值)两大类。

内在价值也可以叫做收益现值，是指被投资对象预期未来收益的现值之和。可以把内在价值理解为投资对象的真实价值或者理论价值，可以说内在价值是一种相对"客观"的价值，由投资对象自身的内在属性或者基本面因素决定，不受外在因素(例如市场情绪变化、各种消息传闻等)影响。内在价值的估算主要采用收益法，主要的参数包括预期收益的界定与预测、折现率的选择、收益年限的确定。

市场价值是自愿买方和自愿卖方在各自理性行事且未受任何强迫的情况下，交易对象在正常、公平的交易条件下形成的交易价值估计数。需要注意的是市场价格并不完全等同于市场价值。估算市场价值主要采用的方法是市场法，应注意的问题包括市场参照物的选择、被投资对象与参照物之间差异的调整、可比指标的选择等。

2. 指标分析

指标分析是一种直观、有效的分析和判断经济形势、预测未来发展前景的分析手段。指标分析属于定量分析，通过指标分析问题能够做到直观、准确。

1) 宏观经济指标

宏观经济指标可以分为三类。第一类，先行指标。这类指标可以对将来的经济状况提供预示性的信息，如利率、个人收入、货币供给增长率、消费者信心指数、采购经理指数(PMI)等。第二类，一致指标。这类指标的变化基本与总体经济形势的变化同步，如GDP增长率、社会消费品零售总额、固定资产投资规模、净出口规模等。第三类，滞后指标。这类指标的变化一般滞后于国民经济的变化，如通货膨胀率、企业库存量、失业率、企业平均利润率等。

2) 行业指标

行业指标是指反映各行业现状、发展趋势、发展速度的各种指标。包括各行业增长率、主要产品产量及增长速度、各行业增加值增长速度、各种产品价格变化率、各行业利润率、行业景气指数等。

3) 公司投资财务指标

公司财务指标也可以称为财务比率，大致可以分为以下几类：营运能力指标、偿债能力指标、盈利能力指标、投资收益指标、增长能力指标等。

3. 定性分析

定性分析就是对研究对象进行"质"的方面的分析。具体地说是运用归纳和演绎、分析与综合以及抽象与概括等方法，对获得的各种材料进行思维加工，从而去粗取精、去伪存真、由此及彼、由表及里，达到认识事物本质、揭示内在规律的目的。

1) 宏观经济定性分析

对宏观经济进行定性分析主要包括：宏观经济政策对证券市场的影响分析；宏观经济周期波动对证券市场影响分析；汇率政策对证券市场的影响分析；战争和政治局势变动对证券市场的影响分析等。

2) 行业状况定性分析

对行业状况的定性分析主要包括：行业的一般特征分析；经济周期与行业关系分析；行业生命周期对其证券价格影响分析；影响行业兴衰的因素分析(技术进步、产业政策、社会习惯等)。

3) 公司状况定性分析

对公司状况进行定性分析主要包括：公司的行业地位分析；公司的经济区位分析；公司产品分析；公司经营能力分析；公司的盈利能力分析和公司成长性分析；公司的偿债能力分析等。

3.2　宏观经济分析

宏观经济分析对于投资活动有重大的意义。其原因在于：宏观经济运行状态和趋势是决定证券市场的总体变动趋势和方向的决定性力量。各类行业、各类企业都不可避免地受到经济周期性波动的影响。当宏观经济趋于快速增长时，各类企业取得较高的利润率和增长率是相对容易的；而当经济处于低速增长甚至停滞不前时，企业想取得利润和增长就会变得非常困难。因此，投资者在进行投资活动之前，必须对宏观经济形势及其发展趋势进行准确的判断，才能找到适当的投资时机，获得丰厚的投资收益，避免投资损失。

3.2.1　宏观经济运行趋势的种类及对各主体的影响

衡量一国经济运行趋势的最主要的指标是国内生产总值(GDP)。一个国家的经济运行质量和经济形势基本上能够通过GDP增长情况反映出来。按照GDP增长情况的不同，可以将经济运行趋势和经济形势加以分类，具体包括以下几种。

1. GDP保持长期、稳定的较高增长率——经济繁荣

在这种情况下，社会总需求与总供给协调增长，经济结构、产业结构处于相对稳定和平衡的状态，有利于经济增长的因素较多，如：需求旺盛、劳动力充足、资本充足、自然资源充足、技术进步等。

在经济繁荣时期，企业的盈利会出现较快增长，劳动力的就业率会提高，居民收入增长较快，同时也可能伴随着物价的上涨。政府的财政收入也会相应的大幅度增加，政府的主要任务是抑制物价的过快上涨。经济繁荣时，企业和个人对贷款、股权融资、债券融资的需求是比较旺盛的，银行等金融机构的收益和利润会取得快速的增长，金融机构要做的是防范和控制金融风险，防止出现大范围的不良资产。经济繁荣带给投资者和消费者的是信心和对未来的正面预期，会促使其增加投资和消费，从而进一步拉动需求，使经济繁荣持续下去。经济繁荣对各经济主体都是有利的，会为他们带来积极、正面的影响。

2. GDP持续低增长率、负增长率——经济低迷、经济衰退

经济衰退是指经济出现停滞或负增长的状态。不同的国家对衰退有不同的定义，其中美国以经济连续两个季度出现负增长为经济衰退的定义被人们广泛采用。比经济衰退更为严重的是"经济萧条"——负增长率超过10%，经济衰退没有达到这种程度。其实，严重的经济衰退和经济萧条是极少出现的，它们发生的概率要比经

济繁荣的概率小很多。

凯恩斯认为对商品总需求(消费、投资、出口等)的减少是经济衰退的主要原因。此外，还有以下原因：产业结构和经济结构的失衡、资产价格泡沫的破灭、整个社会资金链条的断裂、自然资源价格快速上涨等。经济衰退的表现形式为：GDP增长率极低甚至出现负增长、企业利润率下降、产品库存增加、失业率升高、物价水平下降(也可以出现物价水平上升——滞胀)等。

在经济低迷和经济衰退时期，经济增长速度较低甚至出现负增长。此时，相当比例的行业和企业的盈利增长速度会下降，甚至出现负增长乃至亏损。由于企业产品销售不容乐观，有的企业会采取裁员、降低薪酬等手段来降低成本，这就会导致社会就业率的下降和失业率的上升。失业率的增长和薪酬的降低会导致个人可支配收入的减少，这又进一步引起消费水平的下降，形成恶性循环。此时，政府的财政收入压力较大，经济增速缓慢，财政赤字扩大。政府此时的主要任务是刺激经济增长，主要手段有扩大政府支出、降低税收、降低利率、增加货币供给等，但要注意这些政策的负面影响。经济低迷时，企业和个人对资金和融资的需求会大幅减少，从而导致银行等金融机构的盈利增速下降甚至出现负增长。投资者和消费者对未来的预期不乐观，会进一步减少投资和消费，从而使社会总需求进一步被压缩，不利于经济复苏。

需要注意的是，经济增长速度下降与经济衰退是完全不同的概念。经济增长速度下降却没有达到衰退的程度，这种情况通常被称为软着陆，且被人们认为是不值得特别关注的经济事件。然而，事实上经济增长速度下降给经济和投资者带来的损失和破坏通常不亚于真正的衰退。对于中国这样的发展中国家经济负增长是极其罕见的，而经济增长速度下降却比较常见。

3. GDP增长的特殊情况

1) 高通货膨胀下的GDP增长

当GDP失衡地高速增长时，既伴随着经济的快速增长，物价也呈快速上升状态，这种经济增长是不可持续的，往往是经济形势恶化的征兆。这种情况意味着，总需求大大超过总供给，经济形势过热。高通胀的危害十分巨大，它可能降低居民的实际收入，尤其是使低收入者、固定收入者因为各种消费品价格的上涨而变得贫困。更为严重的是，价格的急剧上涨将导致市场秩序的混乱——供应商囤积居奇、消费者抢购商品，价格就不能作为"看不见的手"来指挥人们的行为了，从而导致资源的错误配置。因此，政府不会允许这种情况持续，会采取紧缩性的政策来抑制物价的上涨，而紧缩性政策带来的副作用就是同时也将会降低经济增长率。

2) 宏观调控下的GDP增长率下降

当GDP失衡地高速增长时，政府可能采取宏观调控措施以维持经济的稳定增长，这样必然减缓GDP的增长速度。如果调控目标得以实现，GDP仍以适当的速度增长而未导致负增长或低增长，说明宏观调控措施十分有效，经济矛盾得以逐步缓解，并为进一步增长创造了有利条件。这时，证券市场亦将顺应这种好的形势而呈平稳渐升的态势。

3) 转折性的GDP增长率变化

如果GDP一定时期以来呈负增长，当负增长速度逐渐减缓并呈现向正增长转变的趋势时，表明恶化的经济环境逐步得到改善，证券市场趋势也将由下跌转为上升。当GDP由低速增长转向高速增长时，表明经济结构得到优化，经济的瓶颈制约得以改善，新一轮经济高速增长已经来临，证券市场亦将伴之以快速上涨之势。反之，当GDP由高速增长转为低速增长时，证券市场也会随之下降。

3.2.2 影响和决定宏观经济运行的主要因素

我国经济增长的主要约束已经由短缺经济时代的供给约束转变为需求约束，决定产出规模和经济增长速度的主要因素转变为总需求的规模。除总需求之外，供给能力、体制改革、宏观经济、政策等因素也会对经济增长产生一定的影响。下面对影响和决定宏观经济运行的主要因素进行具体的阐述。

1. 总需求

总需求又称"总支出"，指经济中对物品与劳务需求的总和，或用于购买物品与劳务的支出的总和，可以分成4个部分：消费、投资、政府支出、净出口，总需求是决定经济增长的主要因素。经济增长中各要素的作用体现在以下几方面。首先，消费需求作为最终需求，对经济增长起着直接和最终的决定作用。消费才是社会再生产的终点和新的起点。消费需求的强劲增长将直接带动产品和服务产量的增长，进而促使企业增加投资、扩大生产规模；反之，消费需求增长乏力，经济增长也将失去活力。其次，投资需求属于中间需求、引致需求，同样可以起到拉动经济增长的作用。投资需求是一种比较特殊的需求，一方面形成当前对资本品的需求(对钢材、水泥、设备、原材料等的需求)，另一方面又扩大了未来的产品和服务的供给能力。因此，投资不能脱离消费和出口而盲目增长，否则会造成产能过剩，从而使经济增长不可持续。再次，政府支出对经济增长也有一定的拉动作用。例如，当消费、投资、出口等需求不旺盛的时候，政府为了增加需求以拉动生产，往往会采取扩大财政支出、增加政府采购量、加大基础设施建设等手段来扩大需求。必要的财政支出对国民经济和社会都是有积极作用的，但是如果政府为了扩大需求而"突击花钱"，则可能出现资源浪费、资源配置效率低下、财政赤字扩大、纳税人为此买单等一系列严重问题。最后，出口意味着外国对本国商品的需求，出口的增长除了能够直接推动经济增长之外，还会对消费、投资、政府支出产生影响，从而间接刺激经济增长。

2. 供给能力

一个国家的自然资源和社会资源从供给层面对经济增长产生一定的制约作用，当总需求不足——总需求小于总供给时，经济增长速度主要受总需求的制约；相反，当总需求大于总供给时，经济增长速度主要受总供给能力的制约——即受总供给能力下的劳动力资源、资本、科学技术、自然资源等制约。

1) 劳动力资源对经济增长的影响

影响总供给最重要的因素是劳动力供给，而人口年龄结构、劳动力知识结构、劳动力城乡转移是我国劳动力供给的决定因素。过去二十年我国经历了人口抚养比的快速下降和大量农村劳动力快速进城。这两个因素导致大量的廉价劳动力在短时间内被卷入全球市场分工当中，为我国乃至世界经济的增长提供了重要的动力。一直以来，我国都是一个劳动力资源十分丰富的国家，这种局面在短时期内不会发生改变。因为，我国的城镇化水平较低，仍然有较大的提升空间，城镇化将进一步为经济增长提供劳动力资源支持。另外，为应对可能出现的劳动力比重下降(人口老龄化)、劳动力增长放缓等问题，我国也在积极采取各种政策，如放松计划生育政策、延长退休年龄、改革户籍制度、增加教育投入、提升劳动者素质等。所以，劳动力资源仍将是我国经济增长的驱动因素之一。

2) 资本对经济增长的影响

资本是一个含义丰富的概念，与劳动力一样都是极其重要的生产要素，可以理解为可用于投资和生产的各种物质资源，包括实物资本和货币资本，如厂房、机器设备、动力燃料、原材料、货币资金等。其中，货币资金在资本中占据主导地位，包括各种现金、存款等。发展中国家劳动力相对丰富而资本相对缺乏，发达国家资本相对丰富而劳动力相对缺乏。我国在改革开放初期，经济增长潜力主要受资本存量的约束。所以，政府制定了引进外资的战略，以缓解资金短缺对经济增长的制约。随着我国经济实力的增强，国内资本存量也在快速积累，充足的资本总量为投资的高速增长提供了条件。我国是一个高储蓄率的国家，至2011年底全国城乡居民储蓄存款余额达34万亿元以上。储蓄可以转化为投资和资本，为我国经济增长提供有力支持。需要注意的是并不是储蓄率越高越好，要在消费与储蓄之间找到一个平衡点。虽然我国目前的资本总量较为充足，但是存在分配不均、配置不合理的现象，如国有大中型企业可以很容易获得贷款等融资，而民营的中小企业融资难，资本约束较为严重。因此，促进储蓄向投资转化、资本的合理配置、资本利用效率的提升是必须解决的几个关键问题。

3) 科学技术对经济增长的影响

"科学技术是第一生产力"，特别在科技发展日新月异、经济增长方式由粗放型向集约型转变的情况下，科技进步更成为经济增长的主要推动力和决定性制约因素。没有科技进步，企业的生产经营只能依靠劳动力和资本的追加来维持低效率的产出，难以满足人们日益增长的物质和文化的需要。科技进步能够影响生产函数，提高其他各生产要素(劳动、资本)的生产效率，能够对其他要素产生替代效应，即能够以相同的要素投入量，生产出比以前更多、更好的产品。科技进步能够提高资源利用效率，提高经济效益，促进经济增长方式转变和产业结构升级。近年来，我国在发展科学技术方面投入了越来越多的人力和财力。1995年5月6日，国家颁布了《中共中央国务院关于加速科学技术进步的决定》，提出了在全国实施"科教兴国"的战略。自20世纪90年代以来，通过实施"973"计划、"863"计划、科技攻关计划、知识创新工程、自然科学基金资助项目等一系列科技计划以及其他政策措施，有力地促进了"科教兴国"战略的贯彻实施。我国科技投入与经济增长之间存在着十分明显的因果关系，科技投入是引起经济增长的重要因素。科技投入对我国经济增长贡献率约为17.5%，表明科技投入在一定程度上促进了我国经济增长，但其促进作用并不是十分明显。要加强科技投入在经济增长中的促进作用，不仅要关注增加科技投入的总量，更要重视优化科技投入的结构和提高科技资源的使用效率。

4) 自然资源对经济增长的影响

现代主流增长理论对日益突出的经济增长资源约束问题不够重视。例如，新古典增长理论主要分析劳动、资本和技术进步这三类因素对经济增长的作用。殊不知自然资源约束对经济增长有着重大的影响。新经济增长理论将自然资源作为经济增长的内生变量，不仅在学术上是有益的尝试，在现实中也具有重大的实践意义。改革开放以来，我国经济维持了长达20多年的高速增长，成为令世界瞩目的新兴经济体。然而，长期以来，我国经济发展过多地依靠扩大投资规模和增加物质投入，这种粗放型经济增长方式，与资源、环境的矛盾越来越尖锐，自然资源枯竭、环境污染已经成为制约我国经济长期增长的主要障碍。为了转变经济增长方式，"十二五规划"明确提出要落实节约资源和保护环境基本国策，建设资源节约型和环境友好型社会。因此，强化经济增长下资源约束问题的基础理论研究和采取有效的政策措施，对推动我国经济走出资源瓶颈具有重要的现实意义。

3. 体制改革

所谓体制就是这个社会的游戏规则，它是为人们的相互关系而人为设定的一些制约。体制可以说是经济增长的外生因素，但它对经济增长的影响是非常巨大的。合理的、公平的、有效率的体制可以促进经济持续、快速增长，反之，则会对经济增长的持续性和速度产生阻碍。在我国经济结构转型需要时日、凯恩斯主义政策穷尽和技术创新依赖"运气"的情况下，要实现长期的稳定经济增长，最为关键的还是各方面体制的改革。这里所指的体制不仅仅是经济体制，而且也包括社会体制和行政体制。在任何国家，体制改革都不单纯，都会涉及政治经济社会因素。

4. 宏观经济政策

1) 财政政策

财政政策是政府依据客观经济规律制定的指导财政工作和处理财政关系的一系列方针、准则和措施的总称。财政政策分为扩张型财政政策、紧缩型财政政策和中性财政政策。实施紧缩型财政政策是指提高税收、压缩财政支出以降低总需求，减轻物价上涨压力，使过热的经济受到控制。实施扩张型财政政策时，政府应积极扩大财政支出、降低税收以增加总需求，如投资于能源、交通、住宅等基础设施建设。这样做的目的是增加对各种产品的需求，从而拉动经济增长。财政政策对经济的影响是比较复杂的，不能一概而论。通常，减税是受到普遍欢迎的，这可以增加居民和企业的可支配收入，从而增加其消费和投资的能力，有利于经济持续增长。增加政府支出虽然在短期可以拉动GDP增长，但是这种措施的负作用非常大，如效率低下、对私人资本存在挤出效应、引起物价上涨、增加政府财政赤字等。因此，政府为拉动经济而"突击式花钱"的做法是饱受争议的。

2) 货币政策

货币政策是政府(中央银行)为实现一定的宏观经济目标所制定的关于货币供应和货币流通组织管理的基本方针和基本准则。通常，将货币政策的运作分为紧缩型的货币政策和宽松的货币政策。紧缩型的货币政策主要政策手段有：减少货币供应量，提高利率，控制信贷规模。紧缩型货币政策的作用是通过控制货币供应量、提高利率等措施来抑制总需求，进而抑制过快上涨的物价。同时，利率的提高会抑制消费而增加储蓄，同样起到抑制需求的效果。宽松的货币政策主要政策手段有：增加货币供应量，降低利率，提高信贷规模。宽松的货币政策的作用是通过增加货币供应量、降低利率等措施，刺激消费、投资等需求，进而拉动经济增长。货币政策的工具主要有：一般性政策工具(包括法定存款准备金率、再贴现政策、公开市场业务)

和选择性政策工具(包括直接信用控制、间接信用指导等)。任何一种政策都是有利有弊的，货币政策也不例外。因此，政府必须根据现实情况合理把握政策的松紧程度，必须根据政策工作本身的利弊及实施条件和效果选择适当的政策工具。

3) 汇率政策

汇率是指一国货币兑换另一国货币的比率，是以一种货币表示另一种货币的价格。通常讲，汇率制度主要有4种：自由浮动汇率制度、有管理的浮动汇率制度、目标区间管理和固定汇率制度。2005年7月21日，我国对人民币汇率形成机制进行改革。人民币汇率不再盯住单一美元，而是选择若干种主要货币组成一个货币篮子，同时参考一篮子货币计算人民币多边汇率指数的变化，实行以市场供求为基础、参考一篮子货币进行调节、有管理的浮动汇率制度。一般而言，本币升值，本国出口品价格相对提高，会抑制国外对本国产品的需求，进而抑制经济增长；同时，本身升值会使得进口产品的价格相对下降，会增加进口，进而抑制国内物价上涨，缓解国内通货膨胀压力。本币贬值的效果与升值相反。

4) 收入政策

收入政策是国家为实现宏观调控总目标和总任务，针对居民收入水平高低、收入差距大小在分配方面制定的原则和方针。与财政政策和货币政策相比，收入政策具有更高层次的调节功能。因为经济增长的最根本动力来自于最终需求——消费需求，而居民收入水平和收入分配的公平性直接影响国民的消费能力。我国目前在收入分配方面存在一些问题，如居民收入在国民收入中的比重较低，尤其是劳动报酬比重过低、收入差距过大等问题，已经对我国的消费需求和经济增长潜力产生了制约和负面影响。因此，必须尽快对我国的收入分配体制进行改革。2011年3月，第十一届全国人民代表大会第四次会议政府工作报告中明确指出：努力实现居民收入增长和经济发展同步、劳动报酬增长和劳动生产率提高同步，逐步提高居民收入在国民收入分配中的比重，提高劳动报酬在初次分配中的比重，加快形成合理的收入分配格局。另外，提高社会保障水平，提高社会保障的覆盖面，也是收入分配政策的重要组成部分，这一举措的实施不但有利于社会稳定、提高居民生活水平，也有利于促进消费，拉动经济增长。

5) 产业政策

一国的产业政策和经济增长之间存在密切的联系。经济发展存在不同的阶段，每一阶段具有相应的产业结构，产业政策应当引导产业的发展，形成合理的产业结构。国家产业政策对产业结构存在重要影响，有效的产业政策能够起到改变经济增长方式的作用。因此，经济发展中要特别利用好这种影响，使我国的国民经济走上健康稳定的发展道路。改革开放以来，我国经济经历了高速增长。在这个过程中，产业政策起到了非常重要的作用。我国历次经济增长中的重要转折都伴随着产业政策的重大调整，因此，产业政策和经济增长是相辅相成、不可分割的整体。

综上所述，宏观经济的运行状况主要受到总需求、总供给、宏观经济政策等因素的影响。这些因素之间不是孤立的，而是相互影响、相互制约的，应该保持和促进需求与供给的协调发展，只有这样才能使经济发展具有可持续性。各因素之间的相互关系及相互影响的传导过程如图3-1所示。

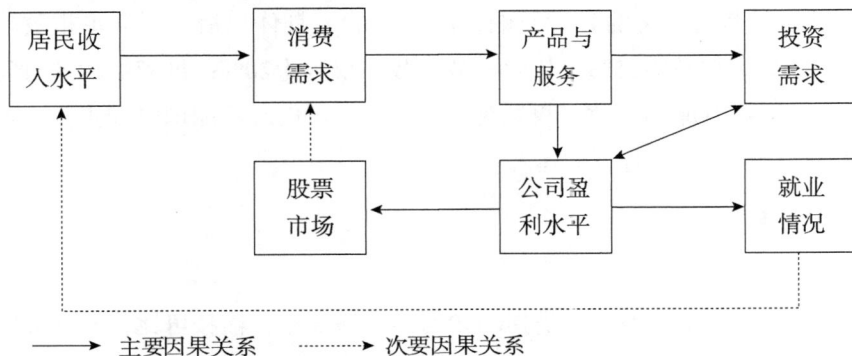

图3-1　宏观经济运行规律

3.2.3　宏观经济指标简介

宏观经济指标的种类是比较多的，由于篇幅有限，不能详细介绍。在此主要介绍采购经理人指数(PMI)、GDP增长率、通货膨胀率这三个指标。

1. 采购经理人指数

采购经理人指数是反映宏观经济运行现状和前景的一个很重要的指标。

1) 含义

采购经理指数(PMI)，是通过对企业采购经理的月度调查结果统计汇总、编制而成的指数，它涵盖了企业采购、生产、流通等各个环节，是国际上通用的监测宏观经济走势的先行性指数之一，具有较强的预测、预警作用。PMI通常以50%作为经济强弱的分界点，PMI高于50%时，反映制造业经济扩张；低于50%时，则反映制造业经济收缩。

2) 调查范围

PMI的调查范围涉及《国民经济行业分类》(GB/T 4754-2011)中制造业的31个行业大类。自2013年1月起，调查样本从原来的820家扩充到3 000家。由于一些行业的样本量较少、代表性不足，按照行业同质性相近原则对一些样本量较少的行业进行了合并，合并后的行业为21个。

3) 计算方法

制造业采购经理调查问卷涉及生产量、新订单、出口订货、现有订货、产成品库存、采购量、进口、购进价格、原材料库存、从业人员、供应商配送时间、生产经营活动预期12个问题。对每个问题分别计算扩散指数，即正向回答的企业个数百分比加上回答不变的百分比的一半。

PMI是一个综合指数，由5个扩散指数(分类指数)加权计算而成。5个分类指数及其权数是依据其对经济的先行影响程度确定的。具体包括：新订单指数，权数为30%；生产指数，权数为25%；从业人员指数，权数为20%；供应商配送时间指数，权数为15%；原材料库存指数，权数为10%。其中，供应商配送时间指数为逆指数，在合成PMI综合指数时进行反向运算。

2. GDP增长率

1) 含义

国内生产总值(GDP)增长率是指GDP的年度增长率，需按可比价格计算的国内生产总值来计算。GDP增长率是通过本期GDP与上期GDP之差，除以上期GDP计算出来的。

2) GDP增长率高低的影响

GDP增长率的高低反映一国经济的发展水平和主要趋势。一国的GDP大幅增长，反映该国经济蓬勃发展，国民收入增加，企业的盈利能力、居民的消费能力也随之增强；反过来说，如果一国的GDP增长率较低、甚至出现负增长，说明该国经济的发展受到的制约和存在的问题较多，企业的盈利和居民的消费能力下降，不利于经济的进一步发展。

但需要注意的是，并不是GDP增长率越高越好。过高的增长率，可能是因为过度投资、过度消费、过度出口等引起的，可能导致很多不良后果。例如资源过度开发、环境污染、通货膨胀、资产泡沫、国际收支失衡等问题。所以说GDP增长率并不能完全代表经济增长的水平和质量。

3. 通货膨胀率

1) 含义

通货膨胀率是货币超发部分与实际需要的货币量之比，用以反映通货膨胀、货币贬值的程度；而价格指数则是反映价格变动趋势和程度的相对数。

在实际中，一般不直接、也不可能计算出通货膨胀，而是通过价格指数的增长率来间接表示。由于消费者价格是反映商品经过流通各环节形成的最终价格，它最全面地反映了商品流通对货币的需要量，因此，消费者价格指数是最能充分、全面反映通货膨胀率的价格指数。目前，世界各国基本上均用消费者价格指数(我国称居民消费价格指数)，即CPI来反映通货膨胀的程度。

2) 通货膨胀的影响

通货膨胀从程度上划分有温和的、严重的和恶性的三种。温和的通货膨胀是指年通胀率低于10%的通货膨胀，严重的通货膨胀是指通胀率达两位数的通货膨胀，恶性通货膨胀则是指通胀率达三位数及以上的通货膨胀。通货膨胀的负面影响是：引起收入和财富的再分配，扭曲商品相对价格，降低资源配置效率，促发泡沫经济乃至损害一国的经济基础和政权基础。为抑制通货膨胀而采取的货币政策和财政政策通常会导致高失业率和GDP的低增长。

3.3 行业分析

所谓行业，是指由从事国民经济中同性质的生产或其他经济社会活动的经营单位和个体等构成的组织结构体系，如制造业、采掘业、银行业、房地产业等。行业分析的主要任务包括：解释行业本身所处的发展阶段及其在国民经济中的地位，分析影响行业发展的各种因素以及判断其对行业影响的力度，预测并引导行业的未来发展趋势，判断行业投资价值，揭示行业投资风险，从而为政府部门、投资者及其他机构提供决策依据或投资依据。

3.3.1 行业的分类

行业分析的主要作用是帮助投资者进一步缩小投资范围，确定主要的投资方向和领域。

1. 标准行业分类法

为了便于汇总各国的统计资料并进行互相对比，联合国经济和社会事务统计局曾制定了一个《全部经济活动国际标准行业分类》，建议各国采用。它把国民经济划分为10个门类。

(1) 农业、畜牧狩猎业、林业和渔业；

(2) 采矿业及土、石采掘业；

(3) 制造业；

(4) 电、煤气和水；

(5) 建筑业；

(6) 批发和零售、饮食和旅馆业；

(7) 运输、仓储和邮电通信业；

(8) 金融、保险、房地产和工商服务业；

(9) 政府、社会和个人服务业；

(10) 其他。

2. 我国国民经济的行业分类

我国新《国民经济行业分类》国家标准共有行业门类20个，行业大类95个，行业中类396个，行业小类913个，基本反映出我国目前的行业结构状况。其中，大的门类从A到T如下所示。

A. 农、林、牧、渔业

B. 采矿业

C. 制造业

D. 电力、燃气及水的生产和供应业

E. 建筑业

F. 交通运输、仓储和邮政业

G. 信息传输、计算机服务和软件业

H. 批发和零售业

I. 住宿和餐饮业

J. 金融业

K. 房地产业

L. 租赁和商业服务业

M. 科学研究、技术服务与地质勘察业

N. 水利、环境和公共设施管理业

O. 居民服务和其他服务业

P. 教育

Q. 卫生、社会保障和社会福利业

R. 文化、体育和娱乐业

S. 公共管理和社会组织

T. 国际组织

3.3.2　行业的特征及对企业的影响

行业的特征及其对企业的影响如下所述。

1. 行业的竞争特征

不同的行业，其竞争的激烈程度也各不相同。根据该行业中的企业数量的多少、进入的难易程度、消费者数量的多少、产品与服务的差异程度等，行业大体上可以分为：竞争性行业和垄断性行业。完全竞争和完全垄断的行业只存在于理论当中，现实经济中的各行业，多为垄断竞争和寡头垄断行业。

所谓垄断竞争行业是指既有垄断又有竞争特征的行业。垄断竞争行业的特点是：生产者众多，各种生产资料可以流动；生产的产品同种但不同质，不同企业生产的产品之间存在差异；由于产品差异的存在，生产者可以树立自己产品的信誉，从而对其产品有一定的定价能力。具体的行业有：日用品、纺织品等。

处于垄断竞争行业的企业，面临的竞争比较激烈，风险相对较大。但是，从另一个角度来看，竞争可以促进企业不断提高自身的管理水平、研发能力、营销能力和产品与服务的质量，进而提升企业的经营效率和经济效益。因此，投资者可以在竞争性行业中，选择经营效率和经济效益较好的企业作为投资对象，将会取得不错的投资收益。

寡头垄断行业是指相对少量的生产者在某种产品的生产中占据很大市场份额，从而控制了这个行业的供给。寡头垄断行业的特点有：生产者的数量较少，只有几家规模很大的企业占据大部分市场份额；产品可以是相近的也可以是差异较大的；由于这些少数生产者的产量非常大，因此，他们对市场的价格和交易具有一定的控制能力；每个生产者的价格政策和经营方式的变化都会对其他生产者产生重要影响，生产者之间可能存在"勾结关系"。通常，资本密集型、技术密集型的产品，如钢铁、汽车等重工业行业以及少数储量集中的能源和矿产品行业多属于这种类型。

对于垄断企业而言，垄断地位无疑会给其带来一定的优势。例如，充足的资源供应、较高的市场占有率、较高的盈利水平、较少的竞争威胁等。但是对于投资者而言，一个具有垄断地位的企业是否是一个优质的投资对象呢？这要具体问题具体分析。如果一个企业的市场垄断地位是通过竞争得来的，通过优质的产品和服务质量、管理水平、研发能力、营销能力等获得的，那么这样的企业一定是具有极高投资价值的。如果一个企业的垄断地位是通过国家法律、制度而获得的，由于缺少竞争，这样的企业往往管理水平不高、经营效率低下，这样的垄断企业就不是投资者的最佳选择。

2. 行业的周期特征

各行业变动时，往往呈现明显的增长或衰退的趋势，这种变动的过程称为行业的生命周期。一般来说，行业的生命周期可以分为幼稚期、成长期、成熟期和衰退期。

在幼稚期，由于新行业刚刚诞生不久，只有为数不多的投资公司投资于这个新兴行业。另外，创业公司的研发费用较高，而大众对其产品尚缺乏全面了解，致使产品市场需求量较小，销售收入较低。因此，这些创业企业在财务上可能没有盈利反而出现较大的亏损。

在成长期，企业的生产技术逐渐成熟，市场认可产品并对产品的接受度提高，产品的销量迅速增长，市场逐步扩大。随着市场需求上升，新行业也随之繁荣起来。投资于新行业的厂商大量增加，产品也逐步从单一、低质、高价向多样、优质和低价方向发展，出现了生产厂商之间和产品之间相互竞争的局面。这一时期企业的利润增长很快，但所面临的竞争风险也非常大。生产厂商不仅依靠扩大产量和提高市场份额获得竞争优势，还需不断提高生产技术水平，降低成本，研制和开发新产品，从而战胜或紧跟竞争对手、维持企业的生存。

进入成熟期的行业市场已被少数资本雄厚、技术先进的大企业所控制，整个市场的份额处于相对稳定的状态。企业之间的竞争手段逐渐从价格手段转向各种非价格手段，如提高质量、改善性能和加强售后服务等。行业的利润由于一定程度的垄断达到了较高的水平，而风险却因市场结构比较稳定、新企业难进入而相对较低。

衰退期是由于大量替代品的出现、社会消费习惯的改变等引起的。原行业产品的市场需求开始逐渐减少，产品的销售量也开始下降，某些厂商开始向其他更有利可图的行业转移资金，因而原行业出现了厂商数目减少、利润水平停滞不前或不断下降的萧条景象。

3.3.3　影响和决定行业兴衰的主要因素

行业兴衰的实质是行业在整个产业体系中的地位变迁，也就是行业经历的产生、成长、成熟、衰退的过程。一个行业的兴衰会受到技术进步、产业政策、社会习惯改变等因素的影响。

1. 技术进步

技术进步对行业的影响是巨大的，它往往催生新的行业，同时，迫使一个旧的行业加速进入衰退期。例如，电灯的出现极大地削弱了对煤油灯的需求，手机的出现淘汰了传呼机，LED显示器淘汰了CRT显示器等。新旧行业并存是未来全球行业发展的基本规律和特点，大部分行业都是国民经济不可缺少的。多数行业都会在竞争中发生变化，以新的增长方式为自己找到生存的空间。例如传统农业已经遍布全世界，未来农业还会靠技术创新获得深度增长；传统工业在通过技术创新获得深度增长的同时，还可能通过行业的国际转移，在其他落后的国家获得广度增长的机会。

2. 产业政策

政府对于行业的管理和调控主要是通过产业政策来实现的。产业政策是国家干预或参与经济的一种形式，是国家系统设计的有关产业发展的政策目标和政策措施的总和。我国比较系统地实行产业政策是在20世纪80年代后半期。产业政策的实施有效地促进了产业的优化、升级，使资源配置更加合理；调整了市场结构，规范了市场行为，实现了反对垄断、促进竞争、规范大企业集团、扶持中小企业发展的目标；有效促进了先进技术的发展和资源向技术开发领域的投入；实现了产业空间布局的合理化。

2008年金融危机后，全球正在形成战略性新兴产业加速发展的局面，新兴产业将成为世界经济新的增长点，有力地促进各国经济结构的升级。战略性新兴产业主要包括：以低碳经济为特征的新能源、节能环保产业，以降低成本和提高生产效率为特征的新材料和信息技术产业，以延长生命、提升健康水平和拓展人类生存空间为特征的新医药、空间技术产业等。2010年10月公布的《国务院关于加快培育和发展战略性新兴产业的决定》明确了战略性新兴产业发展的目标。到2015年，战略性新兴产业形成健康发展、协调推进的格局，对产业结构升级的推动作用显著增强，增加值占国内生产总值的比重力争达到8%左右。到2020年，战略性新兴产业增加值占国内生产总值的比重力争达到15%左右，吸纳、带动就业能力显著提高。节能环保、新一代信息技术、生物、高端装备制造产业成为国民经济的支柱产业，新能源、新材料等产业将成为国民经济的先导产业。

3. 社会习惯的改变

随着人们生活水平和受教育程度的提高，消费心理、消费习惯、文明程度和社会责任感会逐渐改变，从而使某些商品的需求发生变化并进一步影响行业的兴衰。例如，在解决了温饱之后，人们更加注重生活质量，对奢侈品、保健品、高档消费品的需求大幅增加；在物质生活丰富后，注重提高精神生活的质量，如对旅游、娱乐等的要求进一步扩大；在提高生活水平的同时，对生存环境的要求也会提高，如人们对环保的要求越来越高。

需求变化是未来优势产业的发展方向，并在相当程度上影响行业的兴衰。在收入相对较低的时候，人们对生活必需品的需求所占比重较大。随着收入水平提高，生活消费品支出的比例逐渐下降，人们需要更多的服务消费和金融投资，从而使金融、旅游、教育、医疗、体育、文化等行业从中获得了快速发展的动力。

小资料

需求收入弹性与行业兴衰

需求收入弹性是经济学中的一个概念，是指人们对某产品需求的增长率与收入增长率的比值。需求收入弹性可以为负值，表示随着人们收入的提高，对这种商品的需求反而下降了，这种商品是劣等品，相应的行业也是衰退的行业，这样的行业不会有太好的投资机会。需求收入弹性大于零小于1时，表示随着收入的提高，对这种商品的需求增长幅度小于收入的增长幅度，例如，食品、服装、生活必需品等。当需求收入弹性大于1时，表示对这种商品的需求增长速度超过了人们收入的增长速度，例如旅游、汽车、房地产、黄金首饰等。

投资者在选择投资对象时，应该分析其行业属性，尽量选择需求收入弹性比较大的行业，这样获得盈利的概率能够高一些。

3.4　公司分析

公司分析是基本分析的第三个层次，它的主要作用是帮助投资者在众多公司当中选出最佳的投资对象。公司分析的内容主要包括：定性分析、财务分析、估值分析等。

3.4.1　公司定性分析

对于一些无法量化分析但对公司的经营和发展有重大影响的情况，就要采用定性分析的方法进行分析，例如，公司的主要发展战略、公司的经营能力、公司竞争力等。

1. 企业战略分析

企业战略是对企业各种战略的统称，其中既包括竞争战略，也包括营销战略、发展战略、品牌战略、融资战略、技术开发战略、人才开发战略、资源开发战略等。企业战略虽然有多种，但基本属性是相同的，都是对企业的谋略，都是对企业整体性、长期性、基本性问题的谋划。战略形态是指企业采取的战略方式及战略对策，按表现形式，可以分为拓展型、稳健型、收缩型三种形态。

拓展型战略是指采用积极进攻态度的战略形态，主要适合行业龙头企业、有发展后劲的企业及新兴行业中的企业选择。具体的战略形式包括：市场渗透战略、多元化经营战略、联合经营战略。

稳健型战略是采取稳定发展态度的战略形态，主要适合中等及以下规模的企业或经营不景气的大型企业选择，可分为：无增长战略(维持产量、品牌、形象、地位等水平不变)、微增长战略(竞争水平在原基础上略有提高)两种战略形式。该战略强调保存实力，能有效控制经营风险，但发展速度缓慢，竞争力弱。

收缩型战略是采取保守经营态度的战略形态，主要适合处于市场疲软、通货膨胀、产品进入衰退期、管理失控、经营亏损、资金不足、资源匮乏、发展方向模糊的危机企业选择。可分为：转移战略、撤退战略、清算战略三种战略形式。

SWOT分析方法是一种企业战略分析方法，即根据企业自身的既定内在条件进行分析，找出企业的优势、劣势及核心竞争力之所在。其中，S代表 Strength(优势)，W代表Weakness(弱势)，O代表Opportunity(机会)，T代表Threat(威胁)，其中，S、W是内部因素，O、T是外部因素。按照企业竞争战略的完整概念，战略应是一个企业"能够做的"(即组织的强项和弱项)和"可能做的"(即环境的机会和威胁)之间的有机组合。

2. 公司的经营能力分析

对公司的经营能力进行分析主要是从以下几方面进行的。

1) 公司法人治理结构

公司治理结构也称为法人治理结构，是一种对公司进行管理和控制的体系，是指由所有者、董事会和高级管理人员三者组成的一种组织结构。一个有效的、健全的公司法人治理结构至少应达到以下几点标准：公司治理结构框架应当维护股东的权利；公司治理结构框架应当确保包括小股东和外国投东在内的全体股东得到平等的待遇，如果股东的权利受到损害，他们应有机会得到补偿；公司治理结构框架应当确保利益相关者的合法权利，并且鼓励公司和利益相关者为创造财富和工作机会以及为保持企业财务健全而积极地进行合作；公司治理结构框架应当保证及时准确地披露与公司有关的任何重大问题，包括财务状况、经营状况、所有权状况和公司治理状况的信息；公司治理结构框架应确保董事会对公司的战略性指导和对管理人员的有效监督，并确保董事会对公司和股东负责。

2) 公司管理层的素质

所谓素质，是指一个人的品质、性格、学识、能力、体质等方面特性的总和。在现代企业中，经理人员不仅担负着企业生产经营活动等各项管理职能，而且还要负责或参与对各类非经理人员的选择、使用与培训工作。因此，经理人员的素质高低是决定企业能否取得成功的一个重要因素。在一定意义上，企业是否配备有卓越的企业经理人员和经理层，直接决定着企业的经营成果好坏。对经理人员的素质分析是公司分析的重要组成部分。一般而言，企业的经理人员应该具备如下素质：一是从事管理工作的愿望，二是专业技术能力，三是良好的道德品质修养，四是人际关系协调能力。

3) 公司从业人员的素质和创新能力

公司业务人员的素质也会对公司的发展起到很重要的作用。作为公司的员工，公司业务人员应该具有如下素质：专业技术能力、对企业的忠诚度、责任感、团队合作精神和创新能力等。对员工素质进行分析，可以判断该公司发展的持久力和创新能力。

3. 公司竞争力分析

所谓竞争力是指企业所拥有的相对于其他竞争对手具有比较优势的各种因素的集合体。企业竞争力是指在竞争性的市场中，一个企业所具有的能够比其他企业更有效地向市场提供产品和服务，并获得盈利和自身发展的综合素质。企业竞争力来源如表3-3所示。

企业间的竞争实质是对消费者的争夺，这种争夺的胜负取决于消费者对企业产品的选择。因此，企业竞争力的来源主要表现为产品的竞争力，具体包括产品的价格及成本的高低、产品质量的优势、消费者对品牌的认可度等。

影响企业竞争力的因素如表3-3所示。

表3-3　企业竞争力来源

内 部 来 源		外 部 来 源
直 接 来 源	间 接 来 源	
价格及成本	制度及管理	制度环境
质量及服务	技术及创新	市场地位
品牌及商誉	企业文化	行业因素
差异化	人力资本	产业政策

对企业竞争能力进行分析是一项比较复杂的系统工程，需要建立比较全面系统的指标体系，然后逐项进行打分，最终得出企业的竞争能力得分。

3.4.2　公司财务分析

公司财务分析也可以称为公司财务报表分析，是指通过对企业的财务数据进行分析，了解企业的财务状况、盈利能力、增长能力等，进而选出最佳投资对象的过程。公司的管理人员也可能通过财务分析找出公司存在的问题，以便进一步改善经营管理。财务分析的基础是资产负债表、利润表和现金流量表。

财务分析的方法有比较分析法和因素分析法两大类。财务报表的比较分析法是指对两个或几个有关的可比数据进行对比，揭示财务指标的差异和变动关系，是财务分析中最基本的方法。比较分析法又可分为财务比率分析、结构百分比分析、趋势分析等。因素分析法是依据分析指标和影响因素的关系，从数量上确定各因素对财务指标的影响程度。因素分析法可以分为连环替代、定基替代等。

财务比率是指同一张财务报表的不同项目之间、不同类别之间、在同一年度不同财务报表的有关项目之间，各会计要素的相互关系。比率分析涉及公司管理的各个方面，比率指标也特别多，大致可以分为以下几大类：偿债能力指标、盈利能力指标、发展能力指标等。

1. 偿债能力指标

反映企业偿债能力的指标主要包括：流动比率、速动比率、资产负债率、已获利息倍数等。

1) 流动比率

流动比率是流动资产与流动负债的比值。其计算公式为

$$流动比率 = \frac{流动资产}{流动负债} \tag{3.3}$$

流动比率可以反映企业的短期偿债能力，流动资产越多、流动负债越少，则企业的偿债能力越强。一般认为，生产型公司合理的最低流动比率是2，但并不是绝对的。

2) 速动比率

速动比率是从流动资产中扣除存货后的部分与流动负债的比值。速动比率的计算公式为

$$流动比率 = \frac{流动资产-存货}{流动负债} \tag{3.4}$$

在计算速动比率时，要将存货从流动资产中剔除的主要原因是：第一，在流动资产中，存货的变现能力最差；第二，由于某种原因，部分存货可能已经损失报废，还没处理；第三，部分存货已抵押给某债权人；第四，存货估价还存在着成本与当前市价相差悬殊的问题。通常认为正常的速动比率为1，但这也仅是一般的看法，不同的行业速动比率会有很大差别，没有统一标准的速动比率。

3) 资产负债率

资产负债率是负债总额除以资产总额的百分比，也就是负债总额与资产总额的比例关系。它反映在总资产中有多大比例是通过借债来筹资的，也可以衡量公司在清算时保护债权人利益的程度。其计算公式如下

$$资产负债率 = \frac{负债总额}{总资产} \tag{3.5}$$

资产负债率为多少是比较合适的呢？首先，从债权人的角度，资产负债率越低越好，因为这样公司的偿债越有保证，贷款不会有太大的风险。其次，从股东角度

看，如果全部资本利润率高于借款利率时，负债比例越大越好。再次，从经营者角度看，在利用资产负债率制定借入资金决策时，必须充分估计可能增加的风险和收益，在两者之间权衡利弊得失，作出正确的选择。

4) 已获利息倍数

已获利息倍数是指公司经营业务收益与利息费用的比率，用来衡量偿付借款利息的能力，也称利息保障倍数。其计算公式如下

$$已获利息倍数 = \frac{息税前利润}{利息费用} \tag{3.6}$$

公式中的息税前利润是指利润表中未扣除利息费用和所得税之前的利润，它可以用利润总额加利息费用来测算。已获利息倍数反映公司经营收益是债务利息的多少倍，这个倍数越大则公司偿付利息的能力就越强。

2. 盈利能力指标

盈利能力就是公司获得收益的能力。在评价公司的盈利能力时，应该以正常情况下的盈利能力为准，而排除非正常因素的干扰，如保险赔偿款、出售固定资产收益、自然灾害损失等。

反映企业盈利能力指标主要包括：营业净利率、营业毛利率、净资产收益率等。

1) 营业净利率

营业净利率是指净利润与营业收入的百分比，其计算公式为

$$营业净利率 = \frac{净利润}{营业收入} \tag{3.7}$$

2) 营业毛利率

营业毛利率是毛利占营业收入的百分比，其中毛利率是营业收入与营业成本的差。其计算公式为

$$营业毛利率 = \frac{营业收入-营业成本}{营业收入} \tag{3.8}$$

营业毛利率与营业净利率都是正指标，即比率的数值越高表示公司每1元收入带来的利润越多。但需要注意的是，如果在提高营业收入的同时，营业成本也大幅度增加的话，公司的利润率就会下降。所以，这两个指标提示企业管理者，只有在增加收入的同时有效控制成本和费用才能提高营业毛利率和营业净利率。

3) 净资产收益率

净资产收益率是净利润与净资产的百分比，也称为权益报酬率。其计算公式为

$$净资产收益率 = \frac{净利润}{平均所有者权益} = 总资产收益率 \times 权益乘数 \tag{3.9}$$
$$净资产收益率 = 营业利润率 \times 总资产周转率 \times 权益乘数$$

净资产收益率反映公司所有者权益的投资报酬率，具有很强的综合性。美国杜邦公司最先采用的杜邦财务分析法就是以净资产收益率为主线，构成一个完整的分析体系。

以上反映盈利能力的指标都是"正指标"，即其指标值越高对公司价值的提高越有利，也就越有利于股价的上涨。

3. 发展能力指标

发展能力是企业在生存的基础上，扩大规模、壮大实力的潜在能力。分析发展能力主要考察以下8项指标：营业收入增长率、资本保值增值率、资本积累率、总资产增长率、营业利润增长率、技术投入比率、营业收入三年平均增长率和资本三年平均增长率，在此主要介绍比较常用的前4种指标。

1) 营业收入增长率

营业收入增长率是企业本年营业收入增长额与上年营业收入总额的比率，反映企业营业收入的增减变动情况。其计算公式为

$$营业收入增长率 = \frac{本年营业收入-上年营业收入}{上年营业收入} \tag{3.10}$$

营业收入增长率大于零，表明企业本年营业收入有所增长。该指标值越高，表明企业营业收入的增长速度越快，企业市场前景越好。

2) 资本保值增值率

资本保值增值率是企业扣除客观因素后的本年末所有者权益总额与年初所有者权益总额的比率，反映企业当年资本在企业自身努力下实际增减变动的情况。其计算公式为

$$资本保值增值率 = \frac{本年末所有者权益总额}{年初所有者权益总额} \tag{3.11}$$

一般认为，资本保值增值率越高，企业的资本保全状况越好，所有者权益增长越快，债权人的债务越有保障。该指标通常应当大于100%。

3) 总资产增长率

总资产增长率，是企业本年总资产增长额同年初资产总额的比率，反映企业本期资产规模的增长情况。其计算公式为

$$总资产增长率 = \frac{年末资产总额-年初资产总额}{年初资产总额} \tag{3.12}$$

总资产增长率越高，表明企业在一定时期内资产经营规模扩张的速度越快。但在分析时，需要注意资产规模扩张的质和量的关系，以及企业的后续发展能力，避免盲目扩张。

4) 营业利润增长率

营业利润增长率是企业本年营业利润增长额与上年营业利润总额的比率，反映企业营业利润的增减变动情况。其计算公式为

$$营业利润增长率 = \frac{本年营业利润总额-上年营业利润总额}{上年营业利润总额} \qquad (3.13)$$

营业利润增长率是反映企业成长性的指标，该指标越高说明企业的成长速度越快，相应的公司的股价上升的速度也越快。

3.4.3　公司估值分析

公司估值分析也称为企业价值评估，其目的是了解企业的整体价值或企业股权价值，为投资者决策提供依据，为企业管理层提供决策依据等。价值评估是一种"评估"方法，评估一词不同于"计算"。评估是一种定量分析，但它并不完全是客观和科学的。一方面它使用许多定量分析模型，具有一定的科学性和客观性；另一方面它又使用许多主观估计的数据，带有一定的主观估计性质。

企业价值是一个复合的概念，它可以指企业整体价值、企业投资资本价值、企业股东全部权益价值和企业股东部分权益价值等。企业价值评估的方法主要有两种：绝对估值法(也称为折现法、收益法)、相对估值法(也称为市场法、市盈率法、市净率法等)。

1. 绝对估值法

绝对估值法主要是现金流折现法，就是将预期未来现金流或预期未来的收益，选取相应的折现率进行折现，求出未来现金流或收益的现值，作为该项资产价值的方法。现金流折现模型是企业价值评估使用最广泛的模型。折现模型的基本公式为

$$价值 = \sum_{t=1}^{n} \frac{第t年现金流或收益}{(1+折现率)^t} \qquad (3.14)$$

在这个模型中，有三个主要参数，预期未来的现金流或收益、相应的折现率、期数n。其中，分子中的现金流或收益可以根据所求价值的不同而变化，分母中的折现率也要相应地进行调整。

1) 年金法(零增长模型)

年金法是评价企业价值的一种具体技术方法，适用于未来预期收益相对稳定、所在行业发展相对稳定的企业价值评估。年金法的计算公式为

$$P = A/r \qquad (3.15)$$

式中：P——企业评估价值；

A——企业每年的收益；

r——折现率或资本化率。

2) 分段法

分段法是将永续经营的企业的收益预测分为前后两段。假设企业前n年每年的收益各不相同，从第$n+1$年开始至无穷远，企业每年的收益保持不变(为年金的形式)。其计算公式为

$$P = \sum_{t=1}^{n} \frac{R_t}{(1+r)^t} + \frac{R_n}{r(1+r)^n} \tag{3.16}$$

假设企业前n年每年的收益各不相同，从第$n+1$年开始至无穷远，企业每年的收益按增长率g递增(为等比数列或称为固定增长模型)。其计算公式为

$$P = \sum_{t=1}^{n} \frac{R_t}{(1+r)^t} + \frac{R_n(1+g)}{(r-g)(1+r)^n} \tag{3.17}$$

式中：R——企业每年的收益；

$\quad\quad g$——企业收益每年的增长率；

$\quad\quad r$——折现率或资本化率。

在实际应用折现模型时，预期未来收益可以有多种选择，如企业自由现金流、股东自由现金流等。相应的，对应的折现率也要进行调整。如企业自由现金流对应的折现率是加权平均资本成本，股东自由现金流对应的折现率是股东要求的必要报酬率。

2. 相对估值法

现金流折现法在概念上很健全，但是在应用时会遇到较多的难题。有一种相对容易的估值方法，就是相对估值法，也称为价格乘数法或可比交易价值法等。

其基本做法是：首先，寻找一个影响企业价值的关键变量，如每股收益、每股净资产等；其次，确定一组可比较的同类或类似企业，计算可比企业的市价/关键变量的平均值(如平均市盈率、平均市净率等)；最后，根据目标企业的关键变量(每股收益、每股净资产等)乘以得到的市盈率、市净率，计算目标企业的评估价值。

1) 市盈率法

市价/每股净收益，通常称为市盈率。运用市盈率估值的公式如下

目标企业的每股价值＝可比企业平均市盈率×目标企业每股收益 (3.18)

该模型假设股票市价是每股收益的一定倍数。每股收益越大，则股票价值越大。同类企业有类似的市盈率，所以目标企业的股权价值可以用每股净收益乘以可比企业的平均市盈率计算。

2) 市净率法

市价与每股净资产的比率，通常称为市净率。运用市净率估值的公式如下

目标企业的每股价值＝可比企业平均市净率×目标企业每股净资产 (3.19)

这种方法假设股权价值是净资产的函数，类似企业有相同的市净率，净资产越大则股权价值越大。因此，股权价值是净资产的一定倍数，目标企业的价值可以用每股净资产乘以平均市净率来计算。

3) 收入乘数法

这种方法是假设影响企业价值的关键变量是销售收入，企业价值是销售收入的函数，销售收入越大则企业价值越大。市价/收入比率的使用历史不长，不像市盈率和市净率那样产生的时间久，并且得到广泛应用，这个比率也可以称为"收入乘数"。运用收入乘数估值的公式如下

目标企业的股权价值＝可比企业平均收入乘数×目标企业销售收入 (3.20)

习│题

一、判断题

1. 中央银行降低再贴现率，将使货币供应量减少。（　　）

2. 从总体上说，松的货币政策将使证券市场价格上扬，紧的货币政策将使证券市场价格下跌。（　　）

3. 如果市场物价上涨，需求过度，经济过度繁荣，被认为是社会总需求大于总供给，中央银行就会采取紧缩的货币政策以减少需求。（　　）

4. 宏观经济分析主要探讨各经济指标和经济政策对证券价格的影响。（　　）

5. 狭义货币供应量(M1)指单位库存现金和居民手持现金之和。（　　）

二、单项选择题

1. （　　）是指中央银行规定的金融机构为保证客户提取存款和资金清算需要而准备的在中央银行的存款占其存款总额的比例。

A. 法定存款准备率　　B. 存款准备金率　　C. 超额准备金率　　D. 再贴现率

2. 在经济周期的某个时期，产出、价格、利率、就业不断上升，直至某个高峰，说明经济变动处于(　　)阶段。

A. 繁荣　　　　　　B. 衰退　　　　　　C. 萧条　　　　　　D. 复苏

3. 基本分析的缺点主要有(　　)。

A. 预测的时间跨度相对较长，对短线投资者的指导作用比较弱；同时，预测的精确度相对较低

B. 考虑问题的范围相对较窄

C. 对市场长远的趋势不能进行有益的判断

D. 预测的时间跨度太短

4. 反映公司在一定时期内经营成果的财务报表是( )。

A. 资产负债表 B. 损益表 C. 现金流量表 D. 以上都不是

三、多项选择题

1. 基本分析的主要内容包括( )。

A. 宏观经济分析 B. 行业分析 C. 公司分析 D. 技术分析

2. 衡量公司盈利能力的指标包括( )。

A. 销售毛利率 B. 销售净利率

C. 资产收益率 D. 主营业务利润率

3. 受经济周期影响较大的行业是( )。

A. 耐用消费品行业 B. 钢铁行业 C. 生活必需品行业 D. 公用事业

课外阅读推荐

吉姆·罗杰斯. 投资骑士. 北京：中信出版社，2007

第4章 技术分析原理

引言

"道氏理论"蕴含的道理，使我得以发展一套简单而有力的技术分析工具，由这个角度随意浏览价格趋势图，成效往往胜过由基本分析角度的苦心研究——维克多·斯波朗迪(《专业投机原理》的作者)。

维克多·斯波朗迪是美国RAND管理公司的投资管理人。作为一个专业证券操盘手，他在华尔街创下了从1978年到1989年连续12年投资盈利，没有任何一年亏损的骄人战绩，从而被华尔街金融界人士戏称为"操盘手维克"，被《BARRON》杂志誉为"华尔街的终结者"，是华尔街的风云人物。

维克多·斯波朗迪在《专业投机原理》一书中对自己的技术分析应用原则有这样一段描述："在我的行情分析方法与交易策略中，我是以技术分析作为建构的积木。以股票市场为例，我首先观察数种主要指数的趋势图，以判断各类股票的一般价格趋势。我将根据历史资料的幅度与时间分布判断趋势的'年龄'，并根据价量关系、动能震荡指标与主要的移动平均线衡量趋势的强度。在具备这些认识之后，我再尝试结合基本分析，对股票市场形成精确的整体性概念。我希望强调一点，绝不建议仅根据技术分析来交易。同时，我也不主张交易者可以完全不了解技术分析。金融交易应该综合技术分析、基本分析以及市场心理分析等知识，以提高交易的整体胜算。"

下面我们就开始这一章的学习吧。

4.1 技术分析概述

技术分析是投资分析常用的一种分析方法，其作用在于预测价格未来趋势、波动的方向和程度等，帮助投资者选择买卖时机和投资对象。技术分析的方法种类繁多，可以分为指标分析、形态分析、趋势分析，以及时间周期分析。从表面上看是各自不同的分析方法，实质都是从不同角度对市场特征的总结。仅仅利用单一的技术分析方法分析股价未来波动，实践证明准确性并不高，这是因为任何一种技术分析，都有它的不足之处。但是技术分析方法仍因它具有应用简单、直观易懂的特点，深受投资者的青睐。技术分析的方法可以用于证券分析，还可用于外汇、期货、其他投资对象的分析。

4.1.1 技术分析的含义、基本假设与要素

1. 技术分析的基本假设

作为一种投资分析工具，技术分析是以一定假设条件为前提的。这些假设是：市场行为涵盖一切信息、价格沿趋势移动、历史会重演。

1) 市场行为涵盖一切信息

这条假设是进行技术分析的基础。其主要思想是：所有影响投资对象价格的因素，都已经在市场价格中得到反映。所以，分析人员只需要关注市场行为本身就足够了，而没有必要关注引起市场行为变化的原因。

2) 价格沿趋势移动

这一假设是进行技术分析最根本、最核心的条件。其主要思想是：市场价格的变化是有一定规律的，即保持原来运动方向的惯性。技术分析法认为，市场价格的运动反映了一定时期内供求关系的变化。供求关系一旦确定，市场价格的变化趋势就会一直持续下去。只要供求关系不发生根本改变，价格的走势就不会发生反转。

3) 历史会重演

这条假设是从人的心理因素方面考虑从而设定的。市场行为是由人作出的。人的行为会受到人类心理规律的制约。这一假设认为，如果一个人在某种情况下按一定的方法操作取得成功，那么以后遇到相同或相似的情况，就会按同一方法进行操作。如果失败了，以后就不会按前一次的方法操作。因此，根据历史情况和资料，可以预测出未来的趋势。

2. 技术分析的要素

技术分析的对象主要是市场行为本身，因此，技术分析基本要素是价格、成交量、时间和空间。技术分析中的几乎所有的方法和指标，都是以这4个基本要素为基础得出来的。价格和成交量是市场行为最基本的两要素。过去和现在的成交价、成交量涵盖了过去和现在的市场行为。在进行趋势判断时，时间有着很重要的作用。通过分析某个趋势持续的时间长短，可以知道投资者的心态和市场强弱状态。从某种意义上说，波动的空间可以认为是价格的一方面，指的是价格波动能够达到的极限。

4.1.2　技术分析的优势与局限性

没有任何一种分析方法是完美的、万能的，技术分析也不例外。技术分析必须与其他分析方法结合起来使用，因为单独使用某一种方法往往无法得出正确的结论。而且，切忌片面地使用某一种技术分析所得出的结果。投资者必须全面考虑各种技术分析方法对未来的预测，综合这些方法得到的结果，最终得出一个合理的趋势预测。

1. 技术分析的优势

技术分析的优点是：第一，直接以市场价、量、时、空为分析对象，比较直观、简单和易于掌握，实用性和可操作性较强。第二，技术分析对短期趋势的预测较为准确，而基本分析适合预测长期趋势。所以，技术分析可以帮助投资者在确定了大方向之后，进一步判断合适的买点和卖点。第三，技术分析方法中的技术指标法在一定程度上能够帮助投资者克服过度依赖主观判断的缺点，增强其分析判断的客观性。

2. 技术分析的局限性

技术分析也存在一定的不足之处：第一，技术分析先天存在局限性——滞后性。技术分析对未来趋势的预测，往往要等到趋势已经出现或确立才能作出判断，这可能导致投资者错过最佳投资机会。第二，技术分析的前提和假设本身并非绝对正确。例如，历史是否会重演呢？技术分析是依据历史资料进行分析的。严格地说"历史是不会重演的"，因为，没有完全相同的历史。第三，技术分析的方法也并非完全客观，很多情况下投资者的主观判断和经验在分析过程中是起决定作用的。第四，技术分析对长期趋势预测无能为力。采用技术分析的投资者往往频繁交易，使得交易成本极高，甚至造成极大的损失。

3. 技术分析的适用范围

技术分析必须在基本分析的基础上进行，单纯依靠技术分析无法得出正确的结论，甚至有可能作出错误的判断。在投资者作出了买进(或卖出)的决定后，就需要找到一个比较理想的买点(或卖点)，这就需要应用技术分析的方法来确定。技术分析适用于波段操作策略和短期趋势预测。

4.1.3 技术分析方法的分类

在价、量历史资料基础上进行统计、数学计算、绘制图表是技术分析方法的主要手段。从这个意义上讲，技术分析方法可以有多种。一般说来，比较实用的、操作性较强的技术分析方法有如下5类：K线分析、画线分析、价量关系分析、形态分析、指标分析。

1. K线分析

K线分析的研究手法是通过分析单根K线或K线组合的情况，推测证券市场多空双方力量的对比，进而判断证券市场多空双方谁占优势、是暂时的还是决定性的。K线图是进行各种技术分析的最重要的图表。单独一天的K线形态有十几种，若干天的K线组合种类就无法计数了。人们经过不断地总结经验，发现了一些对股票买卖有指导意义的组合，而且，新的研究结果正不断地被发现、被运用。K线最初由日本人发明，并在东亚地区广为流行，许多股票投资者进行技术分析时往往首先接触的是K线图。

2. 画线分析

画线分析是按一定方法和原则，在由股票价格的数据所绘制的图表中画出一些直线，然后根据这些直线的情况推测股票价格的未来趋势，这些直线也叫切线。切线主要是起支撑和压力的作用。支撑线和压力线的往后延伸位置对价格趋势起一定的制约作用。一般说来，股票价格在从下向上抬升的过程中，一触及压力线，其至远未触及压力线，就会调头向下。同样，股价从上向下跌的过程中，在支撑线附近就会转头向上。另外，如果触及切线后没有转向，而是继续向上或向下，这就叫突破。突破之后，这条切线仍然有实际作用，只是名称和作用变了。原来的支撑线变成压力线，原来的压力线变成支撑线。切线类分析主要是依据切线的这个特性。切线的画法是最为重要的，画得好坏直接影响预测的结果。目前，画切线的方法有很多种，主要有趋势线、通道线等，此外还有黄金分割线、甘氏线、角度线等。

3. 价量分析

价量分析是通过分析价格变化与成交量变化之间的相互关系、预测价格未来的运行趋势的方法。一般认为成交量与价格之间的关系是十分密切的，成交量的相对的大与小，能够作为判断价格的高低与变化趋势的辅助指标。所以，脱离成交量单纯分析价格是比较片面的，将价量结合起来进行分析的方法在技术分析中占有重要的地位。价量关系可以简单地理解为：价格的高低、涨跌与成交量的大、小之间的各种情况的组合。

4. 形态分析

形态分析是根据价格图表中过去一段时间走过的轨迹形态来预测股票价格未来趋势的方法。技术分析第一条假设告诉我们，市场行为包括一切信息。价格走过的形态是市场行为的重要部分，是证券市场对各种信息感受之后的具体表现，用价格图的轨迹或者说形态来推测股票价格的将来是有道理的。从价格轨迹的形态中，我们可以推测出证券市场处在一个什么样的大环境之中，由此对我们今后的投资给予一定的指导。主要的形态有M头、W底、头肩顶、头肩底等十几种。需要注意的是形态分析并非单纯分析K线组合的形态，还要借助于切线、成交量等分析工具，所以，形态分析是一种综合性较强的技术分析方法。

5. 指标分析

指标分析要考虑市场行为的各个方面，建立一个数学模型，给出数学上的计算公式，得到一个体现证券市场的某个方面内在实质的数字，这个数字叫指标值。指标值的具体数值和相互间关系，直接反映证券市场所处的状态，为我们的操作行为指导方向。指标反映的东西大多是无法从行情报表中直接看到的。目前，证券市场上的各种技术指标数不胜数。例如，相对强弱指标(RSI)、随机指标(KDJ)、趋向指标(DMI)、平滑异同移动平均线(MACD)、能量潮(OBV)、心理线(PSY)、乖离率(BIAS)等。这些都是很著名的技术指标，在证券市场应用中长盛不衰。而且，随着时间的推移，新的技术指标还在不断涌现。

4.2 技术分析的主要方法

技术分析的主要方法包括：K线分析法、画线分析法、价量分析法、形态分析法等。

4.2.1 K线分析法

在此主要介绍K线的基本形状、特殊形状，以及这些形态所反映的市场信息。

1. K线基本形状

K线起源于200多年前的日本，当时主要用来记录米市的交易情况。经过上百年的演变和发展，现在广泛应用于证券市场、外汇市场、期货市场等对各类投资对象的分析。

K线可分为阳线和阴线两种形态，每种形态都包含影线和实体两部分。实体表示一日的开盘价和收盘价，影线表示一日中的最高价和最低价。阳线表示收盘价高于开盘价，阴线表示收盘价低于开盘价。如图4-1所示。

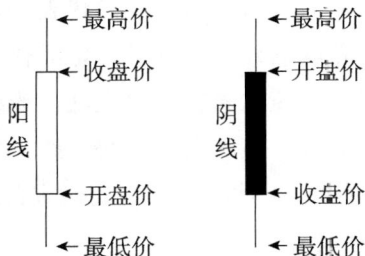

图4-1　K线的两种基本形态

K线按时间周期不同，可以分为30分钟线、60分钟线、日线、周线、月线、季度线、年线等。在交易软件中，可按F8键进行切换。除了图4-1中的两种基本形态的K线外，由于4个价格的变化会产生一些特殊的K线形状，如光头阳线、光头阴线、光脚阳线、光脚阴线、"一"字线、"十"字形线、"T"形线和倒"T"形线等。

2. K线的特殊形状

由于开盘、收盘、最高、最低价格的不同组合，会产生一些特殊形状的K线，如图4-2所示。

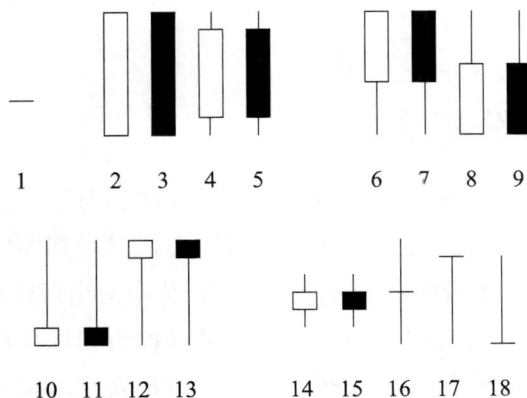

图4-2　K线的特殊形状

K线1："一"字线，说明开盘价、收盘价、最高价、最低价在同一价位，常出现于股市中的涨(跌)停板处，由于我国证券市场有涨停和跌停制度，所以出现"一字涨停"和"一字跌停"意味着最剧烈的上涨和下跌，后市趋势往往会延续。但这种情况属于比较少见的现象。

K线2：光头光脚阳线，意味着极端强势上涨，后市看多；K线3：光头光脚阴线，意味着极端强势下跌，后市看空；K线4：大阳线，意味着强势上涨，后市看多；K线5：大阴线，意味着强势下跌，后市看空。需要注意的是，如果影线较短，2和4或3和5没什么区别。如果K线2～5出现在一段上涨或下跌行情的末端，要警惕可能出现的反转趋势。

K线6：光头阳线，意味着较强势上涨，影线代表一度遭遇空方反击，最终多方占优势；K线7：光头阴线，意味着较强势下跌，影线代表一度遭遇多方反击，最终空方占优势；K线8：光脚阳线，意味着较强势上涨，影线代表遇到空方反击了，最终多方占优势；K线9：光脚阴线，意味着较强势下跌，影线代表遇到多方反击了，最终空方占优势。需要注意的是，K线6～9都说明对方曾经反击过，尽管尚未成功，但需要注意后市趋势可能发生变化。

K线10、11：出现在连续上涨的顶部，为流星线，相比过去，上涨受阻，后市趋势反转的可能性较大；出现在连续下跌的底部，为"倒锤子线"，价格见底的可能性较大；K线12、13：出现在连续上涨的顶部，为上吊线，一般是见顶的信号，上吊线出现时，后市往往看淡；出现在连续下跌的底部，为锤子线，价格见底的可能性较大。需要注意的是，K线10～13都有较长的影线，如果它们出现在一段持续的上涨或下跌趋势的末端，往往预示着趋势可能出现反转。

K线14、15、16、17、18：小阳线、小阴线、"十"字型线、"T"形线、倒"T"形线，这5种形态都是比较强烈的趋势反转的信号，表示市场力量从某一方占优转为双方均势。如果出现在持续上涨或持续下跌的末端，是比较明显的见顶或见底的信号。

4.2.2　画线分析法

画线分析实质是借助各种类型的直线、平行线、射线、角度线、百分比线等画线工具对价格运行趋势、价格的支撑位与压力位进行判断的方法。众所周知，价格的上涨和下跌都是蜿蜒曲折的——上涨的趋势中会出现阶段性的下跌，下跌的趋势中也会出现阶段性的反弹。画线分析也可以称为切线分析，需要注意的是，所谓的切线并非要求股价与各种线严格相切，而是允许出现一定的相交、交叉的情况。

各种切线的作用都不外乎两种：第一，判断趋势的方向。在市场价格错综复杂的变化中，投资者为了更好地抓住主要趋势，判断趋势的方向以及掌握趋势方向的改变，借助各种画线工具进行辅助分析是必要的技能。第二，判断股价的支撑位与压力位。支撑位、压力位是能够对股价形成支撑和阻碍的价位，可以理解为股价与切线相切的切点处的价格。在此主要介绍关于趋势、支撑线与压力线、趋势线、轨道线的含义、形态、画法、应用等内容。

1. 趋势

趋势在技术分析中是一个比较重要的概念，在这里，我们需要对趋势有一个初步的认识。市场价格的变化不可能是朝一个方向直线运动，肯定会经历一些曲折，每个转折点处就会形成一个峰或谷。从这些峰和谷的相对高度，我们就可以看出趋势的方向。

1) 从方向上区分

上升趋势——每个后面的峰和谷都高于前面的峰和谷；

下降趋势——每个后面的峰和谷都低于前面的峰和谷；

水平趋势——后面的峰和谷和前面的峰和谷没有明显的高低之分。

2) 从时间持续长短和波动幅度上区分

主要趋势——趋势的主要方向，价格波动的大方向，一般持续时间较长；

次要趋势——在主要趋势过程中进行的局部的调整；

短暂趋势——在次要趋势中进行的调整。

2. 支撑线与压力线

支撑线又称为抵抗线，是指当股价下跌到某个价位附近时，会出现买方增加、卖方减少的情况，从而使股价停止下跌，甚至有可能回升。压力线又称阻力线，是指当股价上涨到某个价位附近时，会出现卖方增加、买方减少的情况，股价会停止上涨，甚至回落。之所以某个价位会成为支撑位或压力位，是因为随着股价的上涨和下跌，投资者的持仓成本、收益率、心理价位都会发生改变，进而形成多空双方力量对比的改变，使原来的趋势暂缓或反转。

这里的支撑线与压力线的具体画法是：波峰(波谷)的水平切线。这种支撑线与压力线的确认有很强的主观因素，需要投资者有较丰富的经验和较强的主观判断能力。一般来说，确认一条支撑线或压力线需要考虑三个方面：第一，股价在这个区域停留时间的长短；第二，股价在这个区域伴随的成交量大小；第三，这个支撑区域或压力区域发生的时间距离当前这个时期的远近。很明显，股价在波峰(波谷)停留的时间越长、伴随的成交量越大，离现在越近，则该线对以后股价的支撑和阻力作用越强。

支撑线与压力线是可以相互转化的。当支撑线被向下突破，它就会变成后来的压力线；当压力被向上突破后，它就会变成后来的支撑线。其形态如图4-3所示。

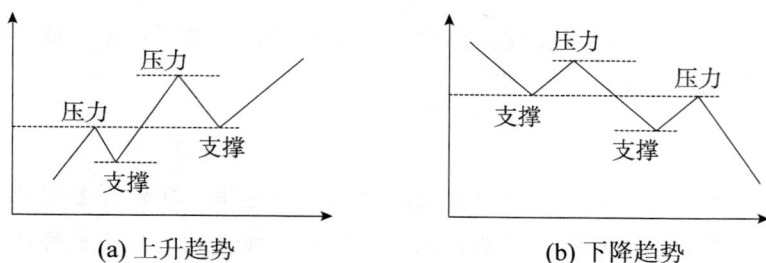

(a) 上升趋势　　　　　　　　　(b) 下降趋势

图4-3　水平切线的支撑与压力作用

支撑线与压力线的作用是：判断趋势方向的改变；寻找股价的支撑位与压力位。

3. 趋势线

趋势线分为上升趋势线(支撑线)、下降趋势线(压力线)两种。上升趋势线是指，在上升趋势中，将两个低点(波谷)连成一条直线，是支撑线；下降趋势线是指，在下降过程中，将两个高点(波峰)连成一条直线，是压力线。

趋势线同样可能被突破，这说明股价下一步的走势将要反转。越重要、越有效的趋势线的突破，其转势的信号越强烈。被突破的趋势线原来所起的支撑和压力作用将发生互换。如图4-4所示。

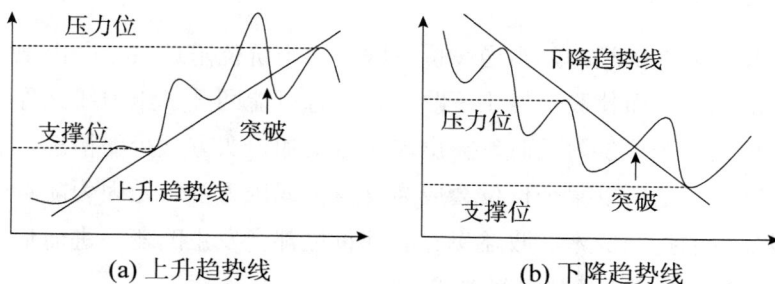

(a) 上升趋势线　　　　　　　　　(b) 下降趋势线

图4-4　上升趋势线与下降趋势线

趋势线的作用同样是帮助投资者判断趋势的方向、掌握趋势方向的改变以及寻找能够获得支撑和受到阻力的股价价位。

4. 轨道线

轨道线又称通道线或管道线，是基于趋势线的一种方法。在已经得到了趋势线后，通过第一个峰和谷可以画出这条趋势线的平行线，这两条平行线就是轨道线。轨道线的本质也是支撑线与压力线的组合，上面的线是压力线而下面的线是支撑线，如图4-5所示。

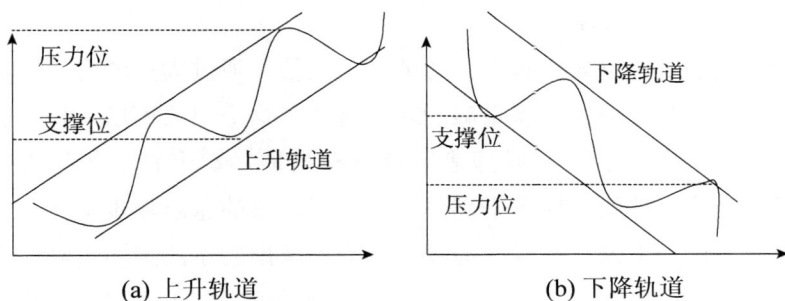

(a) 上升轨道   (b) 下降轨道

图4-5 轨道线

轨道线的作用是，在轨道线上能够同时明确股价的大趋势、趋势的反转、股价的支撑位与压力位。

4.2.3 价量分析法

成交量是指一个单位时间内对某项交易成交的数量或金额。广义的成交量包括成交股数、成交金额、换手率；狭义的也是最常用的仅指成交股数。成交股数的优点是适合对个股成交量做纵向比较；缺点是忽略了各个股票流通量大小的差别。成交金额常用于大盘分析，个股使用时容易体现出资金进出情况；缺点是缺乏比较。换手率是指每日的成交量与股票的流通股本的比值，是相对指标，比较客观，有利于不同股票间的横向比较，能准确掌握个股的活跃程度。

需要注意的是：第一，成交量的分析对于价格趋势的预测有一定的辅助作用，但并不是说成交量比价格重要或者说单纯分析成交量就够了。第二，价量分析比较适合长期趋势的预测，不适合短期趋势的预测。也就是说成交量是大还是小，应该在一个相对较长的时间段内进行观察，不能因为某一两个交易日的成交量比以前有变化就说成交量放大、缩小。第三，成交量不会像价格那样持续上涨或下降，成交量往往是在一定的范围内波动。投资者可以根据某个股票历史成交量的变动范围，来观察该股票成交量的大和小、放量和缩量。所以，成交量的大与小、增加与减少是比较容易判断的。第四，有人认为量决定价，量在前而价在后，这种观点有些片面，因为价与量是相互影响的，而且价格对成交量的影响才是主要的。

从长期来看，牛市中人气较旺，交易活跃，成交量较大；在熊市中人气低迷，交易不活跃，成交量较小。我们还可以用价量关系来预测价格趋势的反转。根据人们长期的经验总结，找到一些规律：第一，价量关系的基本规律是：股价上升成交量增加，股价下跌成交量减少。第二，趋势反转的价量关系之一：天量天价，地量地价。第三，趋势反转的价量关系之二：价格底部放量——上涨信号。

1) 价量关系的基本规律

成交量代表的是市场人气和投资者的参与热情，通过大量的观察和实践证明，股票的价格存在价升量增、价跌量减的基本规律。这个现象可以从投资者心理角度加以解释：随着股价的上升，持股者收益逐渐增加，卖出股票获利的意愿逐步增强，持币者对股价上涨的预期越来越强烈，购买股票的意愿逐步增强，导致成交量放大；而随着股价的下跌，持股者的收益下降，卖出股票的意愿下降，持币者观望情绪加深，导致成交量缩小。需要注意的是，价量关系基本规律的实质是投资者心理规律：随着价格的上升，持股者的卖出意愿与持币者的买入意愿都增强；而随着价格的下跌，持股者的卖出意愿与持币者的买入意愿都下降。这是因为，从投资者心理学的角度来看，买入者有买涨不买跌的心理特征，导致买入意愿随着价格的上涨而增强，随着价格的下跌而减弱。持股者具有急于锁定收益而不愿承认损失的心理特征，即随着股价的上升，持股者的卖出意愿增加(锁定收益)，而随着股价的下降，持股者的卖出意愿减弱(不愿承认损失)。

另外，我们也可以从成交量对价格的影响角度来分析价量关系。成交量的大小、增减实际上是由投资者的买卖意愿的变化决定的。投资者的买卖意愿不仅受价格的影响，还受到宏观经济、行业状况、公司状况、投资者预期等因素的影响。投资者意愿的改变又会对成交量和价格产生影响。具体分析过程如表4-1所示。

表4-1 成交量变化的原因及对价格的影响

买入意愿	卖出意愿	成交量	价格
增强	减弱	缩小	强烈上涨(小概率)
增强	增强	放大	(买入意愿>卖出意愿)上涨(较大概率)
			(买入意愿<卖出意愿)下跌(较小概率)
			(买入意愿=卖出意愿)振荡整理(小概率)
减弱	减弱	缩小	(买入意愿>卖出意愿)上涨(较小概率)
			(买入意愿<卖出意愿)下跌(较大概率)
			(买入意愿=卖出意愿)横盘整理(小概率)
减弱	增强	缩小	强烈下跌(小概率)

需要注意的是，这里所说的基本规律——价升量增、价跌量减，只是在市场中出现概率最大的现象，并非绝对遵循这一规律。如表4-1所示，市场上还有一些其他的价量关系组合，如量增价跌、量减价升等，只不过出现的概率要小一些。在这里以酒鬼酒(000799)为例，来说明强烈下跌的特例。在爆出白酒中含有塑化剂消息之后，酒鬼酒出现了无量下跌，图中数据显示买入意愿极低而卖出意愿极强，如图4-6所示。

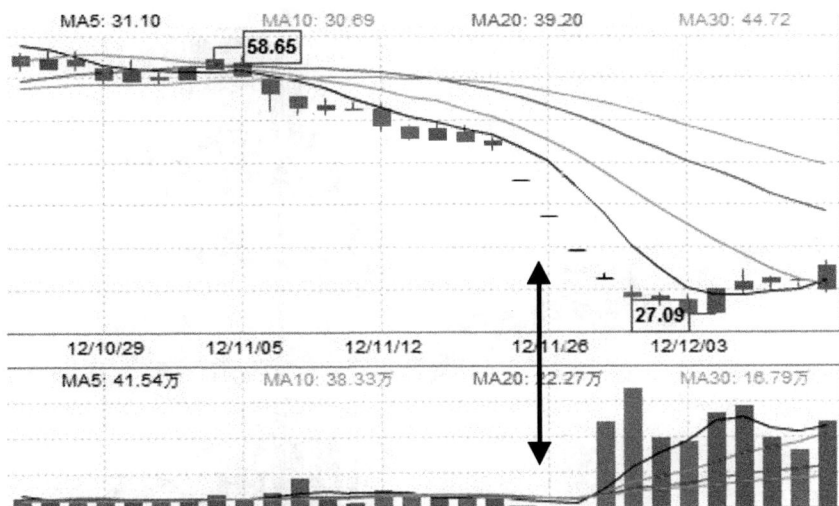

图4-6 强烈下跌

2) 趋势反转的价量关系之一：天量天价，地量地价

"天量天价，地量地价"这一规律是指，从成交量的大小可以看出股价所处位置的高低，成交放出巨量时股价往往处在相对的高位，而成交量极度萎缩时说明股价已跌至相对低位，这对短线操作者寻找买点和卖点特别有效。假如某一股票在一段时间内成交量逐步萎缩，当量无法进一步萎缩时往往意味着股价将止跌，一般来说热门股成交量处在一个月来的最低水平时，价格的阶段性低点将有可能出现，反之亦然。

之所以会出现这种现象，是市场分歧的体现。也就是说，在股价持续上涨相当长的时间之后，持币者买入意愿依然强烈，而持股者随着收益的增加卖出意愿增强并大量出货，这就导致天量的出现(大的成交量)，买卖双方达到均势，股价也上涨乏力。在股价上涨停滞之后，持股者的卖出意愿开始增强，而持币者的买入意愿则开始减弱，这就导致成交量开始下降，进而股价也开始回落。成交量越大、价位越高，则价格见顶的信号越明显。这里以隆平高科(000998)在2008年7月的情况为例，如图4-7所示。

反之，当股价持续下跌相当长的时间之后，持股者的收益大幅下降甚至出现亏损，其卖出意愿很低，而持币者的买入意愿也极低，这就导致地量的出现(小的成交量)，股价也处于极低的位置。在出现地价地量之后，持币者的买入意愿开始逐渐增强，而持股者的卖出意愿也逐渐回升，这就导致成交量开始放大、回升。成交量越小、价位越低，则价格见底的信号越明显。这里以上证指数在2008年11月的情况为例，如图4-8所示。

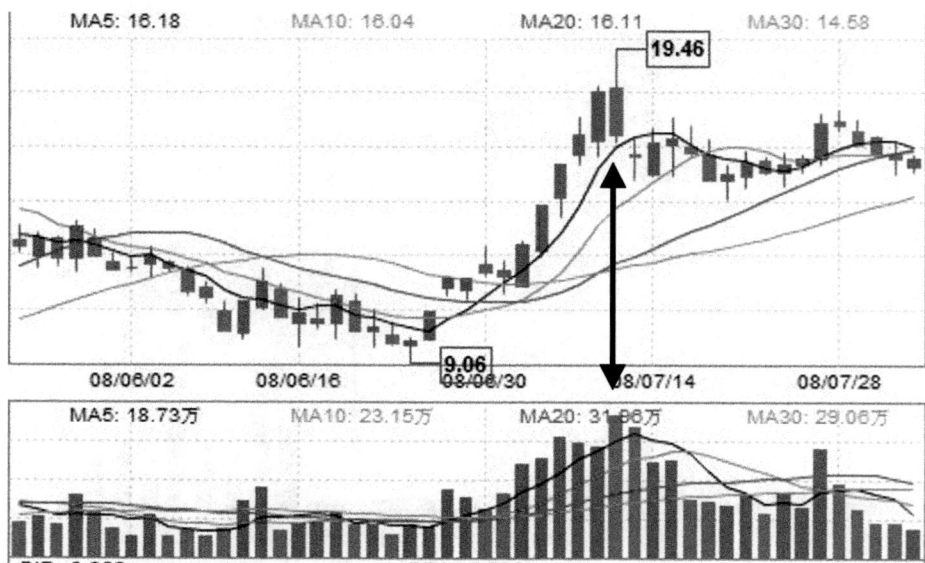

图4-7　天量天价

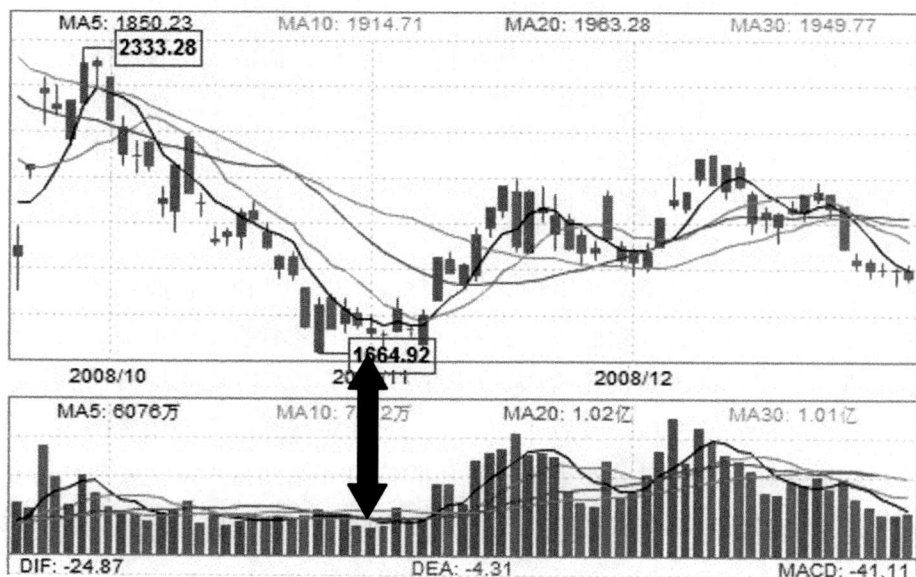

图4-8　地量地价

3) 趋势反转的价量关系之二：价格底部放量——上涨信号

第二种预示趋势反转的价量关系是：价格底部放量，后市看涨。这种价量关系与前一种价量关系之间有一定的承接关系。运用"天量天价、地量地价"这一规律可以判断价格的高位和低位，但对于上涨和下跌的开始时间很难作出准确的判断。而运用趋势反转的价量关系之二，往往能够准确判断上涨的起始点位。

价格底部放量是指在经历长期、大幅度的下跌之后，价格极低、成交量也极其低迷之时，突然某一交易日成交量较前期成交量剧烈放大(或者逐步放大)，价格也相应上涨的状态。底部放量是强烈的股价即将上涨的信号，我们几乎可以在任何一只股票的熊市转为牛市的转折点处发现这一规律。这里以平安银行(000001)为例加以说明。其股价从2009年11月17日的最高点一路下跌到2012年12月4日的最低点，此时，该股的成交量为116 924股，成交额为1.48亿元。而在2012年12月5日，平安银行的成交量为402 363股，成交额为5.33亿元，在此之后其股价大幅上涨，如图4-9所示。

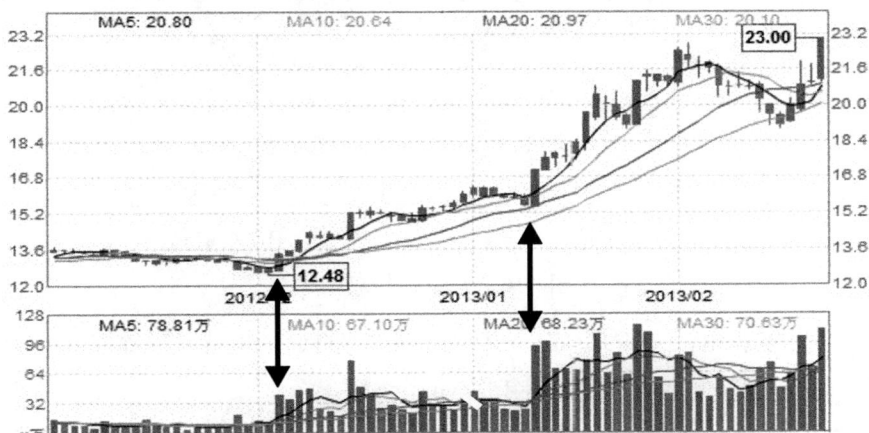

图4-9　底部放量

4.2.4　形态分析法

K线理论已经告诉我们一些对今后股价运动方向的判断方法，但是，K线理论更注重短线操作，它的预测结果只适用于往后很短的时间，甚至只有一两个交易日。形态理论虽然也是通过K线组合的形态进行分析，但其包含的K线的数量是比较多的，因此，适合于比较长期的趋势的预测。形态理论在一定程度上克服了K线分析理论的不足。

一般可以把K线组合的形态分为两大类：反转突破形态和持续整理形态。反转突破形态是指价格突破原有的波动范围，即将改变原来的运行趋势，而产生新的价格运行趋势的形态。反转突破形态主要包括：双重顶和双重底、头肩顶和头肩底、三重顶(底)形态、圆弧形态、喇叭形、菱形、V形反转。持续整理形态是指价格在一个方向上经过一段时间的快速运行后不再继续原趋势，而是在一定的区域内上下窄幅波动，等待时机后再继续前进的形态。持续整理形态一般包括：三角形形态、矩形形态、旗形形态和楔形形态。

需要注意的是，形态分析法是比较综合的分析方法，结合了K线、画线工具、成交量等因素进行综合分析。

1. 反转突破形态

1) 双重顶和双重底

双重顶和双重底形态也可以分别称为"M头"和"W底",是一种极为重要的反转形态,在现实价格运动中出现的概率是比较高的,其形态如图4-10所示。

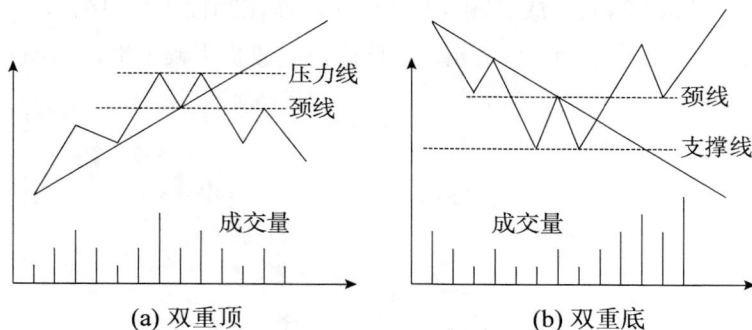

(a) 双重顶　　　　　　　　　(b) 双重底

图4-10　双重顶与双重底

从图中可以看出,双重顶(底)一共出现两个顶(底),也就是两个基本等高的波峰(波谷),两者相差3%以内就不会影响形态的分析。

"M头"的价量特征:一般出现在一个较大幅度上涨行情的末端;股价急速上涨到第一个波峰后受阻回落,在峰顶处留下大成交量;随着价格的下跌,成交量也减小,在跌到某一价格时止跌回升;股价继续上涨,涨到前期高点时受到压力,无法突破而转为下跌,成交量也比前一波峰的量小。

此外,还可以借助一些画线工具对"M头"形态进行分析。将两个波峰连接起来,形成一条趋势线(或称为压力线),然后,过"M头"的波谷位置画一条平行于趋势线的直线,称为颈线。颈线是与趋与势线对应的轨道线,起支撑线的作用。

"M头"形成后,有两种可能的前途:第一种情况是未向下突破支撑线,在两条轨道线之间上下波动,演变为矩形整理形态——矩形。第二种情况是向下突破支撑线,并从突破点(颈线)算起,股价将至少跌到与形态高度相等的距离,这样就形成了反转突破形态——"M头"。股价通常在向下突破颈线后,会出现短暂的回升,称之为反弹,只要股价反弹的高度不超过颈线,则"M头"形态依然有效。

"M头"形态确认后股价一般会有一个比较大幅度的下跌,因此,采用波段操作策略的持股者应该及时卖出股票,而持币者此时应该持币观望。"W底"的形态、分析过程都与"M头"相反,在这里不做详细介绍。在确认出现了"W底"形态的情况下,采用波段操作策略的持币者应该积极买入,而持股者应该持股观望。

2) 头肩形态

头肩形态是实际股价形态中出现最多的一种形态,也是最著名和最可靠的反转突破形态。它一般可分为头肩顶、头肩底以及复合头肩形态三种类型。

(1) 头肩顶形态。头肩顶形态是一个可靠的卖出时机，一般形成3个局部的高点。中间的高点比另外两个都高，称为头；左右两个相对较低的高点称为肩。这就是头肩形态名称的由来，如图4-11(a)所示。

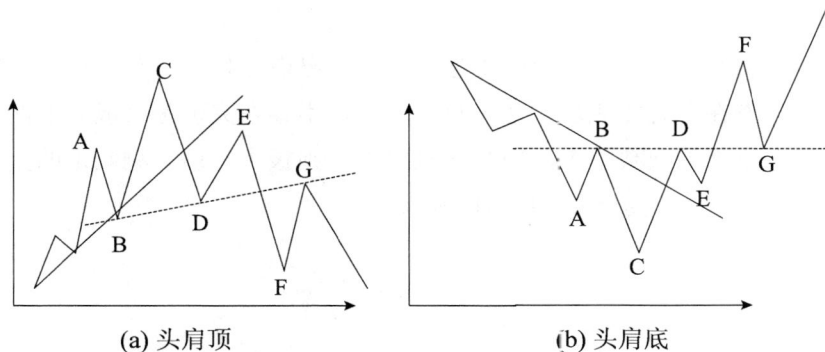

(a) 头肩顶　　　　　　　　　　(b) 头肩底

图4-11　头肩顶形态

头肩顶形态的价量特征：第一，一般来说，左肩与右肩高点大致相等，有时右肩较左肩低，即颈线向下倾斜；第二，就成交量而言，左肩最大，头部次之，而右肩成交量最小，即呈梯状递减；第三，突破颈线不一定需要大成交量配合。

同样，头肩顶形态也要借助于画线工具进行分析。沿着头肩顶形态两次回落所形成波谷画一条直线，称为颈线，如图4-11中的虚线所示。颈线在头肩顶形态中起支撑作用，在头肩底形态中起压力作用。股价必须向下有效突破了颈线，才能认为头肩顶形态确立。

需要注意的是以下两种假头肩顶形态：第一，右肩的高点比头部还高，不是头肩顶形态；第二，如果股价在颈线水平回升，而且回升的幅度高于头部，或者股价跌破颈线后又回到颈线上方，这也不是头肩顶，需要进一步观察。

头肩顶形态形成后的策略：卖出或持币观望。当颈线被突破，反转确认以后，大势将下跌。下跌的幅度会很大。采用波段操作策略的持股者宜卖出股票，持币者宜观望。

(2) 头肩底形态。头肩底形态是头肩顶形态的倒转形态，是一个可靠的买进时机。这一形态的构成和分析方法，除了在成交量方面与头肩顶有所区别外，其余与头肩顶类似，只是方向相反，如图4-11(b)图所示。值得注意的是，头肩顶形态与头肩底形态在成交量配合方面的最大区别是：头肩顶形态完成后，向下突破颈线时，成交量的大小并不重要；而头肩底形态向上突破颈线时，必须有较大的成交量的配合才能确认股价突破了颈线，头肩底形成。

(3) 复合头肩形态。股价变化经过复杂而长期的波动所形成的形态可能不只是标准的头肩形态，会形成所谓的复合头肩形态。这种形态与头肩形态基本相似，只是左右肩部或者头部出现多于一次。其形成过程也与头肩形态类似，分析意义也和普通的头肩形态一样，往往出现在长期趋势的顶部或底部。复合头肩形态一旦完成，即构成一个可靠性较大的买进和卖出的时机。

3) 喇叭形态

喇叭形态也是一种重要的反转形态。它大多出现在顶部，是一种较可靠的看跌形态。喇叭形态在形态完成后，几乎总是下跌，不存在突破是否成立的问题。这种形态在实践中出现的次数不多，但是一旦出现，则极为有用。喇叭形的正确名称应该是扩大形或增大形，其形态如图4-12所示。

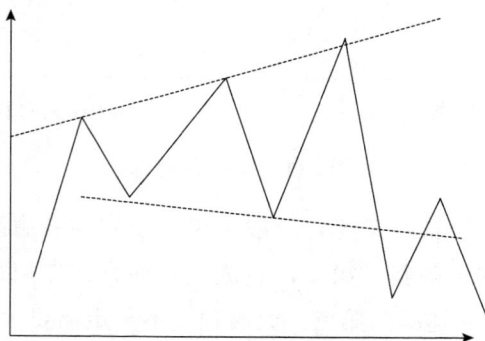

图4-12　喇叭形态

从图4-12可以看出，由于股价波动的幅度越来越大，形成越来越高的波峰和越来越低的波谷。在这个混乱的时候进入证券市场是很危险的，交易也十分困难。经过了剧烈的振荡之后，人们的情绪会渐渐平静，远离这个市场，股价将逐步地向下运行。

此外，反转形态还包括三重顶(底)、圆弧顶(底)、V形顶(底)等形态，在这里不做详细介绍，同学们可以自己查阅资料进行学习。

2. 持续整理形态

与反转突破形态不同，持续整理形态描述的是：股价经过较长时间的上涨或下跌后，不再继续原来的趋势，而在一定区域内上下窄幅波动，等待时机成熟后再继续前进。这种运行所留下的轨迹称为整理形态，主要包括：三角形、矩形、旗形和楔形。

1) 三角形整理形态

三角形整理形态主要分为三种：对称三角形、上升三角形、下降三角形。

(1) 对称三角形。对称三角形情况大多是发生在一个大趋势进行的途中，它表示原有的趋势暂时处于休整阶段，之后还要随着原趋势的方向继续前进。由此可见，见到对称三角形后，股价今后最有可能沿原有的趋势方向运动。如图4-13所示。

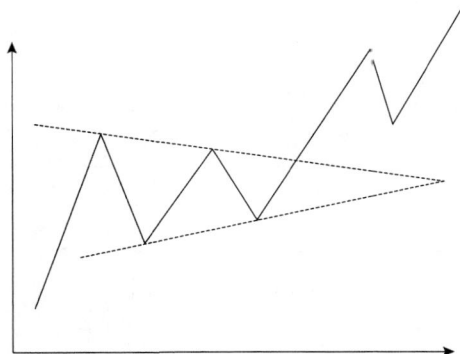

图4-13　对称三角形

(2) 上升三角形。上升三角形是对称三角形的变形。两类三角形的下方支撑线同是向上发展，不同的是上升三角形的上方阻力线并不是向下倾斜的，而是一条水平线。上升三角形中，可以看出，多方比空方更为积极。

如果原来的趋势是上升，遇到上升三角形后，几乎可以肯定今后是向上突破。如果原来的趋势是下跌，则出现上升三角形后，对未来趋势的判断有一定难度。如果上升三角形出现在下跌趋势的末端，上升三角形有可能成为反转形态的底部。如图4-14所示。

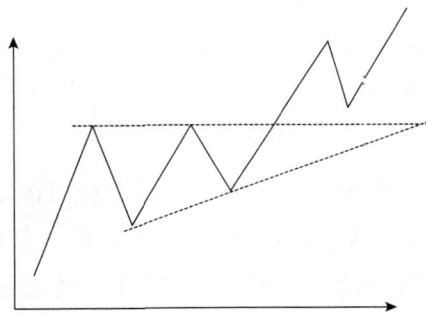

图4-14　上升三角形

(3) 下降三角形。下降三角形同上升三角形正好相反，呈现出看跌的形态。它的基本内容同上升三角形可以说完全相似，只是方向相反。需要注意的是：下降三角形的成交量一直十分低沉，突破时成交量的大小并不重要。如果原来的趋势是下跌，则出现下降三角形后，继续下跌的概率较大；如果原来是上升趋势，则趋势的判断有一定的难度。如果在上升趋势的末端出现下降三角形后，可以看成是反转形态的顶部。其形态如图4-15所示。

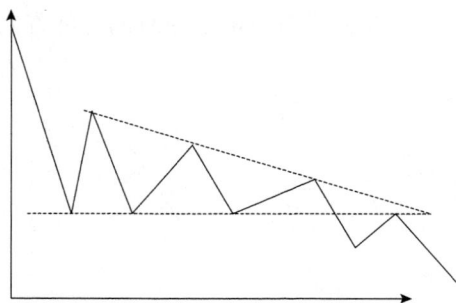

图4-15　下降三角形

2) 矩形

矩形又叫箱形，也是一种典型的整理形态，股票价格在两条横线之间上下波动，呈现横向延伸的运动。如果原来的趋势是上升，那么经过一段时间的箱形整理后，会继续原来的趋势，多方会占优势并采取主动，使股价向上突破矩形的上界；如果原来的是下降趋势，则空方会采取主动突破矩形的下界。如图4-16所示。

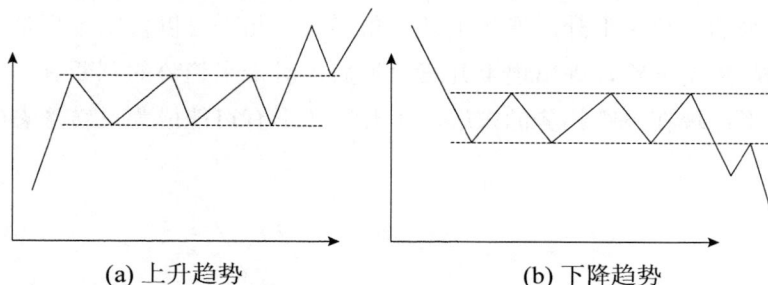

(a) 上升趋势　　　　　　　　　　(b) 下降趋势

图4-16　矩形

从图4-16中可以看出，矩形在其形成的过程中极可能演变成三重顶或三重底形态，这是我们应该注意的。到底是箱形整理形态还是三重顶(底)形态，需要等到突破之后才能加以确认并采取行动。矩形的突破也有一个确认问题，当股价向上突破时，必须有大成交量的配合方可确认，而向下突破则不必有成交量增加相配合；当矩形突破后，其涨跌幅度通常等于矩形本身的宽度。

4.3　技术分析的主要技术指标

所谓技术指标法，就是应用一定的数学公式，对原始数据进行处理，得出指标值，将指标值绘成图表，从定量的角度对价格趋势进行预测的方法。这里的原始数据指开盘价、最高价、最低价、收盘价、成交量、成交金额等。技术指标是一种定量分析方法，在一定程度上克服了定性分析方法的不足。

技术指标种类繁多、内容丰富，即使是专业分析师也未必能全部掌握。在本章中将选择一些较为常用的指标进行讲解，主要包括：移动平均线、指数平滑异同移动平均线、乖离率指标、威廉指标、随机指标。其他的指标，同学们可以利用课外资料进行学习和了解。如果想较好地应用技术指标，需要在实践中总结经验，摸索其内在的规律。

4.3.1 移动平均线

1. 移动平均线的概念与计算公式

移动平均线(MA)是指用统计分析的方法，将一定时期内的证券价格(指数)加以平均，并把不同时间的平均值连接起来，形成一根由线，用来观察证券价格变动趋势的一种技术指标。

根据对数据处理方法的不同，移动平均可分为算术移动平均线(SMA)、加权移动平均线(WMA)和指数平滑移动平均线(EMA)三种。在实际应用中常使用的是指数平滑移动平均线，其计算公式为

$$\text{EMA}_t(N) = C_t \times \frac{1}{N} + \text{EMA}_{t-1} \times \frac{N-1}{N} \tag{4.1}$$

式中：C_t——计算期中第t日的收盘价格；

N——移动平均线的时间周期，如5日、10日、20日、60日等。

由于短期移动平均线较长期移动平均线对价格变化的反应更加迅速，所以一般把短期移动平均线称为快速MA，长期移动平均线则称为慢速MA。

2. 移动平均线的应用法则

1) 葛兰威尔法则

在MA的应用上，最有名的是葛兰威尔法则(葛氏八法)。如图4-17所示。

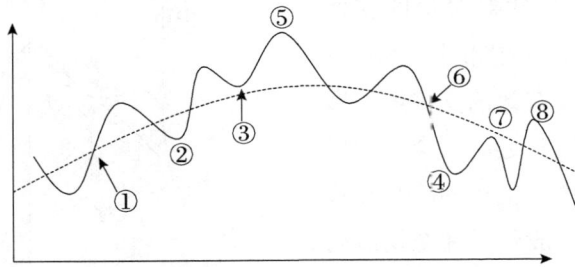

注：实线代表股价、虚线代表均线。

图4-17　葛兰威尔买卖八大法则

第一，买入时机的判断。如图4-17所示，①②③④点处为买入点。在①点处，股价从下上穿平均线；在②点处，平均线呈上升态势，股价在平均线以下，并向平均线回归；在③点处，股价连续上升远离平均线，回调至平均线附近再度上升；在④点处，股价处于下降趋势中，股价远远低于平均线，并出现向平均线回归的趋势。

第二，卖出时机的判断。⑤⑥⑦⑧点为卖出点。在⑤点处，移动平均线呈上升趋势，股价涨幅过大并出现向平均线回归的趋势；在⑥点处，平均线为下跌趋势，股价向下跌破平均线；在⑦点处，股价走在平均线之下，股价回归到平均线附近之后未突破平均线又开始下跌；在⑧点处，平均线处于下跌趋势中，股价在平均线之上，并出现向平均线回跌的趋势。

2) 金叉与死叉

黄金交叉是指价格站稳在长期与短期MA之上，短期MA又向上突破长期MA时的状态，为买进信号。死亡交叉是指价格位于长期与短期MA之下，短期MA又向下突破长期MA时的状态，为卖出信号。如图4-18所示。

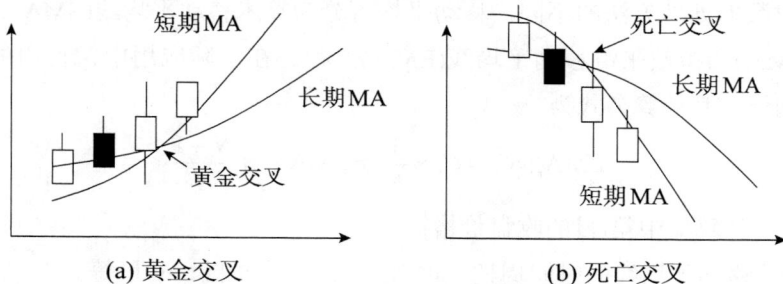

(a) 黄金交叉　　　　　　　　(b) 死亡交叉

图4-18　黄金交叉与死亡交叉示意图

3) 以移动平均线为支撑线和压力线

移动平均线(MA)是以道·琼斯的"平均成本概念"为理论基础，采用统计学中"移动平均"的原理，将一段时期内的股票价格平均值连成曲线，用来显示股价的历史波动情况。均线主要包括：5、10、20、30、60、90、120、250日均线等，尤其是60、120、250日均线对股价的支撑和压力作用最为明显。在牛市中，60、120日等均线会成为比较有效的支撑线，即当股价短暂回调至均线附近时，会止跌回稳继续上涨；在熊市中，上述均线往往成为明显的压力线，即当股价反弹至均线附近时，会受到阻碍转而继续下跌。如图4-19所示。

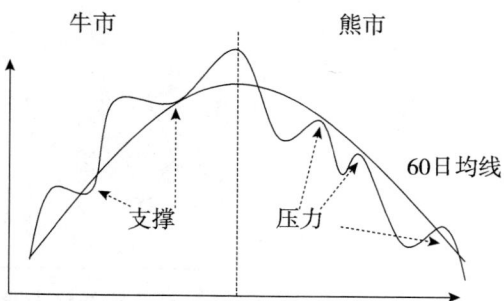

图4-19　60日均线的支撑与压力作用

4.3.2　指数平滑异同移动平均线

1. 指数平滑异同移动平均线的概念与计算公式

指数平滑异同移动平均线(MACD)是利用快速移动平均线和慢速移动平均线，在一段上涨或下跌行情中两线之间的差距拉大，而在涨势或跌势趋缓时两线又相互接近或交叉的特征，通过双重平滑运算后研判买卖时机的方法。

MACD是由DIF和DEA两部分组成。DIF是快速平滑移动平均线和慢速平滑移动平均线的差。在实际应用时，常以12日EMA为快速移动平均线，26日EMA为慢速移动平均线，计算出两条移动平均线数值间的离差值(DIF)作为研判行情的基础，然后再求出DIF的9日平滑移动平均线，作为判断买卖时机的依据。

$$\text{DIF} = \text{EMA}(12) - \text{EMA}(26) \tag{4.2}$$

2. 指数平滑异同移动平均线的应用法则

以DIF和DEA的取值和这两者之间的相对取值对行情进行预测。其应用法则如下。

(1) DIF、DEA均为负，DIF向上突破DEA，买入信号。

(2) DIF、DEA均为正，DIF向下跌破DEA，卖出信号。

(3) DIF(DEA)线与K线发生背离，行情反转信号。当股价走势出现2、3个近期低点时，而DIF(DEA)并不出现新低点，可作为买入信号；当股价走势出现2、3个近期高点时，而DIF(DEA)并不出现新高点，可作为卖出信号。

(4) 分析MACD柱状线，红柱变短，卖出信号；绿柱变短，买入信号。

4.3.3　乖离率指标

1. 乖离率指标的概念与计算公式

乖离率指标(BIAS)是测算股价与移动平均线偏离程度的指标，其基本原理是：如果股价偏离移动平均线太远，不管是在移动平均线上方还是下方，都有向平均线回归的要求。BIAS的计算公式如下

$$\text{BIAS}(n) = \frac{C_t - \text{MA}(n)}{\text{MA}(n)} \times 100\% \tag{4.3}$$

式中：C——第t日的收盘价；

　　　MA——n日的移动平均数；

　　　n——BIAS的参数。

2. 乖离率指标的应用法则

(1) 从BIAS的取值大小和正负考虑。一般来说，正的乖离率越大，表示短期多头的获得越大，获得抛售的可能性越大；负的乖离率越大，则空头回补的可能性越大。例如，可能设定：BIAS(10)>35%为卖出时机，BIAS(10)<-15%为买入时机。

(2) 从BIAS的曲线形状方面考虑。主要是考虑顶背离和底背离等情况。

(3) 从两条BIAS线结合方面考虑。当短期BIAS在高位下穿长期BIAS时，是卖出信号；在低位，短期BIAS上穿长期BIAS时是买入信号。

4.3.4　威廉指标

1. 威廉指标的概念与计算公式

威廉指标(WMS)最早起源于期货市场，由威廉姆斯于1973年首创。该指标通过分析一段时间内股价高低位和收盘价之间的关系，来量度市场的超买超卖状态，依此作为短期投资信号的一种技术指标。WMS的计算公式如下

$$WMS(n) = \frac{H_n - C_t}{H_n - L_n} \times 100 \tag{4.4}$$

式中：C——当天的收盘价；

　　　H、L——分别为最近n日内(包括当天)出现的最高价和最低价；

　　　n——选定的时间参数，一般为14日或20日。

WMS指标的含义是当天的收盘价在过去的一段时期全部价格范围内所处的相对位置。如果WMS的值比较小，则当天的价格处在相对较高的位置，要小心回落；如果WMS的值较大，则说明当天的价格处在相对较低的位置，要注意反弹。WMS的取值范围为0~100。

2. 威廉指标的应用法则

(1) 当WMS高于80时，处于超卖状态，行情即将见底，应当考虑买进；

(2) 当WMS低于20时，处于超买状态，行情即将见顶，应当考虑卖出；

(3) 在WMS进入低数值区位后(超买状态)，如果股价还继续上升，就是顶背离，是卖出信号；

(4) 在WMS进入高数值区位后(超卖状态)，如果股价还继续下降，就是底背离，是买入信号；

(5) WMS连续几次撞顶(底)，局部形成双重或多重顶(底)，则是卖出(买进)的信号。

需要注意的是，80和20只是一个经验数字，并不是绝对的。在盘整过程中，

WMS的准确性较高；而在上升或下降趋势中，却不能只以WMS超买超卖信号作为判断行情的依据。

4.3.5　随机指标

1. 随机指标的概念与计算公式

随机指标又称KDJ指标，是由乔治·莱恩首创的。在产生KDJ指标以前，先产生未成熟随机指标RSV，其计算公式为

$$RSV(n) = \frac{C_t - L_n}{H_n - L_n} \times 100 \tag{4.5}$$

式中：C——当天的收盘价；

　　　H、L——分别为最近n日内(包括当天)出现的最高和最低价。

对RSV(n)进行3日指数平滑移动平均，得到K值：

今日K值$= \frac{2}{3} \times$昨日K值$+ \frac{1}{3} \times$今日RSV值

今日D值$= \frac{2}{3} \times$昨日D值$+ \frac{1}{3} \times$今日K值

J值$= 3 \times D - 2 \times K$

式中，1/3是平滑因子，是可以人为选择的，不过目前已经约定俗成，固定为1/3了；初始的K、D值，可以用当日的RSV值或者以50代替。

2. 随机指标的应用法则

KDJ指标是三条曲线，在应用时主要从5个方面进行考虑：K、D取值的绝对数字；K、D曲线的形态；K、D曲线的交叉；K、D指标与股价的背离；J指标取值的大小。

(1) 从K、D取值方面考虑。K、D取值的范围都是0～100，当K、D值超过80时为超买状态，是卖出信号；低于20时，是超卖状态，是买入信号。

(2) 从K、D指标曲线的形态方面考虑。当K、D指标曲线同样可以对前面所讲的形态理论加以分析，如头肩顶(底)、双重顶(底)等，进而选择买点和卖点。

(3) 从K、D指标曲线的交叉方面考虑。当K、D指标位于较低区域时，K、D指标曲线均由下跌转为上升，K指标上穿D指标，此时为金叉，是买入信号。反之，则为死叉，是卖出信号。如果经过多次交叉，则信号更为准确。

(4) 从K、D指标与股价背离方面考虑。当K、D处于高位，并且形成见顶形态，而此时股价还在持续上涨，此为顶背离，是卖出信号；反之，K、D指标处于低位，并形成见底形态，而股价持续下跌，此为底背离，是买入信号。

(5) 应用J指标取值。J指标大于100为超买状态，是卖出信号；J指标小于0为超

卖状态，是买入信号。

应用KDJ指标时，需要注意的问题是：KDJ指标所反映的信号并非是绝对正确的，还要结合其他信息进行判断和决策，单纯依据任何一个指标进行判断都可能导致损失。

习 | 题

一、判断题

1. 技术分析理论所做的一个假设是：任何一个因素对证券市场的影响最终都必然体现在股票价格的变动上。（   ）

2. 技术分析理论认为股票价格时涨时落，没有什么可以用以预测未来走势的规律。（   ）

3. 注意多种技术分析方法的综合研判，切忌片面地使用某一种技术分析结果。（   ）

4. 进行证券投资技术分析最根本、最核心的因素是价格沿趋势移动。（   ）

5. 技术分析必须与基本面的分析结合起来使用。（   ）

6. 技术分析的目的是预测证券价格涨跌的趋势，即解决"应该购买何种证券"的问题。（   ）

二、单项选择题

1. 针对证券市场本身变化规律进行分析的方法通常被称为（   ）。

A. 技术分析　　　　　　　　　　B. 定量分析

C. 基本分析　　　　　　　　　　D. 宏观经济分析

2. 技术分析理论认为市场过去的行为（   ）。

A. 完全确定未来的走势　　　　　B. 可以作为预测未来的参考

C. 对预测未来的走势无帮助　　　D. 历史不会重演

3. 技术分析流派对股票价格波动原因的解释是（   ）。

A. 对价格与所反映信息内容偏离的调整　B. 对价格与价值偏离的调整

C. 对市场心理平衡状态偏离的调整　　　D. 对市场供求均衡状态偏离的调整

4. 学术分析流派对股票价格波动原因的解释是（   ）。

A. 对价格与所反映信息内容偏离的调整　B. 对价格与价值偏离的调整

C. 对市场心理平衡状态偏离的调整　　　D. 对市场供求均衡状态偏离的调整

5. 基本分析流派对股票价格波动原因的解释是（   ）。

A. 对价格与所反映信息内容偏离的调整　B. 对价格与价值偏离的调整

C. 对市场心理平衡状态偏离的调整　　　D. 对市场供求均衡状态偏离的调整

6. 与基本分析相比，技术分析的优点是(　　)。

A. 能够比较全面地把握证券价格的基本走势

B. 同市场接近，考虑问题比较直观

C. 考虑问题的范围相对较窄

D. 进行证券买卖见效慢，获得利益的周期长

三、多项选择题

1. 技术分析的理论基础是基于下列市场假设(　　)。

A. 价格沿趋势移动 　　　　　　　B. 经济政策决定证券市场的未来变化趋势

C. 市场行动涵盖一切信息 　　　　D. 历史会重演

2. 技术分析就是利用过去和现在的成交量，成交价资料，以(　　)等工具来分析、预测未来的市场走势。

A. 图形分析 　　　B. 财务分析 　　　C. 产品技术分析 　　　　　D. 指标分析

3. 属于技术分析理论的有(　　)。

A. 随机漫步理论 　B. 切线理论 　　　C. 反向操作理论 　　　　　D. 道氏理论

4. 技术分析的要素有(　　)。

A. 价 　　　　　　B. 量 　　　　　　C. 势 　　　　D. 时 　　　　E. 空

课外阅读推荐

维克多·斯波朗迪. 专业投机原理. 北京：中国宇航出版社，2002

第5章 投资组合理论

不要把鸡蛋放在同一个篮子里——这是广为人知的一句投资理财名言，这句话是对投资组合理论核心思想最贴切的反映。投资决策中的两个重要因素是收益与风险，投资者的目的一般都是追求高收益、低风险。投资组合理论正是以收益与风险为主要研究内容的理论，主要解决的问题是：如何构建投资组合以降低风险、风险与收益之间的关系等。

投资组合理论的最重要、最成功的应用体现在指数型基金上，指数型基金是一种被动投资，也有人形象地称为"傻瓜投资"。为什么设计出指数型基金呢？因为很多主动型基金的投资收益还不如资本市场的整体收益，于是很多基金以获得市场平均收益水平的投资回报为目标构建投资组合——指数型基金。指数型基金的构建方法就是按照某一股价指数中股票种类、各种股票的权重比例等指标构建基金的资产组合。

对于个人投资者而言，投资组合理论也有很重要的意义。因为，对于一个家庭而言，其收入与财产也要进行合理的配置、组合。比如，无风险资产包含国债、存款、现金等，风险资产可以配置股票、期货、黄金、外汇等。

投资组合理论的一个重要内容是建立系统风险水平与必要报酬率(最低报酬率)之间的函数关系——CAPM模型的证券市场线(SML)。这个模型在投资、理财领域的应用非常广泛，可以用来计算折现率、计算资金成本等。

下面我们就开始这一章的学习。

5.1　投资组合理论概述

5.1.1　投资组合理论的含义

投资组合理论有狭义和广义之分。狭义的投资组合理论指的是马柯维茨投资组合理论；而广义的投资组合理论也称为现代投资组合理论，包括：经典的马柯维茨投资组合理论、资本资产定价模型(CAPM)、套利定价模型(APT)、有效市场理论(EMH)等。

5.1.2　投资组合理论的内容简介

1. 马柯维茨投资组合理论

马柯维茨投资组合理论被认为是现代投资组合理论的开端，其理论始于1952年马柯维茨发表的具有里程碑意义的论文《投资组合选择》。该理论包含两个重要内容：均值—方差分析、投资组合有效边界。在投资中两个重要的因素是收益与风险，马柯维茨用均值和方差来衡量投资对象的收益与风险的情况。所谓均值是指投资组合中各证券的预期收益率的期望值(加权平均数)；而方差描述的是各证券在各种情况下的收益率与其期望收益率之间的离散程度，方差越大表明离散程度越大、风险越大。均值与方差既可以用来衡量单个证券的收益与风险情况，也可以用来衡量投资组合的收益与风险情况。投资组合的基本思想是：寻找最优的投资组合——在既定的收益条件下风险最小，在既定的风险条件下收益最大的投资组合。

2. 资本资产定价模型

资本资产定价模型(CAPM)是由美国学者夏普(W. Sharpe)、林特尔(J. Lintner)、特里诺(J. Treynor)和莫辛(J. Mossin)等人在马柯维茨投资组合理论的基础上发展起来的，是现代金融市场价格理论的支柱，广泛应用于投资决策和公司理财领域。该模型的最大贡献在于：构建了风险与收益两个因素之间的线性关系，也就是说，可以根据投资对象的风险情况得出其必要收益率，这个必要收益率可以用来计算证券内在价值的估值模型(折现模型)中的折现率。

3. 套利定价模型

套利定价模型(APT)由罗斯在1976年提出，其核心思想是：某种资产的收益率是各种因素综合作用的结果，如GDP增长率、通货膨胀率等因素的影响，并不仅仅只受风险因素的影响。套利定价模型是资本资产定价模型(CAPM)的替代理论，虽然被称做套利定价模型，但实际与套利交易无关，是适用于所有资产的估值模型。虽然APT理论上很完美，但是由于它没有给出都是哪些因素驱动资产收益率，这些因素可能数量众多，只能凭投资者经验自行判断选择。此外每项因素都要计算相应的贝塔值，而CAPM模型只需计算一个贝塔值，所以在对资产价格估值的实际应用中，CAPM比APT使用得更广泛。

4. 有效市场理论

有效市场假说(EMH)是由尤金·法玛(Eugene Fama)于1970年提出的，是关于资本市场的有效性的论述，其核心思想是：市场的有效性不同，所采用的分析方法与投资策略也不同。所谓有效性可以理解为：市场价格能够准确、快速、完全地反映出所有的信息的能力。有效资本市场假说包括以下三种形式。

1) 弱式有效市场假说

弱式有效市场假说(Weak-Form Market Efficiency)认为在弱式有效的情况下，市场价格已充分反映出所有过去历史的证券价格信息，包括股票的成交价、成交量、卖空金额、融资金额等。推论一：如果弱式有效市场假说成立，则股票价格的技术分析失去作用，基本分析还可能帮助投资者获得超额利润。

2) 半强式有效市场假说

半强式有效市场假说(Semi-Strong-Form Market Efficiency)认为价格已充分反映出所有已公开的有关公司营运前景的信息。这些信息有成交价、成交量、盈利资料、盈利预测值、公司管理状况及其他公开披露的财务信息等。假如投资者能迅速获得这些信息，股价应迅速作出反应。推论二：如果半强式有效假说成立，则在市场中利用技术分析和基本分析都将失去作用，掌握内幕消息可能有助于获得超额利润。

3) 强式有效市场假说

强式有效市场假说(Strong-Form Market Efficiency)认为价格已充分地反映了所有关于公司营运的信息，这些信息包括已公开的或内部未公开的信息。推论三：在强式有效市场中，没有任何方法能帮助投资者获得超额利润，即使基金和有内幕消息者也一样。

5.1.3 投资组合理论的优势与局限性

1. 马柯维茨投资组合理论优缺点

马柯维茨投资组合理论的优点是：首次对风险和收益进行精确的描述，解决对风险的衡量问题，使投资学从一门艺术迈向科学；分散投资策略能够使投资者在获得平均收益的情况下，有效地分散非系统性风险，其合理性为基金管理提供理论依据；将投资分析的方向从对单个证券的分析引向证券组合的分析。

马柯维茨投资组合理论的缺点是：当证券的数量较多时，计算量非常大，使模型应用受到限制；所得到的解不稳定，重新配置的成本很高；其前提假设为市场是有效的、投资者是追求收益最大化和厌恶风险的理性投资者，这样的前提条件在现实中是难以实现的。

2. 资本资产定价模型的优缺点

资本资产定价模型的优点是：首先，风险在投资者的决策中具有至关重要的意义，资本资产定价模型在风险水平与最低收益率之间建立了线性关系，有助于投资者根据风险、收益两个要素更好地进行投资决策；其次，通过资本资产定价模型所求出的收益率是必要收益率或者叫最低报酬率，可以作为折现模型中的折现率；再次，通过比较投资对象的实际收益率与必要收益率，得出只有当实际收益率高于必要收益率时，该投资对象才有投资价值。

资本资产定价模型的缺点是：CAPM的前提假设过于严格与现实情况不相符；模型中的β系数计算困难，且只代表过去的风险水平，但投资人所关心的是该证券未来的风险水平；实际情况中，无风险资产与市场投资组合可能不存在。

3. 套利定价模型的优缺点

套利定价模型的优点是：首先，与资本资产定价模型相比，套利定价模型对风险的解释度不同，在CAPM模型中证券的风险只用某一证券或市场组合的β系数来解释，它只能告诉投资者风险的大小，但无法告诉投资者风险来自何处，而在套利定价模型中，投资的风险由多个因素来共同解释，不仅能告诉投资者风险的大小，还能告诉他风险来自何处，影响程度有多大。其次，资本资产定价模型与套利定价模型的基本假设有诸多不同之处：资本资产定价模型的假设较多，在现实中难以满足，而套利定价模型的假设条件相对要简单得多。

套利定价模型的缺点是：套利定价模型考虑的因素较多，且没有确定选择范围，只能靠投资者凭经验选择；套利定价模型公式较为复杂，计算量比资本资产定价模型要大，所以应用难度较大。

5.2　马柯维茨投资组合理论

马柯维茨投资组合理论的基本假设：①投资者是规避风险的，追求期望效用最大化，即投资者是理性的；②投资者根据收益率的期望值与方差来选择投资组合；③所有投资者处于同一单期投资期。

5.2.1 均值–方差模型

马柯维茨提出了以期望收益及其方差$(E，\sigma^2)$来确定有效的投资组合。以期望收益E来衡量证券收益，以收益的方差σ^2表示投资风险。资产组合的总收益用各个资产预期收益的加权平均值表示，组合资产的风险用收益的方差或标准差表示。需要注意的是，投资决策中的收益率指的是预期未来的收益率，而不是已经取得的实际收益率，因为在作出投资决策时要考虑的是将来能够取得什么样的收益、存在什么样的风险。

1. 单个证券的收益与风险衡量

1) 预期收益

一般收益率的计算公式为

$$R = \frac{D_t + (P_t - P_0)}{P_0} \tag{5.1}$$

式中：R为某一证券的预期收益率；D_t为利息或股息；P_t为证券在第t期的卖出价格；P_0为证券的买入价格。

需要注意的是，这一计算公式并没有考虑收益可能存在的不确定性，即这一公式没有考虑风险因素。

如果考虑预期收益率可能存在的不确定性，即预期收益存在的风险，那么预期收益率就是该证券在各种可能的情况下收益率的期望值(也就是加权平均数)，其公式为

$$E(R) = \sum_i^n R_i \times P_i \tag{5.2}$$

式中：$E(R)$为预期收益率，E表示期望值(加权平均)；R_i为该证券第i种情况下的收益率；p_i为第i种情况发生的概率。

2) 风险

风险是个很难把握的概念，围绕如何对其进行定义并度量展开过大量争论。利用概率分布的概念，能够对风险给出一个通用的、能够满足大部分目的的概念，即预期未来收益的概率分布越集中，则该投资的风险越小。出于实用性考虑，风险的衡量应当有一个具体数值——需要一个度量概率分布密度的指标。这个指标就是方差或标准差，其符号为σ^2和σ，读作"西格玛平方"和"西格玛"。标准差越小，概率分布越集中，同时，相应的证券的风险也就越小。方差与标准差的计算公式为

$$\sigma^2 = \sum_{i=1}^n (R_i - E(R))^2 \times P_i \tag{5.3}$$

$$\sigma = \sqrt{\sum_{i=1}^n (R_i - E(R))^2 \times P_i} \tag{5.4}$$

式中：σ^2为方差，σ为标准差。方差或标准差的大小表示各种情况下的收益率相对于

预期收益率(期望值)的离散程度,即离散程度越大则风险越大。

2. 投资组合的收益与风险衡量

1) 投资组合的预期收益

投资组合的预期收益率符号为$E(R_P)$,具体公式为

$$E(R_P) = \sum_{j=1}^{m} E(R)_j \times W_j \tag{5.5}$$

式中:$E(R)_j$表示组合中的第j个证券的预期收益率;W_j表示第j个证券在组合中所占的比重;m表示组合中一共有m个证券。

2) 投资组合的风险

不同于组合的收益,组合的标准差σ_P通常并非组合中各个证券标准差σ的加权平均数,组合的$\sigma_P \leqslant$各证券σ的加权平均数。从这里我们可以看出投资组合的好处,在获得平均收益的情况下,风险水平得到一定程度的降低。

假设投资组合中有两个证券,投资组合的标准差公式为

$$\sigma_P = \sqrt{W_1^2\sigma_1^2 + W_2^2\sigma_2^2 + 2W_1W_2\rho_{12}\sigma_1\sigma_2} \tag{5.6}$$

式中:ρ_{12}为证券1和证券2之间的相关系数,其取值范围是(-1, 1)。

当$\rho_{12} = 1$时,两个证券完全正相关,$\sigma_P = W_1\sigma_1 + W_2\sigma_2$,即组合没有降低风险;

当$\rho_{12} = 0$时,两个证券不相关,$\sigma_P = \sqrt{W_1^2\sigma_1^2 + W_2^2\sigma_2^2}$,组合的标准差要小于单个证券标准差的加权平均数;

当$\rho_{12} = -1$时,两个证券负相关,$\sigma_P = |W_1\sigma_1 - W_2\sigma_2|$,组合的标准差被降到最低。

投资组合中包含多个证券的情形,在此不作介绍,有能力的同学可以自己进行拓展学习。

5.2.2 构建最优的投资组合

1. 组合中含有两个证券时的可行集与有效集

投资组合风险概念的一个重要运用就是构建有效投资组合。有效投资组合是指那些能在某一风险下提供最高收益率或在某一期望收益率下风险最低的投资组合。

假设投资组合中有两个证券分别为证券A和证券B,同时假设证券A的期望收益率为$E(R_A) = 5\%$,收益率的标准差为$\sigma_A = 4\%$,而$E(R_B) = 8\%$,$\sigma_B = 10\%$。设证券A和B在投资组合中所占的份额分别为W_A和W_B,可知有$W_A + W_B = 1$,W_A与W_B的取值为$0 \leqslant W_A$(或W_B)$\leqslant 1$。当以W_B作为变量,其取值从0开始一直取到1,我们便可以得到证券A和证券B的所有组合的期望收益率和标准差,这所有的组合称为"可行集",在此通过图形来描述这一过程。我们将按证券A与证券B的相关系数ρ_{AB}的不同取值分别进行讨论。

1) 当 $\rho_{AB}=1$ 时

当 $\rho_{AB}=1$ 时，A与B是完全正相关的，其组合的收益、风险及可行集的情况如图5-1所示。其中，由图(a)、(b)可以推出图(c)。

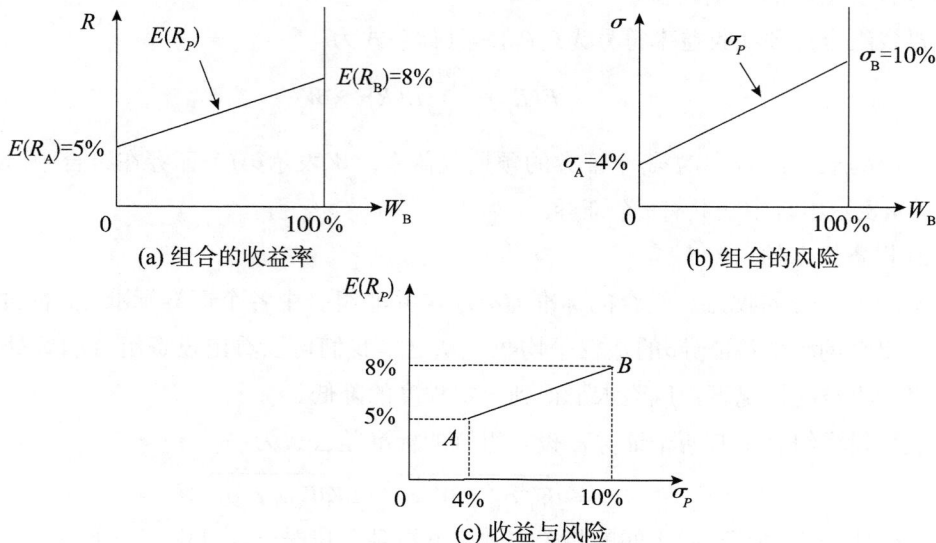

(a) 组合的收益率   (b) 组合的风险

(c) 收益与风险

图5-1 $\rho_{AB}=1$ 时的收益、风险及可行集

从图中可以看到，当 $\rho_{AB}=1$ 时，无法通过构建组合来分散风险，组合的风险等于A、B两种证券标准差的加权平均数。A、B两点之间的线段就是可行集。

2) 当 $\rho_{AB}=0$ 时

当 $\rho_{AB}=0$ 时，A与B是不相关的，其组合的收益、风险及可行集的情况如图5-2所示。其中，由图(a)、(b)可以推出图(c)。

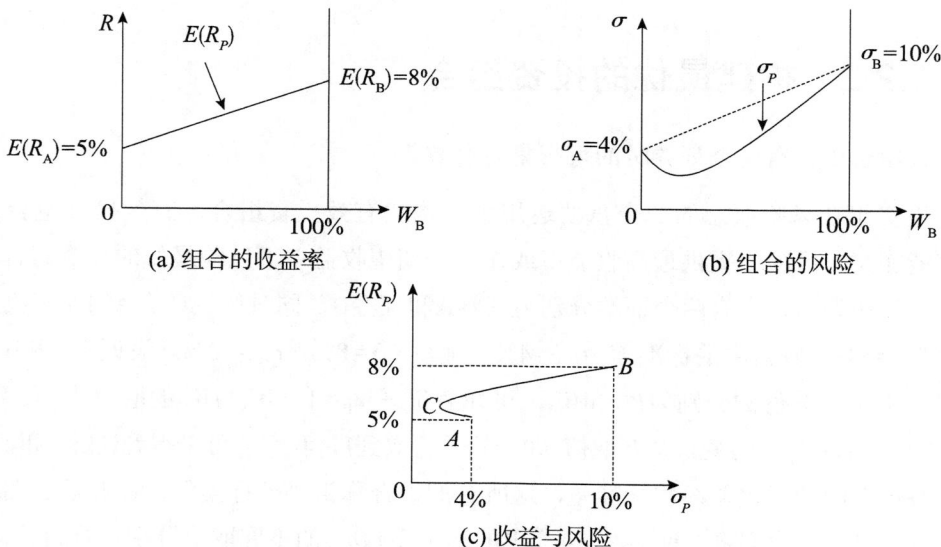

(a) 组合的收益率   (b) 组合的风险

(c) 收益与风险

图5-2 $\rho_{AB}=0$ 时的收益、风险及可行集

从图5-2中可以看到，当A与B不相关时，投资组合的风险可以得到一定程度的降低，即组合的标准差σ_P小于A、B两种证券标准差的加权平均数。曲线AB为可行集，但并非整个可行集都是有效的，因为AC段与BC段相比，在相同的标准差条件下，AC段的收益率要低于BC段的收益率，所以AC段是无效的，BC段是有效的，也称为"有效集"。

3）当$\rho_{AB}=-1$时

当$\rho_{AB}=-1$时，A与B是完全负相关的，其组合的收益、风险及可行集的情况如图5-3所示。其中，由图(a)、(b)可以推出图(c)。

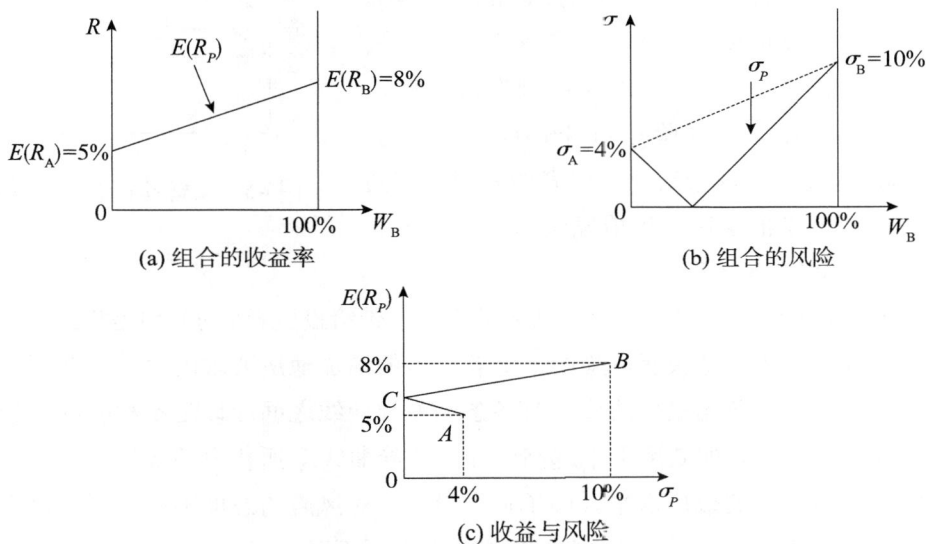

图5-3 $\rho_{AB}=-1$时的收益、风险及可行集

从图5-3中可以看到，当A与B完全负相关时，投资组合的风险可以完全消除，即组合的标准差σ_P可以达到0的水平。曲线AB为可行集，AC段是无效的，BC段为"有效集"。

当$-1<\rho_{AB}<1$时，证券A与证券B的可行集与有效集的图形与图5-2类似。

2. 组合中含有多个证券时的可行集与有效集

当投资组合中只有两项资产时，投资组合的可行集为一条直线或曲线。如果组合中含有多个证券，那么投资组合的可行集和有效集将如图5-4所示。

在图5-4中，A、C、D、E 4个点代表组合中有4个证券；B点代表的是风险最小的组合；在曲线围成的区域内及边界上的每个点都代表一个组合，这样的组合有无数个，这所有的组合就是"可行集"。但并不是每一

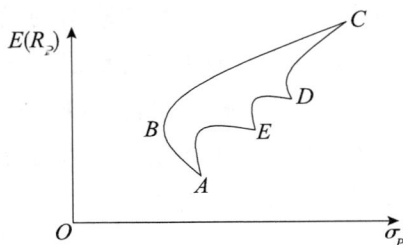

图5-4 多个证券的组合可行集、有效集

个组合都是有效的，在相同收益率水平上，左边界上的点所代表的组合的标准差是最小的，因此有效集肯定在左边界上。在左边界上，AB段与BC段相比，在相同的风险水平上，BC段的收益率要比AB段的收益率高，因此，左边界上的BC段是"有效集"。

3. 风险/收益无差异曲线

在求出投资组合的有效集后，投资者应该选择哪个投资组合呢？要从有效集中确定某个投资者的最优投资组合，必须知道该投资者对风险的态度，这种态度可以用"无差异曲线"这个工具加以描述。假设投资者"Y"在风险为$\sigma_P=0$时，期望收益率为5%，在风险$\sigma_P=1.4\%$时，期望收益率为6%，这两种情况带给该投资者的效用是相同的，我们就可以根据这两种情况画出该投资者无差异曲线，如图5-5所示。

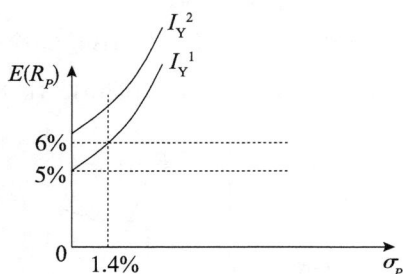

图5-5　投资者Y的无差异曲线

在无差异曲线上的每一个点所代表的组合，带给投资者Y的效用是相同的。曲线向上弯曲说明投资者是厌恶风险的，随着风险的增加他所要求的收益率会更高。每个投资者都有无数条无差异曲线，且各条无差异曲线之间应该是不相交的，越靠上的无差异曲线所代表的效用水平越高，即无差异曲线$I_Y{}^2$所代表的效用水平要高于无差异曲线$I_Y{}^1$所代表的效用水平。由于每个投资者对风险的态度不同，所以每个投资者的无差异曲线的截距、斜率、弯曲程度都会有所不同。

4. 投资者的最优投资组合

将投资者的无差异曲线和投资组合的有效集两种工具结合起来，就可以找到投资者的最优投资组合——无差异曲线和投资组合有效集的切点，如图5-6所示。

从图5-6中可以看到，无差异曲线$I_Y{}^3$代表的效用水平最高，但是现有的投资组合是无法实现的，只有无差异曲线$I_Y{}^2$与有效集的切点E所代表的投资组合，既能实现效用水平又能使投资者的效用水平达到最大值，所以效用水平E点所代表的投资组合就是该投资者的最优投资组合。

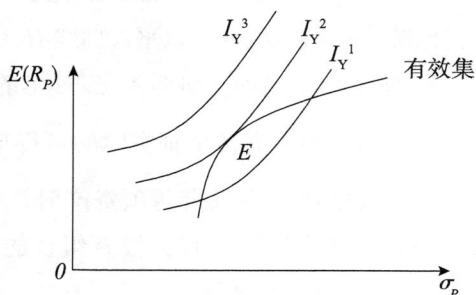

图5-6　投资者最优投资组合

5.3　资本资产定价模型

资本资产定价模型(CAPM)指出了分散型投资组合中资产的风险与必要收益率(最低收益率)之间的关系。CAPM的发展过程中也有一系列的假设，总结如下。

(1) 所有投资者都关注单一持有期。通过基于每个投资组合的期望收益率和标准差在可选择的投资组合中选择，他们都寻求最终财富效用的最大化。

(2) 所有投资者都可以以给定的无风险利率r_f无限制地借入或借出资金，卖空任何资产均没有限制。

(3) 所有资产都是无限可分的，并有完美的流动性(即在任何价格均可交易)。

(4) 没有交易费用、没有税收。

(5) 所有投资者都是价格接受者(即单个投资者买卖行为不会影响价格)。

(6) 所有投资者对期望收益率、方差的评价是一致的，即投资者有相同的期望。

5.3.1　资本市场线

如果投资者可以选择某一无风险资产与风险资产组成投资组合，那么投资组合的有效集将发生改变。无风险资产的收益率为r_f，标准差为0，将此无风险资产在坐标图上表示出来，就是坐标为$(0，r_f)$的一个点。投资者构建无风险资产与风险资产的组合，实质上就是将代表无风险资产的点与原风险资产有效集上的点连成一条直线，这些直线当中又以与原有效集相切的直线为最优。所以引入无风险资产后，新的有效集为：过$(0，r_f)$点，并与原有效集相切的一条直线，如图5-7所示。

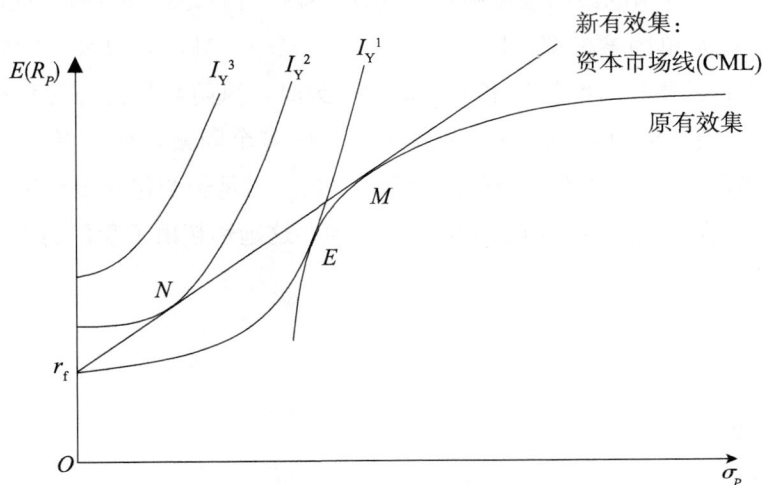

图5-7　资本市场线(CML)

从图5-7中可以看到，在不考虑无风险资产时，投资者的最优投资组合是无差异曲线与原有效集的切点E所代表的组合。在引入无风险资产后，无风险资产与风险资产进行二次组合，形成新的有效集即资本市场线(CML)，这时投资者的最优投资组合为投资者的无差异曲线与CML相切的N点所代表的资产组合。在引入无风险资产后，投资者可以获得的效用水平更高了。

此外，如果投资者可以以无风险利率r_f任意借入或贷出资金(贷出资金相当于购买了无风险证券)，他们的最优投资组合可能位于M点的右侧的CML上，即无差异曲线与CML的切点位于M点的右侧。

5.3.2　证券市场线

资本市场线(CML)反映的是投资组合的收益与风险之间的关系，但是投资者和基金管理人员往往更关心单个证券的收益与风险的关系。学者们在CML的基础上提出了反映单个证券的收益与风险关系的证券市场线(SML)，其公式为

$$E(R_j)=r_f+(E(R_M)-r_f)\times \beta_j \tag{5.7}$$

式中：$E(R_j)$是第j个证券的必要收益率，r_f是无风险利率，$E(R_M)$是风险资产组合的期望收益率，β_j是第j个证券的"贝塔系数"，反映这个证券给投资者带来的风险。

在此公式中唯一的变量就是贝塔系数，当求出某一证券的贝塔系数后，就可以得到投资者对该证券所要求的必要收益率(最低收益率)。这一公式在财务管理、投资等经济领域应用比较广泛，它的主要应用是：将所求出的必要收益率作为估值模型中的折现率；在企业发行股票融资时，用来计算、分析企业的股权融资的资金成本，因为投资者所要求的最低收益率对于融资企业而言就是这部分资金的成本。

CAPM模型是单因素模型，即它只用一个因素——贝塔系数来衡量风险，过于单一。把证券的必要收益率作为多个因素的函数时，风险与收益的关系也许会更复杂。如果要详细描述风险与收益的关系应该考虑多个因素，而不是一个因素。所以，Stephen Ross提出了"套利定价理论"(APT)，这是一个包含多种风险因素的函数。APT是建立在复杂的数学和统计学基础上的，这远远超出了我们的学习范围，因此，在这里不作介绍。

习 ｜ 题

一、判断题

1. 系统风险不能通过证券组合来消减。(　　)
2. 两种完全正相关的股票组成的证券组合，不能抵消任何风险。(　　)

3. 如果投资组合能包括全部股票，则只承担市场风险，不承担非系统风险。（　　）

4. 对证券进行分散化投资的目的是在不牺牲预期收益的前提下尽可能降低证券组合的风险。（　　）

5. 证券市场中的投资项目，其风险与预期报酬率，有的成正比，有的成反比。（　　）

6. 证券组合的预期收益率会随组合中证券个数的增加而降低。（　　）

7. 在实际操作中，由于不能确切地知道市场证券组合的构成，我们往往可以用某一市场指数来代替市场证券组合。（　　）

二、单项选择题

1. 证券投资组合能分散（　　）。

A. 所有风险　　　　　　　　　　B. 系统性风险

C. 非系统性风险　　　　　　　　D. 公司特有风险

2. 当投资期望收益率等于无风险投资收益率时，风险系数应（　　）。

A. 大于1　　　　B. 等于1　　　　C. 小于1　　　　D. 等于0

3. 证券发行人无法按期支付利息或本金的风险称为（　　）。

A. 利率风险　　　　B. 违约风险　　　　C. 购买力风险　　　　D. 流动性风险

4. 已知某证券的β系数等于1，则表明该证券（　　）。

A. 无风险　　　　　　　　　　　B. 有非常低的风险

C. 与市场风险一致　　　　　　　D. 比市场风险高一倍

5. 某种股票为固定成长股票，年增长率为5%，预期1年后的股利为6元。现行国库券收益率为11%，平均风险股票的必要收益率等于16%，该股票的β系数为1.2，该股票的价格为（　　）元。

A. 50　　　　B. 33　　　　C. 45　　　　D. 30

6. 如投资组合是由收益呈完全负相关的两只股票构成，则（　　）。

A. 该组合的非系统性风险能完全抵消

B. 该组合的风险收益为零

C. 该组合的投资收益大于其中任一股票的收益

D. 该组合的投资收益标准差大于其中任一股票收益的标准差

三、多项选择题

1. 按照资本资产定价模式，影响特定股票预期收益率的因素有（　　）。

A. 无风险的收益率　　　　　　　B. 平均风险股票的必要收益率

C. 特定股票的β系数　　　　　D. 财务杠杆系数

2. 关于衡量投资风险的下列说法中正确的有（　　）。

A. 预期报酬率的分布越窄，投资风险越小

B. 预期报酬率的分布越窄，投资风险越大

C. 预期报酬率的标准离差越大，投资风险越大

D. 预期报酬率的标准离差率越大，投资风险越小

3. 对证券进行分散化投资的目的是(　　)。

A. 取得尽可能高的收益

B. 尽可能规避风险

C. 在不牺牲预期收益的前提条件下降低证券组合的风险

D. 复制市场指数的收益

4. 无风险资产的特征有(　　)。

A. 它的收益是确定的 　　　　　　　　 B. 它的收益率的标准差为零

C. 它的收益率与风险资产的收益率不相关 　　　 D. 以上皆是

课外阅读推荐

埃德温·J. 埃尔顿，等. 现代投资组合理论和投资分析. 北京：中国人民大学出版社，2006

第6章 行为金融理论 ➡

成功的投资就是预期别人的预期。——凯恩斯(经济学家、投资家)

凯恩斯是出色的经济学家,同时也是杰出的投资大师,他的投资哲学被称为"空中楼阁理论"。空中楼阁理论核心思想是:估计大众投资者未来的行为模式,把他们赚钱的希望建成空中楼阁,成功的投资者能够估计哪些股票最可能被大众用来建造他们的空中楼阁,然后抢先购买这些股票。游戏规则有点像选美比赛:参与者必须从100张照片中选出6张最最漂亮的面孔,而谁的选择最符合大众的普遍选择,谁就赢得资金。所以投资者的最佳策略不是选择他们个人认为最漂亮的面孔,而是估计大家最普遍的选择是什么。

凯恩斯认为,基本分析原理的工作量极大,其估值的结果——"内在价值"也是值得怀疑的。当伦敦的金融人士还在嘈杂的办公室里用基本分析原理埋头苦算时,凯恩斯每天早上用半小时的时间就将市场搞定了。这种悠闲的投资方式替他挣了几百万英镑,他所在的剑桥学院的捐赠基金的市场价值也因此翻了9倍。

然而,并非所有的人都能成功预测市场上的主流预期,因为这是以投资者的对经济形势、经济现象、经济政策的解读能力和理解能力为基础的。因此,投资者能够利用别人的预期来赚钱这是一种高层次的投资能力,这种能力应该是建立在基本分析能力的基础上的。

为了更好地进行投资分析,我们有必要对自己的心理、行为特征以及市场的预期和行为特征进行一定的了解,下面我们开始本章关于投资者预期和行为的理论——行为金融理论的介绍。

6.1 行为金融理论概述

行为金融学是行为经济学的一个分支，它研究人们在投资决策过程中的认知、感情、态度等心理特征，以及由此而引起的市场非有效性。迅速发展起来的行为金融学以其逼近真实市场行为的理论分析展示出广阔的发展前景。行为金融学修正了"理性人"假设的论点，指出由于认知过程的偏差和情绪、情感、偏好等心理方面的原因使投资者无法以理性人方式作出无偏估计。这一发现引起对投资者心理研究的普遍关注。就微观而言，分析投资者心理不仅可使自身有效地避免决策错误，还可以基于他人的心理偏差制定特定的投资策略；就宏观而言，它涉及证券市场是否有效，及资产价格是否反映内在价值的问题。

6.1.1 行为金融的概念及特点

行为金融学是将心理学、行为科学与金融学结合起来的一个新兴的研究领域，从投资者心理和行为的角度来解释资本市场的现象，预测资本市场的变化趋势。

行为金融理论与传统金融理论的区别在于：

第一，理论基础和假设前提不同。传统的经济学和金融学的理论基础是"有效市场"和"理性人"假设；而行为金融学的理论基础是"非有效市场"和"有限理性"假设。"理性人"假设是指作为经济决策的主体都是充满理智的，既不会感情用事，也不会盲从，而是精于判断和计算，其行为是理性的。在经济活动中，主体所追求的唯一目标是自身经济利益的最大化。如消费者追求满足程度的最大化，生产者追求利润最大化。"理性人"假设实际是对亚当·斯密"经济人"假设的延续。但是"理性人"假设在现实经济中却很难成立，所以行为金融学以"有限理性"假设作为其理论基础，具有较高的现实意义。传统金融理论与行为金融理论在理论基础上的差异如图6-1所示。

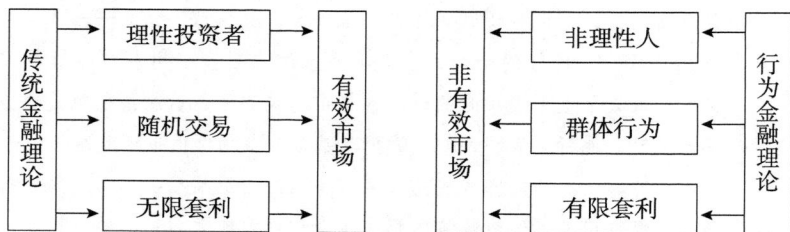

图6-1 传统金融理论与行为金融理论在理论基础上的差异

第二，研究的内容和角度不同。传统金融理论侧重于从客观事实的角度去分析、预测资本市场的变化趋势，忽视了投资的主观因素对资本市场的影响。实际上投资者也是资本市场的组成部分，投资者的行为和决策取决于经济、政治等客观现实，但投资者的心理、行为反过来也会对资本市场的趋势产生巨大影响。行为金融学研究的角度侧重于投资者心理、行为等主观因素及其对资本市场的影响。

第三，交易策略上有所不同。行为金融学提出一些与传统金融理论不同的投资策略，如反向交易策略、动量交易策略、成本平均策略、时间分散化策略和演化分析策略等。

6.1.2 行为金融理论的优缺点

1. 行为金融理论的优点

行为金融学就是以人的心理特征和行为特征为出发点来研究、解释资本市场变化的现象。这门学说的伟大之处在于，它历史性地抛弃了把资本市场作为一个客观事物的思维。

把资本市场当做完全客观的事物，结果就研究不下去了，很多现象解释不了。行为金融学历史地承认了投资者的主观因素对资本市场的影响，资本市场的很多变化和过程是由人的主观因素决定的，这就是行为金融学的正确之处。它开辟了一条把人的心理和人的行为作为资本市场变化最基础原因的正确道路。它历史性地承认了资本市场变化在很多情况下不是纯客观的，而是与参与者的心理特征和行为特征有关。

过去的理论假设资本市场参与者都是没有情绪的、超级理性的，行为完全遵循利益的原则。实际上，在现实中存在大量的认知偏差和非理性行为，纠正了过去资本市场金融理论的基础性错误，这就是行为金融学的重要价值。

2. 行为金融理论的局限性

行为金融理论作为是一个新兴的研究领域，难免存在着一些不足之处。不可否认的是，行为金融学距离一个成熟的学派尚有相当的距离。迄今为止还没能形成一个系统、完整的理论框架，较为分散。在运用心理学、社会学等其他学科的方法与结合传统金融方法的道路上，也还没有太多的标志性的案例。其提出的理论框架也需要得到进一步的实证数据的支持。由于该理论所引用的主要是实验心理学的若干理论，而实验室与现实生活有较大差别，这也是该理论的一个弱点。

但要说明的是，行为金融学并不试图完全推翻以往的理论，它只是在开拓金融学的研究思路、方法，以求完善和修正金融理论，使其更加实用、客观、有效。行为金融理论把投资者主观因素重新放入研究的范畴，把实验的方法带入了金融研究领域，并且对整个经济学的最基本假设——"理性人"假设，进行了一种革命式的检讨和前提性的反思，使人们的眼界豁然开朗，启发了大众对既有经典理论的质疑和继续研究。因此，接下来的问题是如何将传统金融理论与行为理论更好地融合。

6.1.3　行为金融的主要内容

关于行为金融理论的研究内容，可以将其主要内容概括为三方面：第一，"有限理性"问题的研究。"有限理性"问题研究的是投资者的心理和行为中存在的认知、决策上的偏差，包括个体投资者和投资者群体在认知和行动上的偏差。例如，"过度自信""锚定效应""过度反应""反应不足""羊群效应"等。第二，关于"市场异象""非有效市场"问题的研究。"市场异象"是指与"有效市场"假说的结论不相符的一些市场现象，或者说是对"有效市场"假说构成一定挑战的资本市场的统计现象，例如，日历效应、规模效应、市盈率效应等。这些现象说明投资者可以根据某些特定的因素对市场的走势进行分析，从而对有效市场理论构成挑战。行为金融学认为，在现实的资本市场中，投资者的套利行为是受到限制的，这就导致市场是非有效市场。也就是说市场并不能快速纠正其偏差，从而使某些投资者可以利用这些偏差获得超额收益。第三，基于行为金融理论的投资策略。行为金融学还会告诉投资者，如何克服主观因素中的认知和行为偏差，以及在非有效市场条件下，如何为资产进行定价，如何制定投资策略等。随着行为金融理论的发展，各国理论界和实务界基于行为金融理论提出了大量的投资策略，其中比较有代表性的策略包括：反向交易策略、动量交易策略、成本平均策略和时间分散策略等。

6.2　投资者心理与行为的过程与偏差

6.2.1　投资者的心理过程

不同于传统的金融理论，行为金融学将投资者的心理过程、行为过程视为资本市场的组成部分。投资者通过自身的心理预期和投资行动，对资本市场的价格走势产生直接的、强烈的影响。反过来，资本市场又会以信息反馈的形式，对投资的心理和行为产生影响，从而对投资者心理形成一个不断循环、强化的过程，如图6-2所示。

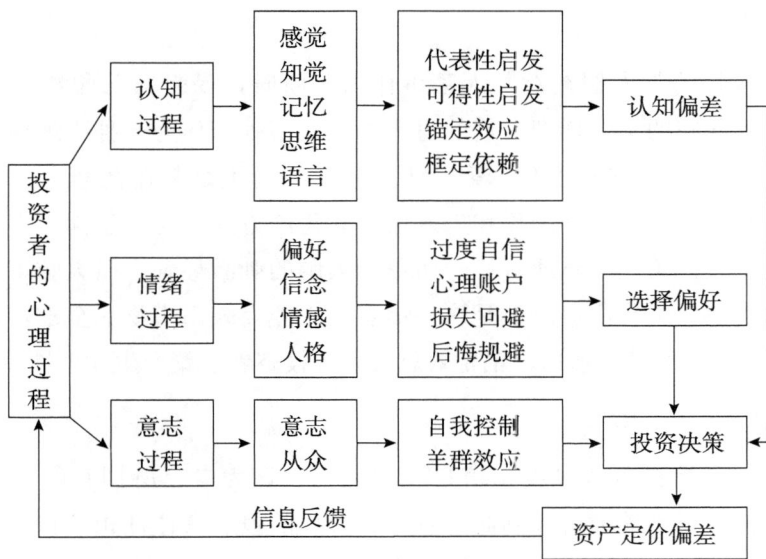

图6-2　投资者心理过程

6.2.2　投资者的心理与行为偏差

投资者的有限理性反映在投资者的心理偏差与行为偏差之中。心理偏差是行为偏差的原因，而行为偏差是心理偏差的结果。

1. 代表性偏差

代表性偏差是指在决策过程中，借鉴以往的经验或者根据某个有代表性的特征作出决策和推断，其结果是可能得到正确的判断，也有可能得出错误的判断。代表性偏差的本质就是以偏概全，用片面的观点看待整体问题。使用"代表性"进行判断可能产生下列问题：其一，忽略样本的大小。样本越大，越接近真实的数量，统计结果也就越可信。但现实是在人们的思维过程中，往往倾向于在很少的已知信息的基础上迅速得出结论，这样的判断和结论往往是不正确的，不可避免地给决策者带来风险和损失；其二，代表性偏差会忽视对象和事件的复杂性和判断难度。即使面对一个复杂的问题，人们也往往依据表象和某几个特征作出判断，而忽略掉相当比例的有用信息，这种做法极可能导致判断的失误。

2. 可得性偏差

可得性偏差是指决策者往往会利用记忆中容易获取或熟悉的信息来作为判断和决策的基础，而不去尽量寻找更多有用的信息。可得性偏差的本质是经验主义的错误，是形而上学的思想方法和工作作风。在观察和处理问题的时候，从狭隘的个人经验出发，不是采取联系、发展、全面的观点，而是采取孤立、静止、片面的观点。

3. 锚定效应

锚定效应指的是人们在对某人某事作出判断时，易受第一印象或第一信息支配，就像沉入海底的锚一样把人们的思想固定在某处。作为一种心理现象，锚定效应普遍存在于生活的方方面面。第一印象和先入为主是其在社会生活中的表现形式。锚定效应的本质是第一印象和先入为主的思维方式，当关于同一事物的信息进入人们的大脑时，第一信息或者第一印象给大脑的刺激最强。而大脑正是依据这些鲜明的信息或表象进行决策，但是这些信息远未能反映出事物的全部，第一信息往往具有表面性和片面性，所以，锚定效总会导致投资者决策产生非理性偏差。

4. 过度自信

过度自信是指投资者过度相信自己的能力，认为自己所拥有的知识和信息能够帮助自己作出正确的分析和判断。有这种心理的投资者往往相信自己能够战胜市场，认为市场总是错的，认为自己比绝大多数人聪明，认为自己能够通过利用其他投资者的错误而获利等。过度自信心理偏误还导致投资者高估自己成功的概率，把盈利归因于自己的能力，而把损失归因于运气和市场因素等。过度自信心理偏误在投资者行为中的体现就是过度交易。过度交易是指投资者基于过度自信的心理状态，从主观意志出发而进行的大量、频繁、盲目的交易行为。过度自信的程度与过度交易的程度是一致的。

5. 损失回避与后悔规避

投资者在从事金融交易时，对于避免损失和获得盈利两个方面的重视程度是不同的。马科维茨很早就研究了这一现象，后来的行为金融学家的进一步研究表明，人们对于前者的重视程度一般是后者的两倍。损失回避心理所导致的后果是投资者不愿意承认自己的错误，倾向于持有长期亏损的资产，而过早地将盈利的资产变现。投资者不愿意将长期亏损资产出售，是因为一旦变现就使得账面上的亏损变成了现实的损失。这会证明投资者的分析是错误的，相当多的投资者是不愿意轻易承认这样的错误的。与损失回避类似，后悔规避是指当自己的期望与现实情况不符时，投资者往往会尝试证明自己的决策是正确的，或者通过改变自己原来的投资策略和决定来适应当前的错误的投资决策。这种心理的危害在于，会使投资者的错误更加严重，造成更大的损失。

6. 从众心理与羊群效应

从众心理是指投资者个人对于自己的分析和判断没有信心，不能坚持自己的主见，在认知和行为上易受到其他投资者和群体行为的影响的心理状态。从众心理经常导致"跟风"式的羊群效应。在金融市场上，从众心理和羊群效应是最常见的心理偏差，例如，"追涨杀跌"现象就是从众心理和羊群效应的典型表现形式。很多投资者在决策过程中，不是依据自己独立、客观的思考而进行投资，而是完全受制于市场及其他投资者的行为——大家都在买入时也跟着买入、大家都在卖出时也跟着卖出，这样做的结果就是"高买低卖"，必然会给投资者带来巨大的损失。但需要注意的是，群体行为如果是基于有效和正确的信息进行的，那么羊群效应能够使市场更加有效；如果群体行为本身具有盲目性，是基于无效和错误的信息进行的，那么羊群效应显然会使整个金融市场波动加剧，使得市场泡沫更加严重或者使得金融产品的下跌更加惨烈。

小资料

郁金香投资热

郁金香投资热是历史上投机性最强的一次致富狂潮。这场危机起源于1593年，一位植物学家将郁金香带到荷兰，在接下来的10年里，郁金香开始广泛流行，并成为荷兰市民花园中价格不菲的园艺植物。荷兰市民们会额外购进大量的郁金香球径并储存起来，待价而沽。没过多久，球茎价格急速上升，人们开始认为：球茎卖得越贵，人们就越觉得它是一种最优的投资选择。贵族、市民、农民、商人、海员、足球运动员、女佣，甚至清扫烟囱的师傅和老裁缝们都沉醉在郁金香的投机热潮中。所有的人都认为：人们对郁金香的狂热会永远持续下去。

到1636年，郁金香的价格已经涨到了骇人听闻的水平。以一种稀有品种"永远的奥古斯都"为例，这种郁金香在1623年时的价格为1 000荷兰盾，到1636年便已涨到5 500荷兰盾。1637年2月，一枚"永远的奥古斯都"的售价曾高达6 700荷兰盾。这一价钱，足以买下阿姆斯特丹运河边的一幢豪宅，或者购买27吨奶酪！相对于这种顶级郁金香来说，普通郁金香的涨幅更是"疯狂"。1637年1月，1.5磅重的普普通通的"维特克鲁嫩"球茎，市价还仅为64荷兰盾，但到2月5日就达了1 668荷兰盾！别忘了，当时荷兰人的平均年收入只有150荷兰盾。

泡沫崩溃的理由，至今仍然是一个谜。人们清楚地记得，在此之前，交易都在非常顺利地进行着，谁也不知为什么，市场突然就崩溃了。也许除了说这是泡沫膨胀到极点后的必然结果之外，就再也找不到更好的理由了。一星期后，郁金香的价格平均已经下跌了90%，那些普通品种的郁金香更是几乎一文不值，甚至不如一只洋葱的售价。等到人们省悟过来，一切都为时已晚。

郁金香事件不仅沉重打击了举世闻名的阿姆斯特丹交易所，更使荷兰全国的经济陷入一片混乱，加速了荷兰由一个强盛的殖民帝国走向衰落的步伐。从17世纪中叶开始，荷兰在欧洲的地位就受到了英国的有力挑战，欧洲繁荣的中心也开始向英吉利海峡彼岸转移。

7. 过度反应与反应不足

过度反应是指投资者对于某一事件或者信息，在主观意识中，夸大了该事件或信息的影响程度和范围，进而作出一些非理性的决策的心理过程。之所以叫做过度反应，是因为这些事件和信息的影响程度并未达到投资者的预期，或者说没有投资者所想象的那么大。反应不足是指投资者对于某一事件或者信息的影响程度和范围认识不足，没有采取有效的应对措施，或者说事件和信息的影响程度超过了投资者的预期。过度反应和反应不足源于投资者知识和经验的欠缺，其结果是导致投资者对于形势无法作出准确的判断，采取无效或者错误的行动导致损失的发生。可以说，反应过度和反应不足是导致市场上非理性行为和投资者损失的最常见的原因。

8. 心理账户

行为金融学认为，在投资者进行决策的时候，并不是权衡了全局的各种情况，而是在心里无意识地把一项决策分成几个部分来看，也就是说，分成了几个心理账户，对于每个心理账户投资者会有不同的决策。例如，普通投资者可能会将自己的投资对象分成两部分，一部分是风险低的安全投资，另一部分是风险较高但可能使自己更富有的投资。这是由于人们都有既想避免损失又想变得富有的心态，因此，人们会把两个心理账户分开来，一个用来规避贫穷，一个用来一朝致富。而且，在考虑问题的时候，投资者往往每次只考虑一个心理账户，把目前要决策的问题和其他的决策分离看待。也就是说，投资人可能将投资组合放在若干个心理账户中，不太在意它们之间的共同变异数，这也就从另一个角度解释了投资者在有些情况下的非理性行为。当有一只新的股票加入投资组合中的时候，就相当于开了一个心理上的账户，投资者对每一项股票投资都会产生类似于人类情感的关系。因此，投资者抛出股票的行为比买进股票的行为更为复杂，其原因就在于卖出一只股就像是人们要中断彼此关系一样，使得这种终止行为难以进行。最终，每只股票都会需要一个心理账户的关闭，同时也减少了投资者对投资组合的分散化。

6.3 市场异象

有效市场假说(EMH)是以投资者行为的理性为前提的，理性的人总能够最大化预期其效用。有效市场假说的经验分析主要有两类，第一类经验分析认为当影响资产价值的消息在市场中公布，价格应该快速、准确地反应并将信息融入价格，即在最初的价格调整后不应再存在价格的趋势性变化或者价格的反转；第二类经验分析认为如果没有关于基础价值的信息，某种资产的供给和需求量的改变本身不能改变价格。但自20世纪60年代起，特别是进入80年代后对金融市场的研究结果就涌现出不少与之相矛盾的统计异象，主要表现在以下几个方面。

6.3.1 股票价格长期偏离内在价值

格雷厄姆和多德在《证券分析》一书中，指出股票的市场价格决定于"股票内在价值"，价格围绕价值波动。他们认为，股票价格的波动是建立在股票内在价值基础上的。虽然，股票价格会受到各种非理性因素的影响而偏离其内在价值，但随着时间的推移会得到纠正而向内在价值回归。按照传统的有效市场假说分析，这种回归的速度应该是非常快速的，不会给投资者留下利用这种偏差以获得超额收益的机会。但是在现实的资本市场中，股票市场价格长期偏离其基础价值的情况是非常普遍的。股票和债券的内在价值和市场价格的关系表明市场价格并非如传统金融理论所分析的那样，认为其波动由于各种非理性的因素的影响而偏离内在价值，并随着时间的推移这种偏离会得到纠正。事实上，股票市场价格长期偏离内在价值，且其波动远比内在价值波动剧烈得多。这也从一个侧面反映了市场的非有效性。

6.3.2 日历效应

通过学者的统计和分析，得出这样的统计结论：股票收益率和时间有关，也就是说，在不同的时间，投资收益率存在差异，这就是所谓的日历效应。日历效应主要包括日内效应、一月效应、每月之交效应、星期一效应、年末尾数为5的效应等。其中以一月效应最为显著。

美国的学者通过统计研究发现：1904—1974年间，纽约股票交易所的股价指数1月份收益率明显高于其他月份；17个国家1959—1979年股票的收益率，其中13个国家1月份的收益率明显高于其他11个月；对美国证交所普通股70年的统计结果表明，1月份股票平均月收益率为3.48%，而其他11个月的平均收益率为0.42%；日本证券交易所也表现出相似的特性：日本近30年的数据表明，采用加权平均计算的月平均收益率中，1月份比其他月份高出3.3%。

日历效应的表现形式是多样的，还未达成一致。日历效应的产生在很大程度上与投资者在不同交易时间的情绪、习惯等心理因素有关，投资者的心理因素在一定程度上影响着股价在不同时间上的表现。因此，日历效应也在一定程度上反映了资本市场的非有效性。

6.3.3　赢者输者效应

代表性启发可以解释"赢者输者效应"，投资者依赖于过去的经验法则进行判断，并将这种判断外推到将来。由于代表性启发的存在，投资者对过去表现差的证券感到过度悲观，而对过去表现好的证券感到过度乐观，投资者对好消息和坏消息都存在过度反应。这将导致表现差的证券价格被低估，而表现好的证券价格被高估，价格偏离各自的基本价值。但是，错误的定价不会永久持续下去，在一段时间之后，错误定价将得到纠正。表现差的证券的收益将会超出市场的平均收益水平，而表现好的证券的收益将会低于市场的平均收益水平。

这一现象有力地证明了投资者认识和行为中存在着偏差，也证明了市场并不能完全准确、快速地纠正各种偏差。

6.3.4　处置效应

处置效应是指投资者在处置证券时，倾向于卖出赚钱的股票，继续持有亏损的股票，也就是所谓的"出赢保亏"效应。这意味着当投资者处于盈利状态时是风险回避者，而处于亏损状态时是风险偏好者。处置效应是资本市场中普遍存在的一种投资者的非理性行为。

需要注意的是，投资者的处置效应倾向并不一定意味着投资者是非理性的，它可能与投资者采取反向投资策略有关。当股价上涨后，投资者可能降低股价进一步上涨的预期，售出股票也在情理之中；当股票价格下跌，投资者可能预期股价反转的可能性加大，也有理由继续持有亏损股票。

我们可以通过研究投资者卖出股票后股价的涨跌来考察投资者决策的正确与否。如果卖出股票的价格进一步上涨，则投资者的决策是错误的，继续持有股票会增加收益；如果卖出股票的价格下跌，则投资者的决策是正确的，继续持有股票会减少收益。事实上，在一段时间内，股价大多同涨同跌，如果卖出股票的股价涨幅小于(或跌幅大于)持有股票的股价涨幅，则投资者的决策是正确的；反之，投资者的决策是错误的。本研究是从事后结果考察投资者决策中具有的理性因素。从事前来看，如果投资者相信股价将继续原有的趋势，则会"售亏持盈"；如果投资者相信股价会反转，则会"售盈持亏"，即会表现处置效应倾向。因此，"售盈持亏"现象与股价反转的预期是一致的。

6.3.5　规模效应

国外大量的实证研究发现，股票收益率和公司规模大小有关系，即存在规模效应。

在美国，学者们通过研究得出结论，无论是总投资收益还是经过风险调整后的投资收益率都和公司规模大小呈现负相关关系，即股票投资收益率随着公司规模的增大而降低。他们发现，在样本期内，市值最小的10%的股票比市值最大的10%的股票年平均收益率要高0.74%。此外，对比利时、加拿大、日本、西班牙、法国等国的实证研究也表明，大多数国家都存在规模效应。在日本，小盘股比大盘股的平均年收益率高8.47%。

除此之外，还有很多的市场异象，都是传统的金融理论所不能解释的，如股利之谜、市盈率效应、股票溢价效应、公告效应、价外期权现象等，在此不一一介绍。

6.4 基于行为金融的投资策略

任何市场、任何投资者都不是完全有效和完全理性的，都存在非理性的一面。投资者所能做的就是尽量克服这些非理性因素的影响，避免因为上述非理性偏差给自己造成不必要的损失。具体的对策如下所述。

6.4.1 成本平均策略

成本平均策略是指投资者将资金或者有价证券分成若干份额，分次买入或者卖出，从而减少后悔规避情绪对投资行为的影响。例如，在投资者买入股票时，如果股票价格处于下降过程中，分次买入可以降低投资成本；在投资者卖出股票时，如果股票价格处于上升过程中，分次卖出可以使投资者获得更高的收益。可见，这种投资策略使投资者的操作空间和选择空间更大了，可以使投资者避免后悔，也能增强投资者的信心。成本平均策略又可以分为平均投资法、金字塔式买入法和倒金字塔式卖出法三种。平均投资法是指在投资过程中，投资者每次买入和卖出的有价证券的数量是基本相等的。金字塔式买入法是指在证券价格的下降过程中，随着证券价格的下降，买入的数量逐渐增加；而在证券价格上升过程中，随着证券价格的上升，买入的数量逐渐减少。倒金字塔式卖出法是指在证券价格的下降过程中，随着价格的下降，卖出的数量逐渐减少；而在证券价格上升过程中，随着价格的上升，卖出的数量逐渐增加。

6.4.2 时间分散化策略

时间分散化策略是为克服过度自信和频繁交易而设计的，是指投资者选择在固定的时间和固定的金融项目进行投资，完全不理会证券价格的变化，而长期持有证券的一种投资策略。实践证明，这种投资策略要比频繁交易获得的收益率高。时间分散化策略相当于投资者每个月或者每年，拿出自己收入中的一部分用于证券投资，这就相当于把证券投资当成一种特殊的储蓄。时间分散化策略属于被动投资策略中的一种，而过度自信和频繁交易恰恰属于主动型投资策略，这两者是相反的。如果当投资者采用主动型投资策略不成功时，不妨尝试一下被动型的投资策略。

6.4.3　反向投资策略

该策略可以克服从众心理和羊群效应的影响。反向投资策略是应用于较长投资周期的投资策略，是指当市场情绪极度高涨时卖出证券，而当市场情绪极度低迷时买入证券。这种策略与从众心理和羊群效应是完全相反的，应用这一策略可以使投资者获得极佳的投资机会和极大的获利空间。这一策略也符合价值投资策略的观点，也就是说当市场低迷时，证券的价格往往低于其价值，因此应该买入；而当市场繁荣时，证券的价格远高于其价值，因此应该卖出。应该注意的是，应用该策略不是让投资者时刻与市场保持相反的方向，而是在关键的转折点上进行反向操作。

6.4.4　止损和止盈策略

止损和止盈策略是指投资者设定亏损和盈利比率的上下区域，一旦亏损和盈利的比率超过这一区间就将证券卖出的策略。例如，投资者可以设定止损位为-7%，止盈位为15%，止盈位是止损位的两倍，这样投资者只需要有一次正确的操作就可以抵消两次错误的操作。该策略属于主动型投资策略，止损策略可以有效克服损失回避心理的影响，使投资者避免长期持有亏损的证券而使损失进一步扩大。止盈策略是在短线投资中应用的策略，这个策略可以防止证券价格的短期下降并锁定收益。

习　题

一、判断题

1. 凯恩斯是最早强调心理预期在投资决策中作用的经济学家。（　　）

2. 理性人假设认为，人是理性的且具有理性预期，但对未来的认知可能会存在一定的偏差。（　　）

3. 损失厌恶反映了人们的风险偏好并不是一致的，当涉及的是盈利时，人们表现为风险偏好；当涉及的是损失时，人们则表现为风险厌恶。（　　）

二、单项选择题

1. 有限理性的决策标准是（　　）。

A. 最优　　　　B. 效用最大化　　　　C. 满意　　　　D. 风险最小

2. 投资者通常假定将来的价格模式会与过去相似，这种对股价未来走势的判断属于(　　)。

A. 算法　　　　B. 熟识性思维　　　　C. 代表性思维　　　D. 投资者情绪

3. 现代标准金融学理论产生的标志是(　　)。

A. 马科维茨资产组合理论　　　　　　B. 套利定价理论

C. 资本资产定价模型　　　　　　　　D. 有效市场假说

4. 根据性别，过度自信，频繁交易和所承担的投资风险之间的关系，(　　)投资者承担的投资风险可能最大。

A. 单身女性　　　B. 已婚女性　　　　C. 单身男性　　　D. 已婚男性

5. 过度自信通常不会导致人们(　　)。

A. 高估自己的知识　　　　　　　　　B. 低估风险

C. 对预测有效性的变化敏感　　　　　D. 夸大自己控制事情的能力

6. 最早将人的行为研究与经济学研究结合起来的理论是(　　)。

A. 亚当·斯密的"经济人"假说　　　　B. 凯恩斯的"选美竞赛"理论

C. 新古典经济学的"理性人"假设　　　D. 凯恩斯的"空中楼阁"理论

7. 投资者通常错误地认为公司过去的经营业绩能够代表未来的业绩，这种判断属于(　　)。

A. 算法　　　　B. 熟识性思维　　　　C. 代表性思维　　　D. 投资者情绪

三、多项选择题

1. 影响人们认知的因素包括(　　)。

A. 人的本能　　　B. 生理能力的限制　　C. 道德因素　　　D. 心理因素

2. 影响过度自信的因素包括(　　)。

A. 问题的难度　　B. 失败的经历　　　　C. 专业知识　　　D. 信息

3. 互联网交易环境恶化了投资者过度自信问题，导致更加频繁交易的原因是(　　)。

A. 控制幻觉　　　　　　　　　　　　B. 知识幻觉

C. 拥有的信息增加　　　　　　　　　D. 从众心理增加

4. 信息获取阶段人们认知中的心理偏差主要包括(　　)。

A. 处置效应　　　B. 易记性偏差　　　　C. 易得性偏差　　　D. 次序效应

课外阅读推荐

赫什·舍夫林.超越恐惧和贪婪.上海：上海财经大学出版社，2005

第7章 股票投资实务 ⊙

引言

不研究公司的基本面就买股票，就像不看牌就打牌一样，投资赚钱的机会很小——彼得·林奇(美国著名基金经理，《战胜华尔街》等书的作者)。

林奇非常勤奋，在《战胜华尔街》一书中写道，林奇在1982年回答电视台主持人的问题"什么是你成功的秘密"时说："我每年要访问200家以上的公司并阅读700份年度报告。"林奇不仅调研美国的上市公司，而且还到海外去寻找好股票。在1985年9月中旬的一次调研活动中，林奇花了3周时间调研了23家上市公司，收益很大。他在瑞典去了该国最大的公司沃尔沃，当时，沃尔沃的股价是34美元，而沃尔沃每股所含的现金就高达34美元，具有非常高的投资价值。林奇的妻子也到了欧洲，但他们却不能同去威尼斯，因为在那里林奇找不到一家值得拜访的上市公司，林奇对股票投资的痴迷程度可想而知。

1977年林奇接管麦哲伦基金，1990年林奇激流勇退宣布退休，在林奇管理基金的13年间创造了一个投资神话。麦哲伦基金年平均复利报酬率高达29%，也就是说在 1977年投入基金1万美元，13年后将变成$1 \times (1 + 29\%)^{13} = 27.3$万元。在此期间，麦哲伦基金的规模从1 800万美元成长到140亿美元。

有人将林奇的成功投资概括为一个公式：成功的投资 =(科学性 + 艺术性)×调查研究。说明股票投资不只具有科学性，还具有一定的艺术性——投资者主观判断、经验、感觉等。在此基础上，还要进行大量的调查研究工作，勤奋是投资成功的最重要的保证。

7.1　股票简介

7.1.1　股票的含义

股票是股份公司在筹集资本时向出资人公开或私下发行的、用以证明出资人的股东身份，并根据持有人所持有的股份数享有权益和承担义务的凭证。企业发行股票的主要目的是筹集资金，筹集资金是在一级市场上完成的。一级市场又称为发行市场，是企业将股票出售给投资者的市场。作为投资者可以参与一级市场，即参加新股申购；也可以参与二级市场(交易市场)，即投资者之间的股票交易。

股票的特点是：第一，没有固定期限，只要不发生公司破产解散或者股票被回购注销等事件，那么股票就可以永远存在；第二，企业发行股票所筹集的资金是不用偿还的，对于采用股票融资的企业而言，财务风险较小，偿债压力较小；第三，流动性较强，虽然一般情况下股东不能要求公司回购股票(特殊情况下除外)，但股东可以将所持有的股票转让给其他投资者；第四，持有普通股股票的投资者按持股比例拥有对公司各项事务的表决权、公司资产收益分配请求权、公司剩余资产分配请求权、优先认股权等；第五，对于股东而言，股票投资的收益具有很大的不确定性，即股票投资的风险较大。

7.1.2　股票的种类

股票分类方法有很多种，这里介绍几种比较常见的分类方法。

1. 按股东的权益划分为普通股和优先股

普通股是指股份公司发行的在利润分配、剩余财产分配等方面享有普通权利的股票。优先股是指股份公司发行的在利润分配、剩余财产分配等方面享有优先权利的股票。普通股是股票市场的主体，在证券市场上流通的股票基本上都是普通股，而优先股是不流通的。

普通股的特点：普通股股东按持股比例享有对各项事务的表决权；普通股股东按持股比例享有利润分配权，但股息并不固定，可能分红也可能不分红，分多分少也不一定；普通股股东有权利按其持股比例，优先购买公司新发行的股票；如果公司破产，普通股股东对剩余财产的请求权排在优先股股东之后。

优先股的特点：优先股通常预先设定股息率，且优先股股息率是固定的，不受公司盈利状况的影响；优先股股东一般没有选举权和被选举权，对股份公司的重大事项无投票权，但在某些情况下可以享有投票权；如果公司破产，优先股对剩余财产的求偿权优于普通股，但清偿顺序排在债权人之后。

2. 按购买所用货币划分为A股和B股

A股即人民币普通股票，它是由我国境内的公司发行，供境内机构、组织或个人(不含港、澳、台投资者)、合格境外机构投资者(QFII)以人民币标价和交易的普通股股票。

B股即人民币特种股票，它是由我国境内的公司发行，以人民币标价、以外币认购和买卖的股票。B股的投资者多为香港、澳门、台湾地区及外国的投资者，持有合法外汇存款的大陆居民也可投资。在上海证券交易所上市的B股以美元认购和交易，在深圳证券交易所上市的B股以港币认购和交易。

对于同时拥有A股和B股的公司而言，A股与B股的权利是相同的。即A股股数与B股股数之和为该公司的股本数，B股股东与A股股东一样，按持股比例享有分红权、投票权等各项权利。只不过B股与A股的股价可能相差较大。同股不同价是中国证券市场存在的一个历史遗留问题，相信在将来会进行改革，实现A股与B股的统一，实行同股同价。

3. 按股票所属市场划分

按照股票所属的证券市场的不同，可将股票分为在上海证券交易所挂牌的股票、在深圳证券交易所挂牌的股票(含创业板和中小企业板)、在三板市场挂牌交易的股票。

在上海证券交易所挂牌的A股的代码是6*****，B股的代码是900***；在深圳证券交易所主板挂牌的A股代码是0*****，在中小企业板挂牌的A股代码是002***，在创业板挂牌的A股代码是300***，B股代码是200***；在三板市场上挂牌的股票代码是400***。

其中三板市场比较特殊，三板市场又叫代办股份转让系统，是独立于证券交易所之外的一个系统，投资者在进行股份委托转让前，需要开立非上市股份有限公司股份转让账户。三板市场风险较大，投资者应有充分的了解。投资者在与证券营业部签订委托协议，进行股份代办转让前，应认真阅读《股份转让风险提示书》，理解所提示的风险，承诺自己承担投资风险，并签名确认。

4. 按股份公司的业绩划分

按照股份公司的业绩可以将股票划分为绩优股、绩差股、垃圾股。

绩优股主要是指业绩优良且比较稳定的公司的股票。绩差股指的是业绩较差的公司的股票，与绩优股相对应。垃圾股是指业绩极差的公司的股票，是不具有投资价值的股票。

需要注意的问题是，对绩优股、绩差股和垃圾股很难作出严格的界定，也没有定量分析的标准，往往要靠投资者进行主观判断，每个投资者判断绩优股的标准也是不同的。整个证券市场上的股票数量成千上万，投资者可以利用选股器选出符合自己设定条件的绩优股。在本章中将介绍如何应用选股器选出符合设定条件的绩优股。

从短期看，股价的涨跌与公司业绩之间的相关性较小；但从长期看，股价的变动基本上是由公司的业绩变动决定的。公司业绩向好，股价自然上涨，业绩下滑，股价就会下跌。所以，投资者在选择投资对象时，应该尽量选择绩优股而回避绩差股和垃圾股。投资者需要认识到，任何股票的价格都是有涨有跌的，没有直线上涨和直线下跌的股票。所以，即使是业绩优良的公司，如果投资者的买入成本过高，也可能遭受损失。并且公司的业绩并非始终不变，业绩差的公司可能变成业绩优良的公司，业绩好的公司也可能变成业绩差的公司。

5. 按照股票交易状态划分

按照股票所处的交易状态可以将股票划分为停牌的股票、被风险警示的股票、暂停上市的股票、正常交易的股票。

停牌的股票是指暂停交易的上市公司的股票。停牌是证券交易所为了维护广大投资者的利益和市场信息披露的公平、公正以及对上市公司行为进行监管约束而采取的必要措施。一般来说，股票停牌有以下三个方面的原因：一是上市公司有重要信息公布时，如公布年报、中期业绩报告，召开股东会，增资扩股，公布分配方案，重大收购兼并，投资以及股权变动等；其次是证券监管机关认为上市公司必须就有关对公司有重大影响的问题进行澄清和公告时；再者就是上市公司涉嫌违规需要接受调查时。至于停牌时间长短要视情况来确定。

被风险警示的股票是指，上市公司出现财务状况异常情况或者其他异常情况，导致其股票存在被终止上市的风险，或者投资者难以判断公司前景，投资者权益可能受到损害的，交易所对该公司股票实施风险警示。风险警示分为退市风险警示和其他风险警示。上市公司股票被实施退市风险警示的，在公司股票简称前冠以"*ST"字样；上市公司股票被实施其他风险警示的，在公司股票简称前冠以"ST"字样，以区别于其他股票。

上市公司出现以下情形之一的，交易所对其股票实施退市风险警示：最近两个会计年度的净利润连续为负值；最近一个会计年度期末净资产为负值或最近一个会计年度的营业收入低于1 000万元；最近一个会计年度的财务会计报告被会计师事务所出具无法表示意见或者否定意见的审计报告；因财务会计报告存在重大会计差错或者虚假记载，被中国证监会责令改正但未在规定期限内改正，且公司股票已停牌两个月；未在法定期限内披露年度报告或者中期报告，且公司股票已停牌两个月；公司可能被解散；法院依法受理公司重整、和解或者破产清算申请等。

上市公司出现以下情形之一的，交易所对其股票实施其他风险警示：被暂停上市的公司股票恢复上市后或者被终止上市的公司股票重新上市后，公司尚未发布首份年度报告；生产经营活动受到严重影响且预计在三个月内不能恢复正常；主要银行账号被冻结；董事会会议无法正常召开并形成决议；公司被控股股东及其关联方非经营性占用资金或违反规定决策程序对外提供担保，情形严重的等。

暂停上市的股票是指公司出现某种不符合上市条件的状况而暂时停止上市，待不符合上市条件消除再恢复上市，否则将终止上市。暂停上市是指上市公司出现下列情况，由证券交易所决定暂停其股票上市交易：股票在被交易所实行退市风险警示后的一定期限内(通常是一个会计年度)，被风险警示的事由仍然存在的。

关于股票的停牌(复牌)、风险警示、暂停上市及恢复上市等具体内容，可以参见《上海证券交易所股票上市规则》和《深圳证券交易所股票上市规则》。

除此之外，股票还可以按股东身份分为国有股、法人股、社会公众股等。

7.1.3　股票投资收益与风险

1. 股票投资收益

一般认为，股票带给股东的收益由两部分构成，即股息和价差收益。股息是指公司以税后利润向股东支付的现金。股息作为对股东的回报，一般按股东的持股比例或事先约定比例进行分配。价差收益是指投资者因股票价格上涨，高于其买入成本而获得的收益。当然，如果市场价格低于买入成本，那么投资者的价差收益是负的。

需要注意的是，由于现金股息的除息制度和对股息征收的个人所得税的双重作用，使得股息完全不能为投资者带来任何好处，甚至百分百会损害投资者的利益。这其中包含着怎样的秘密呢？

小资料

现金股息的“陷阱”

例如，某股票的价格为10元/股，假设该股票价格的涨跌幅度始终为0，公司决定为股东支付现金股利为2元/股。由于现金股息的除息制度的存在，该股票的价格将变为8元(10−2＝8)。股东收到的现金并不是2元，由于要对现金股利征收20%的个人所得税，投资者实际得到的现金是1.6元(2×(1−20%)＝1.6)。最终，我们发现，股东的资产从每股10元变成了9.6元，损失了0.4元。

之所以这个“陷阱”不易被人察觉，是因为股价的涨跌掩盖了除息制度和税收制度给投资者造成的损失。现金股息的实现要靠股价的上涨来实现，但现金股息并不必然带来股价的上涨。因此，股票投资收益的唯一来源是股价的上涨，而与股息无关。

本书的观点认为：当前股票交易系统所使用的现金股息的除息制度是极其不合理的，应当加以调整。这个制度存在逻辑上的错误，不但损害了投资者的利益，也损害了公司的市场价值。

2.股票投资风险

股票投资具有较高的风险，这是因为股票投资的收益具有很大的不确定性，有的投资者可以获得很高的投资回报，而有的投资者可能遭受巨额的损失。甚至同一个投资者在不同的时间段内，其股票投资收益率的差异也是相当大的。

风险一词在投资领域是个中性词，它不等同于损失，而是指收益的不确定性。定期存款、国债、企业债等投资对象的收益率几乎是确定的，所以股票与它们相比属于高风险投资。

7.1.4　股票投资对于投资者的意义

股票投资对于投资者的意义在于：第一，为投资者带来可观的投资收益。第二，为投资者提供一种理财方式，即使很多人不以股票投资为收入来源，但由其他方式取得的财富也需要通过理财才能保值增值。投资者的财富可以以定期存款、国债、房地产、收藏品等形式存在，持有股票作为财富也是一种不错的选择。第三，为投资者赢得对公司各项事务的投票权和表决权。股票投资虽然属于金融投资，但随着持股比例的提高，投资者将可以对实体企业产生重大影响乃至实现对实体企业的绝对控制。以获得被投资企业的经营权和控制权为目的的股票投资往往称为并购投资，可以将其归为实业投资的范畴。

7.2　股票交易规则

7.2.1　证券账户与资金账户

投资者在进行投资活动之前，要开立证券账户和资金账户。证券账户用来记载投资者所持有的证券种类、数量和相应的变动情况。资金账户用来记载和反映投资者买卖证券的货币收付和结存数额。

资金账户是投资者在证券公司开立的账户，并且对投资者的资金实行"客户交易结算资金第三方存管"制度。证券账户是在中国结算公司开立的账户，中国结算公司对证券账户实施统一管理。投资者证券账户由中国结算公司上海分公司、深圳分公司及中国结算公司委托的开户代理机构负责开立。其中，开户代理机构是指中国结算公司委托代理证券开户业务的证券公司、商业银行等。

证券账户的种类有两种划分依据：一是按照交易场所划分；二是按照账户用途划分。按照交易场所划分，证券账户可以划分为上海证券账户和深圳证券账户，分别用于记载在上海证券交易所和深圳证券交易所上市交易的证券以及中国结算公司认可的其他证券。按用途划分，证券账户可以划分为A股账户、B股账户、证券投资基金账户等。

1. A股账户

A股账户的全称是人民币普通股票账户，是我国目前用途最广、数量最多的一种通用型证券账户，既可以用于买卖A股，也可以用于买卖债券、上市基金等。

2. B股账户

B股账户的全称是人民币特种股票账户，是专门为投资者买卖人民币特种股票(即B股，也称境内上市外资股)而设置的。

3. 证券投资基金账户

证券投资基金账户简称"基金账户"，是用于买卖上市基金的一种专用型账户。

7.2.2 委托买卖、竞价与成交

开户之后投资者就可以进行交易了，这时就需要了解委托买卖、竞价、成交等方面的规则。

1. 委托买卖

投资者在证券交易所买卖证券，是通过委托证券经纪商来进行的。客户在办理委托买卖时，需要向证券经纪商下达委托指令。委托指令有不同的形式，具体包括：网上委托、自助终端委托、电话委托、柜台委托等。

网上委托是指证券公司通过基于互联网或移动通讯网络的网上证券交易系统，向客户提供用于下达证券交易指令、获取成交结果的一种服务方式。网上委托方式又可分为两种形式：下载客户端软件委托、登录证券公司网站页面委托。

自助终端委托是指客户通过证券公司营业部的专用委托电脑终端，凭证券交易磁卡和交易密码进入电脑交易系统进行买卖委托。

电话委托是指客户通过电话向证券公司发出买卖委托指令，可以分为人工电话委托和自助电话委托两种。

柜台委托是指委托人亲自或由其代理人到证券公司营业部交易柜台，填写书面委托单并签章的一种委托形式。

对于不同的委托方式，证券公司收取的手续费是不同的。一般来看，网上委托的手续费是最低的，而柜台委托和自助终端委托的手续费是最高的，电话委托的手续费介于两者之间。网上委托与传统的委托方式相比，具有快捷、费用低、精确等优势，是目前应用最为广泛的委托方式。

2. 竞价与成交

竞价与成交是指买卖双方报出自己的买价和卖价，由证券交易所的交易系统进行撮合成交的过程。竞价成交的原则是"价格优先、时间优先"，即买价越高越先成交、卖价越低越先成交，并且当买卖方向、价格相同时，先申报的先成交。

目前，我国证券交易所采用两种竞价方式：集合竞价和连续竞价。上海证券交易所规定，每个交易日的9:15～9:25为开盘集合竞价时间，9:30～11:30及13:00～15:00为连续竞价时间。深圳证券交易所规定，每个交易日的9:15～9:25为开盘集合竞价时间，9:30～11:30及13:00～14:57为连续竞价时间，14:57～15:00为收盘集合竞价时间。

所谓集合竞价是指，对在集合竞价期间接受的买卖申报，在最后一次性集中撮合成交的竞价方式。集中撮合的结果是所有成交的交易都是以同一价格成交的，这一价格是实现成交量最大的价格。连续竞价是指对买卖申报逐笔连续撮合的竞价方式。

7.2.3 交易费用

投资者在股票买卖过程中，需要支付多项费用和税金，如佣金(手续费)、过户费、印花税等。

1. 佣金

佣金是投资者在委托买卖证券成交后按成交金额的一定比例支付的费用，是证券经纪商为客户提供证券代理买卖服务收取的费月。此项费用由证券公司经纪佣金、证券交易所手续费及证券交易监管费等组成。按我国目前的相关规定，A股、B股佣金实行最高上限向下浮动制度，上限为股票成交金额的3‰，双向收取。A股每笔交易佣金不足5元的，按5元收取；B股每笔交易不足1美元或5港币的，按1美元或5港币收取。

2. 过户费

过户费是委托买卖股票成交后，买卖双方为变更证券登记所支付的费用。这笔收入属于中国结算公司的收入，由证券经纪商在同投资者清算交收时代为扣收。

上海证券交易所和深圳证券交易所在过户费的收取上略有不同。在上海证券交易所，A股的过户费为成交面额的1‰，不足1元的按1元收取。深圳证券交易所的过户费包含在交易经手费中，不向投资者单独收取。

对于B股，虽然没有过户费，但中国结算公司要收取结算费。在上海证券交易所，结算费是成交金额的0.5‰。在深圳证券交易所，称为"结算登记费"，是成交金额的0.5‰，但最高不超过500港元。

3. 印花税

印花税是根据国家税法，在A股和B股成交后对买卖双方投资者按照规定的税率分别征收的税金。我国的证券交易的印花税税率曾多次调整，最近一次调整情况为：2008年9月19日，证券交易印花税只对卖方征收，税率为1‰。

7.2.4 除权与除息制度

上市证券发生权益分派、公积金转增股本、配股等情况，交易所将在权益登记日的次一交易日(除权日)对该券作除权除息处理。所谓除权除息就是指去除权利，投资者在股权登记日持有含权股票，才能享有分红、送股、配股等权利，而在股权登记日后持有该股票的投资者不享有这些权利，这个过程就是除权除息。除权除息制度包括股票是否含权的问题，而且还涉及股票价格的调整问题，即除权除息价格的计算问题。

我国目前的股票交易系统所采用的除权除息公式如式(7.1)所示：

$$除权除息价 = \frac{股权登记日的收盘价 - 每股所分红利现金额 + 配股价 \times 每股配股数}{1 + 每股送转股数 + 每股配股数}$$

(7.1)

需要注意的是，通过这个公式计算出来的除权除息价格并不是实际的市场价格，它实质上是对股权登记日收盘价格进行调整后得到的价格。第二天(除权日)的涨跌幅度的计算以这个除权除息价格为依据。

例如：甲公司在股权登记日的收盘价格为10元，如果甲公司实行每10股送10股，那么甲公司的除权价为

$$除权除息价 = \frac{10}{1+1} = 5(元)$$

如果甲公司实行每10股派发现金股息5元的分配方式，那么甲公司的除息价格为

$$除权除息价 = \frac{10-0.5}{1} = 9.5(元)$$

如果甲公司同时实行这两个分配政策，则甲公司的除权除息价为

$$除权除息价 = \frac{10-0.5}{1+1} = 4.75(元)$$

思考题

除权、除息制度对公司、投资者有什么影响？你认为该制度存在的必要性体现在哪些方面？这个制度是否存在负面影响？从股价中直接扣除每股现金股息，是否存在合理的逻辑关系？

7.3　股票投资分析

股票投资分析的最核心目的是预测公司的未来收益情况，公司现有的盈利水平、增长率情况都代表过去而不是未来。过去或当前盈利状况良好的公司，如果人们预期它的未来收益会大幅度下降就会提前卖出该公司的股票，从而使得该公司的股价大幅度下跌；相反，一个当前的盈利状况不怎么好的公司，如果人们预期它在未来收益将大幅度上升，那么这个公司的股票价格就会上涨。

影响某个公司未来收益水平的因素，也就是投资者对公司的未来收益进行预测的依据，包括：未来对产品的需求量、供给量、竞争程度、成本费用、产品未来的价格、产品的技术含量和竞争力等。一般认为，产品的需求量、未来的价格、技术含量与公司的未来收益是正相关的；而供给量、竞争程度、成本费用与公司的未来收益是负相关的。

以上这些影响股价的因素是属于公司层面的因素，股票价格还要受到宏观经济因素和行业因素的影响。例如，2012—2013年间，我国出现了经济增长速度放缓的情况，随即产生了对钢铁、煤炭、水泥等产品需求增长小于供给增长的局面，造成产能过剩，产品价格下跌，公司盈利水平下降甚至亏损，最终公司的股票也就相应下跌。再比如，政府提出的"宽带中国战略"、"三网融合"、"增加信息消费"等政策措施，极大地刺激了互联网公司、通信设备制造企业、IC卡制造企业的股价。因为投资者预期这些政策的实施，将极大提高相应公司产品的需求量，进而增加公司的利润，所以投资者提前买入这类公司的股票，推动股价上涨。需要注意的是，如果市场的预期迅速发生了逆转或股价上涨的幅度远远超过政策可能带来的实质性好处，那么投资这样的股票是极有可能造成损失的。投资者在进行投资时，需要权衡一下股价与未来收益，看公司的未来收益是否能够支撑当前的股价，这可能

需要用到第3章中所讲到的估值技术。

小资料

反腐与高端白酒股价的关系

中国有句俗话"喝的人不用买，买的人不喝"，意思是指高端白酒的需求量绝大多数来自于礼品需求和公款消费。当政府开始加强反腐和作风建设的时候，投资者就预期到：这将对高端白酒企业的未来销量产生不利影响，进而影响他们未来的利润，所以纷纷抛出所持有的白酒股票，造成此类股票的长时间、大幅度的下跌。

所以，作为投资者一定要有灵敏的反应，要经常关注那些能够对投资者的预期产生决定性影响的重大事件，利用它们积极地寻找买入时机和卖出时机。政府的每一项政策都会在资本市场中激起一定的反应，但是投资者要加以分析，有些政策会对公司产生实质性影响，股价会有长期表现，而有些政策仅仅是炒作的噱头，股价的反应是短期的。

7.4 模拟实训

7.4.1 实训目的

使学生掌握股票投资的分析过程和分析方法；掌握股票交易的过程和规则，掌握具体的操作技巧；对学生的学习效果进行检验、评价。

7.4.2 实训条件

要进行股票模拟实训，需要一定的实训条件。对于实训的硬件和软件有多种不同的选择，教师可以结合本学校的实际情况，选择可行的方案来进行实践教学。实训通常需要利用一些软、硬件的条件。

1. 硬件条件

股票投资模拟实训对硬件条件的要求并不高，可以有多种途径达到要求。条件完备的学校可以选择在专门的金融实验室进行实训；没有专门金融实验室的学校可以选择在一般的计算机室通过安装软件进行实训；也可以让学生通过网络自行实训。

2. 软件条件

综合来看，股票行情软件、模拟炒股软件、股票实践教学软件都可以分为安装版和网页版，有些是收费的，当然也有很多是免费的。在这里将一些软件资料列出，供教学时选择。

1) 股票行情软件

股票行情软件也可称为证券行情决策分析系统，其主要作用是：第一，为投资者提供各种信息，这些信息可作为投资决策的依据，包括公司的基本面情况、公司股票的技术面情况、公司的各种资讯等；第二，为投资者提供各种分析工具，如技术分析指标、均线、财务指标、选股器、画线工具等；第三，有些收费的行情软件具有直接提示投资者买入和卖出的功能。

比较常用的、影响力较大的行情软件有同花顺行情软件、钱龙行情软件、大智慧行情软件、通达信行情软件等。投资者可以到相应的网站进行下载并安装使用。虽然有些网站的财经栏目也提供一定的证券行情分析功能，但使用起来在功能、速度、方便程度等方面要比安装版软件差很多。

2) 模拟炒股软件

模拟炒股软件是指，为投资者提供虚拟的股票投资账户及一定数量的虚拟资金，并依据真实的证券市场行情资料形成投资者的盈亏、投资业绩分析报告等，是主要为初学者提供练习和帮助其参加比赛的软件。

例如，叩富网提供了软件版与Web网页版及手机WAP版三种模拟炒股系统供大家选择。还有，在同花顺的行情软件中，不但可以进行真实的股票投资，也提供模拟炒股的服务，是一款集行情分析、真实交易和模拟交易于一体的优秀软件。具体操作流程：下载安装同花顺行情软件——注册账户、登录——点"理财"菜单下"模拟炒股"选项——开通模拟炒股——进入交易区买卖股票。

这种软件虽然可以很好地帮助学生掌握股票投资基本要领，但应用于实践教学还存在一定的局限性，如教师很难掌握学生账户的信息、对学生操作的评价比较困难、对学生操作的考核工作量大等。下面介绍对实训更加有利的股票投资实践教学软件。

3) 股票投资实践教学软件

股票投资实践教学软件不但具有模拟炒股软件提供虚拟账户和虚拟资金的功能，还具有实训教学组织、实训教学评价、实训教学管理等功能，在实践教学中具有一定的优势。

例如，同花顺公司为各高校提供的"同花顺高校金融实验室"就具有这样的功能，其具体网址为：http://lab.10jqka.com.cn/login/index/。具体操作流程是：首先，教师可进行身份验证并注册账户。其次，教师登录账户后，进入金融实验室，在

"学生管理"栏目下，点击"导入成员"可以将自己所教学生导入，也就是为学生建立的模拟账户；教师也可以为学生组织比赛。再次，学生的模拟账户的用户名和密码都是自己的学号，登录后可以进行股票的买卖操作，也可以参加比赛。最后，教师可以对学生进行点评、考核等。

7.4.3 实训内容

1. 熟悉证券行情分析软件

证券行情分析软件的种类很多，所拥有的功能也是极其丰富的。对于投资者而言掌握行情分析软件的功能，是保证投资活动能够顺利进行的前提条件。以同花顺行情分析软件为例，教师指导学生完成下列实训内容，并对学生的操作记录进行评价或考核。

(1) 软件的下载与安装、注册账户并登录；

(2) 能够快速调出各类型的证券，如上海A股、上海B股、深圳A股、深圳B股、创业板股票、中小板股票等；

(3) 能够通过拼音或证券代码快速找到所需的个股；

(4) 能够进入个股的分时图、K线图，并且能够在两者之间进行切换；

(5) 会应用常用的功能键：用"F10"、"F11"键浏览公司的基本面信息；

(6) 会应用技术指标进行分析，并能够在不同的技术指标间进行切换；

(7) 会利用软件所提供的一些选股工具选出符合自己设定条件的股票；

(8) 会运用画线工具对股票价格趋势进行分析。

完成上述实训内容后，要求学生填写实训记录，如表7-1所示。

表7-1 实训记录

目的：		时间：		地点：	
实训过程及理由					
实训体会					
教师点评及考核					

行情分析软件的功能是十分丰富的，以上所列的实训项目仅是软件的一小部分，其他的功能还请同学们利用一定的时间进行摸索和应用。

2. 基本分析实训

基本分析对于股票投资是十分重要的方法，基本分析可以帮助投资者判断股票价格的大方向和长期趋势，帮助投资者选择最佳的公司和股票作为投资对象。基本分析的主要内容包括宏观经济分析、行业分析和公司分析。请同学们在教师的指导下完成下列实训内容。

(1) 到中华人民共和国国家统计局网站查找下列宏观经济指标的数据：GDP增长率、居民消费物价指数、PMI、工业增加值增长速度、规模以上工业企业利润增长率等，判断当前的宏观经济形势及对股价的影响；

(2) 查找我国当前的主要宏观经济政策，并分析其对股票价格的影响，如信贷政策、税收政策、房地产政策、汇率政策、证券市场相关政策等；

(3) 分析哪些行业的需求收入弹性较大，哪些行业的需求收入弹性较小，从而选择需求收入弹性较大行业中的股票；

(4) 应用选股器结合财务指标筛选出符合条件的最优股票，主要的财务指标及取值设定，如：净利润增长率>20%、净资产收益率>10%、销售毛利率>30%、市盈率<10等，同学可以自行选择和调整。

实训后填写实训记录，如表7-2所示。

表7-2 实训记录

目的：		时间：		地点：	
实训过程及理由					
实训体会					
教师点评及考核					

3. 技术分析实训

技术分析有助于投资者判断最佳的买卖时机及股价的短期趋势，适合采用波段操作策略的投资者。技术分析方法应与基本分析方法结合使用，以获得理想的、全面的分析结果。同学们可以就以下内容进行实训。

(1) 从基本分析所选出的股票中，挑选出一只个股进行持续跟踪，运用多种技术分析的方法判断其最佳的买入点和卖出点，技术分析方法有：K线分析、画线分析、价量分析、形态分析和指标分析等(参照第4章内容进行)；

(2) 应用选股器结合技术面指标，筛选出符合设定条件的股票，可供选择的技术面条件如：股价创阶段新高(新低)、连涨数天、阶段放量(缩量)、平台整理、平台突破、均线多头排列、KDJ指标、MACD指标等。

实训后填写实训记录，如表7-3所示。

表7-3 实训记录

目的：	时间：		地点：
实训过程及理由			
实训体会			
教师点评及考核			

4. 委托买卖实训

同学们在掌握了基本分析与技术分析的方法之后，就可以利用虚拟账户进行股票买卖委托实训了。主要包括以下内容：

(1) 买入委托，输入股票代码、买入价、买入数量；

(2) 查询委托记录、成交记录、资金股票等信息；

(3) 对未成交委托进行撤单处理；

(4) 对所买入股票进行卖出操作。

实训后填写实训记录，如表7-4所示。

表7-4　实训记录

目的:		时间:		地点:	
实训过程及理由					
实训体会					
教师点评及考核					

习 ｜ 题

一、判断题

1. 股票是一种风险低而预期收益较高的投资工具，随着持有股票的时间增长，股票投资的风险会不断升高。(　　)

2. 普通股的股利不固定，一般视公司净利润的多少而定。(　　)

3. 股票投资具有风险性，不具有稳定性。(　　)

4. 优先股是在分配红利和剩余财产时比普通股具有优先权的股票。(　　)

5. 优先股是股份公司资本构成中最重要、最基本的股份。(　　)

二、单项选择题

1. 以下关于股票的特征，说法不正确的是(　　)。

A. 非流动性　　　　B. 风险性　　　　C. 稳定性　　　　D. 收益性

2. 股票的价格受到多种因素的影响而上下浮动，其中影响因素不包括(　　)。

A. 企业的经营状况　　　　　　B. 持有者自身的因素

C. 社会因素　　　　　　　　　D. 政治因素

3. 流动性是指股票可以在二级市场上随时(　　)。

A. 转让、退股、赠予、抵押　　　　B. 转让、退股、继承、抵押

C. 转让、继承、退股、赠予　　　　D. 转让、继承、赠予、抵押

4. 股票最重要的分类是(　　)。

A. 面额股票和无面额股票　　　　　　B. 记名股票和无记名股票

C. 普通股和优先股　　　　　　　　　D. 发行股和未发行股

5. 关于普通股的说法，不正确的是(　　)。

A. 公司发行的标准股票　　　　　　　B. 经营业绩好，收益就高

C. 经营业绩差，收益就低　　　　　　D. 在发行时约定投资收益

6. 根据对以前年度由于盈利不足而未支付的股息能否在以后年度给予补发，优先股可以分为(　　)。

A. 累积优先股和非累积优先股　　　　B. 参与优先股和非参与优先股

C. 可转换优先股和不可转换优先股　　D. 可赎回优先股和不可赎回优先股

7. 股票的发行方式一般不包括(　　)。

A. 不公开发行　　　B. 政府发行　　　C. 直接发行　　　D. 增资发行

8. 关于优先股的特点，下列说法不正确的是(　　)。

A. 在发行时就约定一个固定的收益率

B. 先于普通股获得股息且不受公司经营情况影响

C. 公司破产清算时，具有优先分配权

D. 权利范围大

9. 连接股票发行和股票交易的"桥梁"是(　　)。

A. 发行机构　　　B. 证券公司　　　C. 股票上市　　　D. 交易市场

课外阅读推荐

1. 威廉·欧奈尔. 笑傲股市. 北京：中国财政经济出版社，2004

2. 彼得·林奇. 战胜华尔街. 北京：机械工业出版社，2007

第8章 期货投资实务 ➡

引言

在这里给大家讲两个小故事，故事当中蕴含了一些期货投资道理。

故事一：一富翁家的狗在散步时跑丢了，于是富翁在报纸上发布了一则启示：有狗丢失，归还者，酬谢1万元。送狗者绝绎不绝，但都不是富翁家的，于是富翁将酬金改为2万元。一位乞丐在公园的长椅上打盹时捡到了那只狗，他第二天一大早就抱着狗准备去领酬金，但却发现，酬金已变成了3万元。于是乞丐又折回他的破窑洞，把狗重新拴在那儿。在接下来的几天，乞丐一直在关注着告示。当酬金涨到使全城的市民都感到惊讶时，乞丐返回了他的窑洞。但是，那只狗已经死了，因为这只狗在富翁家吃的都是鲜牛肉和牛奶，对乞丐从垃圾桶里捡来的东西，它根本就受不了。启示：见好就收，别让泛滥的物欲迷了眼睛。贪婪使你丧失理性，使你连应得的一份都落空。

故事二：一只狗经常到寺院里去寻食物。当地有两座寺院，一座在河水的东岸，另一座在河水的西岸。狗听到东岸寺院僧人开饭的钟声，便去东岸寺院去讨食；听到西岸寺院僧人开饭的钟声，又去西岸寺院去讨食。后来，两座寺院同时鸣钟开饭，狗渡河去讨食，当向西游去时，唯恐东岸寺院的饭食比西岸寺院的好；向东游去时，又怕西岸寺院的饭比东岸寺院的好。这只狗一会儿向西游去，一会儿又向东游去，最后浑身无力，活活地淹死在河水中。启示：专注投入地做好一件事，目标太多会让你花了眼，到头来一事无成。期货中的盘整行情出现时，人们常频繁地参与其中而迷失了方向。

资料来源：和讯网——期货栏目

8.1 期货合约简介

8.1.1 期货合约的含义及特点

1. 含义

所谓期货投资是指以各种期货合约作为投资对象的投资形式，是在期货交易所内集中买卖期货合约的交易活动。期货投资的对象是期货交易所设计的、场内交易的标准化合约，是由基础原生产品(现货交易)衍生出的金融工具，属于金融投资。期货合约是指在期货交易所内达成的、受法律约束的、在未来一定时间和地点交割特定商品或金融产品的标准化合约。

期货交易本质上是与现货交易相对应的一种交易方式。现货交易是指双方成交后立即进行交割的交易方式，而期货交易是指成交后不立即交割，等到交割日时再按照合约价格和数量进行交割的交易方式。期货合约的作用在于，通过期货合约进行交易可以规避未来现货市场价格变动的风险；同时由于期货合约本身流动性极高、价格波动较大，投资者也可以通过买卖期货合约来获得低买高卖(或高卖低买)的价差收益，而不进行最终的交割；最后，通过现货与期货市场的组合交易，实现无风险套利或套期保值。

2. 期货合约的特点

第一，合约标准化，所谓标准化合约是指合约的交易品种、交易单位、交割时间、交割地点等都是既定的，唯一的变量是价格。标准化的意义在于便于合约的流通和转让，这大大简化了交易手续，降低了交易成本，尽可能减少了交易双方因对合约条款理解不同而产生的争议与纠纷。

第二，交割的远期性，期货合约成交后并不立即进行合约标的的交割，而是要在交割日进行交割。期货合约的命名基本上是采用"合约标的+交割月"的形式，如"豆油1305"是标的为豆油、交割月为2013年5月份的期货合约。

第三，采用保证金制度，是指在期货交易中，任何交易者必须按照其所买卖期货合约价值的一定比例(最低交易保证金比率通常为3%~10%)缴纳资金，用于结算和保证履约。保证金制度可以放大投资者的收益和损失，如合约的保证金比率为5%，标的的价格变动为1%，带给投资者的收益或损失将达到本金的20%。

第四，当日无负债结算制度，期货交易结算由期货交易所统一组织进行。它是指每日交易结束后，交易所按当日结算价结算所有合约的盈亏、交易保证金及手续费、税金等，对应收应付的款项同时划转，相应增加或减少投资者的保证金账户。当投资者的保证金与期货合约持仓价值的比例低于最低保证金比率时，应当及时追加保证金或者自行平仓，否则可能被强制平仓。

第五，期货合约的总量是不确定的、无穷多的，期货合约不像股票存在相对固定的总量。期货合约的总量用持仓量来表示，由于每份合约都有对应的买方和卖方，因此，买方持仓量和卖方持仓量是相等的，持仓量就可以用买方持仓量或卖方持仓量单边持仓来表示。

第六，双向交易制度。投资者如果认为标的资产的价格看涨，可以先买入期货合约，等到价格上涨一定幅度后，再卖出相同交割月的期货合约来平仓获利了结；同样，如果认为标的资产的价格看跌，可以先卖出期货合约，等到价格下跌一定幅度后，再买入相同交割月的期货合约来平仓获利了结。

第七，T+0的交易结算制度。当天可以多次买入或卖出。

3. 期货合约相关术语

交易所应当及时发布开盘价、收盘价、最高价、最低价、最新价、涨跌、最高买价、最低卖价、申买量、申卖量、结算价、成交量、持仓量等与交易有关的信息。

(1) 开盘价是指某一期货合约经集合竞价产生的成交价格。集合竞价未产生成交价格的，以集合竞价后第一笔成交价为开盘价。

(2) 收盘价是指某一期货合约当日交易的最后一笔成交价格。

(3) 最高价是指一定时间内某一期货合约成交价中的最高成交价格。

(4) 最低价是指一定时间内某一期货合约成交价中的最低成交价格。

(5) 最新价是指某一期货合约在当日交易期间的即时成交价格。

(6) 涨跌是指某一期货合约在当日交易期间的最新价与上一交易日结算价之差。

(7) 最高买价是指某一期货合约当日买方申请买入的即时最高价格。

(8) 最低卖价是指某一期货合约当日卖方申请卖出的即时最低价格。

(9) 申买量是指某一期货合约当日交易所交易系统中未成交的最高价位申请买入的下单数量。

(10) 申卖量是指某一期货合约当日交易所交易系统中未成交的最低价位申请卖出的下单数量。

(11) 结算价是指某一期货合约当日一定时间内成交价格按照成交量的加权平均价。结算价是进行当日未平仓合约盈亏结算和计算下一交易日交易价格限制的依据。

(12) 成交量是指某一期货合约在当日所有成交合约的单边数量。

(13) 持仓量是指期货交易者所持有的未平仓合约的单边数量。

8.1.2 期货合约的种类

期货合约有很多不同的类型，也有很多分类方法。

1. 按期货合约标的划分

按期货合约标的物不同，可以将期货大体分为两类：商品期货和金融期货。商品期货包含的内容较多，又可以进一步分为农产品期货、基本金属期货、贵金属期货、能源化工产品期货等类型。金融期货一般包括外汇期货、利率期货和股指期货，我国的金融期货主要有"沪深300股指期货"和"五年期国债期货"，未来上市的金融期货会更多，如外汇期货等。

2. 按所属交易所划分

我国的期货交易所有4家，分别是大连商品交易所(简称大商所)、郑州商品交易所(简称郑商所)、上海期货交易所(简称上期所)、中国金融期货交易所(简称中金所)。每个交易所上市品种是有差异的，如表8-1所示。

表8-1 各期货交易所的主要上市品种

交易所	品种	代码	交易单位	合约月份	最低交易保证金	涨跌停板	交易所手续费
中金所	五年期国债期货	TF	100万面额的国债/手	最近的三个季月(3月、6月、9月、12月中的最近三个月循环)	合约价值的3%	上一交易日结算价的±2%	成交金额的0.01%
	股指	IF	1份/手	当月、下月及随后两个季月	合约价值的12%	上一交易日结算价的±10%	成交金额的0.025‰
上期所	铜	CU	5吨/手	1～12月	合约价值的5%	上一交易日结算价±3%	成交金额的0.05‰
	铅	PB	25吨/手	1～12月	合约价值的8%	上一交易日结算价±5%	成交金额的0.04‰
	螺纹钢	RB	10吨/手	1～12月	合约价值的7%	上一交易日结算价±5%	成交金额的0.045‰
	线材	WR	10吨/手	1～12月	合约价值的7%	上一交易日结算价±5%	成交金额的0.04‰
	铝	AL	5吨/手	1～12月	合约价值的5%	上一交易日结算价±3%	3元/手
	锌	ZN	5吨/手	1～12月	合约价值的5%	上一交易日结算价±4%	3元/手
	天然胶	RU	10吨/手	1～11月	合约价值的5%	上一交易日结算价±3%	成交金额的0.045‰
	燃料油	FU	50吨/手	1～12月	合约价值的8%	上一交易日结算价±5%	成交金额的0.02‰
	黄金	AU	1 000克/手	1～12月	合约价值的7%	上一交易日结算价±5%	10元/手
	白银	AG	1 500克/手	1～12月	合约价值的7%	上一交易日结算价±5%	成交金额的0.05‰

(续表)

交易所	品种	代码	交易单位	合约月份	最低交易保证金	涨跌停板	交易所手续费
郑商所	强筋麦	WH	20吨/手	1、3、5、7、9、11月	合约价值的5%	上一个交易日结算价±4%	1元/手
	普麦	PM	50吨/手	1、3、5、7、9、11月	合约价值的5%	上一个交易日结算价±4%	1元/手
	早籼稻	RI	20吨/手	1、3、5、7、9、11月	合约价值的5%	上一个交易日结算价±4%	1元/手
	棉花	CF	5吨/手	1、3、5、7、9、11月	合约价值的5%	上一个交易日结算价±4%	4.3元/手
	白糖	SR	10吨/手	1、3、5、7、9、11月	合约价值的6%	上一个交易日结算价±4%	3元/手
	PTA苯二甲酸	TA	5吨/手	1~12月	合约价值的6%	上一个交易日结算价±4%	3元/手
	菜子油	OI	10吨/手	1、3、5、7、9、11月	合约价值的5%	上一个交易日结算价±4%	1元/手
	甲醇	ME	50吨/手	1~12月	合约价值的6%	上一个交易日结算价±4%	7元/手
	玻璃	FG	20吨/手	1~12月	合约价值的6%	上一个交易日结算价±4%	3元/手
大商所	大豆1号	A	10吨/手	1、3、5、7、9、11月	合约价值的5%	上一交易日结算价的±4%	2元/手
	大豆2号	B	10吨/手	1、3、5、7、9、11月	合约价值的5%	上一交易日结算价的±4%	2元/手
	豆粕	M	10吨/手	1、3、5、7、8、9、11、12月	合约价值的5%，当前暂为6%	上一交易日结算价的±4%	2元/手
	玉米	C	10吨/手	1、3、5、7、9、11月	合约价值的5%	上一交易日结算价的±4%	1.5元/手
	豆油	Y	10吨/手	1、3、5、7、8、9、11、12月	合约价值的5%	上一交易日结算价的±4%	2.5元/手
	LLDPE聚乙烯	L	5吨/手	1~12月	合约价值的5%	上一交易日结算价的±4%	2.5元/手
	棕榈油	P	10吨/手	1~12月	合约价值的5%	上一交易日结算价的±4%	2.5元/手
	聚氯乙烯	V	5吨/手	1~12月	合约价值的5%	上一交易日结算价的±4%	2.5元/手
	焦炭	J	100吨/手	1~12月	合约价值的5%，当前为6%	上一交易日结算价的±4%	成交金额的0.08‰

小资料

沪深300指数期货合约表

合约标的	沪深300指数
合约乘数	每点300元
报价单位	指数点
最小变动价位	0.2点
合约月份	当月、下月及随后两个季月
交易时间	上午：9:15～11:30，下午：13:00～15:15
最后交易日交易时间	上午：9:15～11:30，下午：13:00～15:00
每日价格最大波动限制	上一个交易日结算价的±10%
最低交易保证金	合约价值的12%
最后交易日	合约到期月份的第三个周五，遇国家法定假日顺延
交割日期	同最后交易日
交割方式	现金交割
交易代码	IF
上市交易所	中国金融期货交易所

8.1.3 期货投资的收益与风险

1. 期货投资收益

期货投资的收益来自于期货合约的买卖差价，即来自低买高卖的收益。虽然，期货投资可以双向交易——先买后卖或先卖后买，但盈利的原则是相同的，即卖价高于买价则盈利，卖价低于买价则亏损。

例8-1(先买后卖) 某期货投资者判断7月份交割的大豆期货价格趋涨，于是买入10张合约(每张10吨)，买入价格为每吨2 345元。后上涨到每吨2 405元，于是按该价格卖出10张7月份交割的合约平仓获利了结。该投资者的收益是多少？

解： (2 405元/吨－2 345元/吨)×10吨/张×10张＝6 000(元)

例8-2(先卖后买) 某期货投资者认为11月份交割的小麦期货合约会从目前的1 300元/吨下跌，于是卖出5张合约(每张10吨)。后来11月交割的小麦期货合约上升至1 350元/吨，由于担心价格会继续上升，买入5张11月交割的小麦期货合约平仓了结。该投资者的损失是多少？

解： (1 300元/吨－1 350元/吨)×10吨/张×5张＝－2 500(元)

2. 期货投资的风险及风险管理

单纯将期货投资作为投机工具，那么期货投资的风险要高于股票投资和各种商品的现货投资，因为期货交易采用保证金制度，使投资者可以用少量的保证金(本金)投资几倍甚至几十倍金额的期货合约。保证金制度所产生的收益与损失的放大效应称为"杠杆效应"，最低保证金比率越低，期货投资的放大效应越大，则收益的不确定性也越大，即风险越大。

但是，如果将期货合约与现货交易有效组合，那么期货合约又成为一种有效的规避风险的工具，这就是期货投资的套期保值功能和无风险套利功能。对于期货投机交易风险也是可以加以控制的，如投资可以对持仓量进行控制、设定好平仓止损位、顺应趋势进行投资、进行详细系统的分析等，进而对风险进行控制和管理。具体而言，期货投资的风险控制和管理的手段与原则如下。

第一，控制好仓位，管理好资金。

所谓期货投资的仓位是指，持有期货合约所占用的最低保证金占保证金账户中总资金量的比例。例如，某投资者保证金账户中总资金量为10万元，假设某品种的期货合约要求的最低保证金比率为10%，如果该投资者持有的期货合约价值为100万，需要最低保证金为10万，则该账户的仓位为100%或称为"满仓"；如果该投资者持有的期货合约价值为50万，需要的最低保证金为5万，则该账户的仓位为50%或称为"半仓"；如果该投资者持有的期货合约为0，则该账户的仓位为0或称为"空仓"。

承担风险，无可指责，但同时记住千万不能孤注一掷——乔治·索罗斯(美)。

期货采用杠杠交易，如果仓位过高甚至满仓操作的话，当行情向不利方向变动时，就可能因账户资金不够支付保证金而被强制平仓。根据成熟市场的经验，30%左右的仓位水平是比较合理的。一方面充足的可用资金可以抵御价格短期波动的风险；另一方面投资者在资金充足的情况下可以随时调整自己的交易策略，回旋余地大一些。

第二，进行系统性的学习研究及分析。不进行研究的投资，就像打扑克从不看牌一样，必然失败——彼得·林奇(美)。在进入市场之前，一定要多花些时间去观察和研究市场是如何运作的，这至关重要。因为你是在拿自己的钱冒险。有些投资者，拿着自己辛苦赚来的钱，随便投进市场，对学习从来不看重或认为自己不可能掌握投资的基本知识和运行规律，损赢都交给似是而非的运气。须知懒惰的投资者是赚不到钱的。先进行系统性地学习研究，再模拟，后实战，这是期货投资者出手的合理过程。　期货投资分析的方法主要包括宏观经济分析、基本面分析、技术分析和期货品种分析等。其分析过程与股票、债券的分析基本上是相同的。

第三，顺势而为，与趋势为伍。顺应趋势，花全部的时间研究市场的正确趋势，如果保持一致，利润就会滚滚而来——江恩(美)。在期货市场，趋势的形成通常代表多空双方已经有一方占据明显的优势，行情会持续一段时间。关键的问题就是投资者要好好学习、研究如何正确判断市场未来的趋势。当预期市场价格将上升时，应该持多头仓位，预期市场价格将下跌时，应该持空头仓位。遇到亏损时，投资者要当机立断，终止交易，减少损失；而当交易头寸获得盈利时，就应该让它进一步增长。新手一定要牢记这一条。因为普遍的情况是，新手常常抓住赔钱的持仓不放，幻想市场会逆转；而对盈利的持仓却又过早出手，生怕到手的利润跑掉，这是极易导致损失的。

8.1.4　期货投资对于投资者的意义

期货合约可以满足投资者的多种需求：可以将期货投资作为投机工具，以期获取价差收益；也可以将期货投资作为风险管理和规避的手段，采用现货与期货组合投资的形式，实现套期保值或套利的目的。总之，期货投资对于投资者来说，是投机交易、套期保值交易，也是套利交易。

1. 投机交易

期货投机交易是指在期货市场上以获取价差收益为目的的期货交易行为。投机者利用对市场价格变动趋势的预期判断，在预期期货价格将上升时买入期货合约，然后待期货合约价格上升后卖出相同交割月份的期货合约平仓，获取低买高卖的收益；在预期期货价格将下跌时卖出期货合约，然后待期货合约价格下跌后买入相同交割月份的期货合约平仓，获取高卖低买的收益。

由于投机交易的目的是赚取差价收益，所以投机者一般通过平仓对冲来了结所持仓合约，并不进行最终的交割。投机交易的重点是对期货合约未来价格走势的判断，正确判断期货价格走势，是投机交易获利的保证。当期货合约价格处于上升趋势中，投机者的盈利方式为先买后卖——在期货合约价格较低时买入合约，当该合约价格上涨后卖出平仓，获利了结仓位；当期货合约价格处于下跌趋势中，投机者的盈利方式为先卖后买——在期货合约价格较高时卖出合约，当该合约价格下跌后买入平仓，获利了结仓位。如果投资者判断失误：买入合约后价格下跌，卖出合约后价格上涨，则投资者会遭受损失。

投机交易同样需要进行宏观经济分析、行业分析、技术分析、期货品种分析等，只有建立在详细、科学的分析基础上的投资才能取得收益。

2. 套期保值交易

期货交易还可以为投资者提供一种规避风险的工具，尤其是规模较大的与农产品、金属、能源化工类产品有关的企业，通过现货交易与期货交易的组合，从而在一定程度上规避未来价格变动的风险。套期保值的作用主要体现在以下方面。

1) 锁定原材料的成本或产品的销售利润

厂商为了规避原材料上升的风险，可以进行买入套保，即企业预期未来原材料价格将上涨(现货价格上涨)，由于期货市场与现货市场具有较高的关联性，期货价格预期也会上涨，企业可以买入期货合约，当价格上涨后企业可以在期货市场上将其卖出平仓获利，从而在一定程度上抵消原材料现货市场上多支付的资金。

例8-3 3月26日，豆粕的现货价格为每吨1 980元。某饲料企业为了避免将来现货价格可能上升，从而提高原材料的成本，决定在大连商品交易所进行豆粕套期保值交易。而此时豆粕8月份交割期货合约的价格为每吨1 920元，基差为60元/吨，该企业于是在期货市场上买入10手8月份豆粕合约。6月2日，他在现货市场上以每吨2 110元的价格买入豆粕100吨，同时在期货市场上以每吨2 040元卖出10手8月份交割的豆粕合约对冲多头头寸。从基差的角度看，基差从3月26日的60元/吨扩大到6月2日的70元/吨。

交易情况如表8-2所示。

表8-2 交易明细

日 期	现 货 市 场	期 货 市 场
3月26日	豆粕价格为1 980元/吨	买入8月交割的豆粕期货合约10手 合约价值：100×1 920=192 000(元)
6月2日	买入100吨豆粕 支付款项：100×2 110=211 000(元)	卖出8月交割的豆粕期货合约10手 合约价值：100×2 040=204 000(元)
盈亏分析	损失13 000元 (2 110−1 980)×100=13 000(元)	获利12 000元 (2 040−1 920)×100=12 000(元)
套期效果	损失1 000元 12 000−13 000=−1 000(元)	

注：1手=10吨；基差是指现货价格与期货价格之间的差额，基差=现货价格−期货价格。

在该例中，现货价格和期货价格均上升，在期货市场的盈利在很大程度上抵消了现货价格上涨带来的亏损。饲料企业获得了较好的套期保值结果，有效地防止因原料价格上涨带来的风险。但是，由于现货价格的上升幅度大于期货价格的上升幅度，基差扩大，从而使得饲料企业在现货市场上因价格上升买入现货蒙受的损失大于在期货市场上因价格上升卖出期货合约的获利，盈亏相抵后仍亏损1 000元。这是基差的不利变动引起的，是正常的。

厂商为了锁定产品的销售利润，卖出套保是不错的选择。企业如果预期自己所生产的产品价格将下跌，为了抵消利润下降的损失，可以在期货市场上卖出期货合约，当产品价格下跌后买入期货合约平仓获利了结仓位，期货市场上的盈利在一定程度上可以抵消现货市场价格下跌的损失。

例8-4 假定在5月1日，豆油现货价格为5 600元/吨，某榨油厂每月产豆油2 000

吨。该榨油厂担心豆油销售价格将出现下跌。为了规避后期现货价格下跌的风险，该厂决定在大连商品交易所(大商所)进行套期保值交易。当日大商所7月交割的豆油期货合约价格在5 650元/吨附近波动，该厂当日在大商所以5 650元/吨卖出200手7月交割的豆油合约进行套期保值(大商所豆油合约的计量单位为手，1手=10吨)。

正如榨油厂所料，6月15日，该厂在现货市场上以5 400元/吨的价格出售了2 000吨豆油，同时在期货市场上以5 420元/吨的价格买入200手7月交割的豆油合约平仓。虽然现货价格出现了下跌，油厂的销售价格降低，但由于该厂已经在期货市场进行了套期保值，企业的销售利润在油价下跌中受到了保护。

交易情况如表8-3所示。

表8-3　交易明细

时　间	现货市场	期货市场
5月1日	豆油现货价格为5 600元/吨	卖出200手7月豆油合约 价格为5 650元/吨
6月15日	卖出2 000吨豆油 价格为5 400元/吨	买入200手7月豆油合约 价格为5 420元/吨
盈亏分析	损失400 000元 $(5\,400-5\,600)\times2\,000=-400\,000$(元)	盈利460 000元 $(5\,650-5\,420)\times200\times10=460\,000$(元)
套期效果	盈利60 000元 $460\,000-400\,000=60\,000$(元)	

本例中的基差从50元/吨缩小为20元/吨，是有利于卖出套期保值的变化，使得此套期保值交易不但避免了现货市场价格下跌导致的利润下降损失，而且还取得了额外的收益6万元。

2) 锁定加工利润

对于加工企业来讲，原材料和产品都是由市场来定价的，都有必要进行套保，在买入保值的同时也要卖出套保，才能达到锁定加工利润的目的。

3) 库存管理

库存管理包括降低企业库存成本和锁定库存风险。由于期货合约代表着相应的实物量，企业增加库存只需要买入对应的期货合约即可。比如铜加工企业需要1 000吨铜的库存，买入200吨的现货铜并买入800吨的铜期货合约，不仅可以达到买入1 000吨铜的效果，而且800吨铜期货只需80吨铜的资金(按照10%的保证金计算)，同时减少了800吨铜的仓储费。对于现货企业来说，当市场处于高价位或在下跌趋势中，卖出套保是非常必要的，这样可防止库存贬值。

4) 利用期货市场主动掌握定价权

企业的生产经营是连续的，而资金资源常常是有限的，当企业的库存不足而价格又处于高位时，为保证生产经营的连续性该怎么办？没有期货市场，企业只能在高价位买入原材料，有了期货市场之后，企业可以在买入实物原材料的同时卖出对应数量的期货合约，在期货价格下跌后平仓，这样企业既保证了生产经营的连续性，又掌握了定价的主动性。

3. 套利交易

期货套利交易是一种风险相对低，收益较为稳定的投资方式，比较适合追求稳定收益的投资者。随着国内市场品种的逐渐增加和投资者水平的不断提高，套利交易作为一种重要的交易方式，已经被越来越多的投资者所关注。套利交易的形式主要有期现套利、跨期套利等。

1) 期现套利

期现套利是指利用期货市场与现货市场之间的不合理价差，通过在两个市场上进行反向交易，待价差趋于合理而获利的交易。期货价格与现货价格不可能无限偏离，越是接近期货合约的交割日，期货与现货的价格就会越接近，价差越小。期现套利正是利用这一规律来实现的。

要实现期现套利是有条件的，不是说只要期货价格高于或低于现货价格就可以实现套利，而是需要足够的套利空间。期现套利的条件就是：期货与现货的价差>套利成本。期货与现货的价差是指，期货价格高于现货价格的差额或现货价格高于期货价格的差额。

期现套利的成本包括：交易手续费、运输费、交割费、增值税及资金利息等费用。因为期现套利需要在期货合约到期时进行交割，即将所持有的现货以卖出的期货合约价格进行交割(将现货卖出)，所以套利成本如下：

期现套利成本=交易手续费+交割手续费+运输费+入库费+检验费+仓单升贴水+仓储费+增值税+资金占用利息

例8-5 假设某年3月14日，上海天然橡胶期货6月份交割的合约价格为18 790元/吨，当日天然橡胶现货成交均价为17 505元/吨，可知基差为1 285元/吨。此时基差为负值，且绝对值偏高，出现了实物交割的期货套利机会。因此可以买入天然橡胶现货，并相应卖出在6月交割的期货合约，以赚取中间的基差空间。

简要计算一下此次期货套利的成本，主要包括：买入现货的费用(包括运费)、交易手续费、交割手续费、仓储费、增值税和资金占用利息，具体如下。

交易手续费：期货3元/吨，点胶费10元/吨，共13元/吨。

交割手续费：4元/吨。

过户费：10元/吨。

入库费：15元/吨。

检验费：6元/吨。

仓储费: 90天×0.8元/天·吨＝72元/吨(仓储时间以90天计算)。

增值税估算: 1 285/(1＋13%)×13%＝148(元/吨)。

异地交割仓库与基准地上海仓库的运价贴水标准: 280元/吨。

期货保证金利息: 18 790×5%×3.6%÷4≈8.5(元/吨)(设定期货最低保证金率为5%, 年利率为3.6%)。

现货资金利息: 17 505×3.6%÷4≈157.5(元/吨)。

因此, 套利成本共计13＋4＋10＋15＋6＋72＋148＋280＋8.5＋157.5＝714(元/吨)。本次交易的利润＝期现基差－套利成本＝1 285－714＝571(元/吨)。

2) 跨期套利

所谓跨期套利, 是指在同一市场(即同一交易所)买入(或卖出)某一交割月份期货合约, 同时卖出(或买入)另一交割月份的同种商品期货合约, 以期在两个不同月份的期货合约价差出现有利变化时对冲平仓获利。

跨期套利成功的条件是: 远期合约期货价格与近期合约期货价格的差额应该大于套利成本。套利成本＝交易费用＋增值税＋仓储费＋存货资金占用成本＋其他费用。

例8-6 假设某年1月22日, 郑州交易所4月交割的棉花期货合约价格为13 185元/吨, 6月交割的棉花合约的价格为13 470元/吨, 价差达285元/吨。套利成本的估算如下:

4～6月的仓储费: 0.6元/吨·天×60天＝36元/吨; 交割手续费: 4元/吨; 交易手续费: 1.6元/吨; 年贷款利率: 6%; 增值税: 增值税暂时按建仓价位与交割结算价差÷(1＋13%)×13%计算, 按285元计算则为32.79元/吨; 4～6月占用资金的利息: 交割结算价×6%÷12×2＝13 185×6%÷12×2＝131.85(元/吨)(不考虑保证金占用的利息)。总的套利成本为: 36＋4×2＋1.6×2＋32.79＋131.85＝211.84(元/吨)。

设计套利的方案, 分析此套利的盈亏。设计和分析过程如表8-4所示。

表8-4 套利方案

时 间	4月份交割的合约	6月份交割的合约	价 差	盈 亏
1月22日	以13 185元/吨的价格买入合约	以13 470元/吨的价格卖出合约	285元/吨	
1月22日～4月交割日	只要两个合约的价差缩小, 无论价格上涨还是下跌, 则将两个期货合约平仓: 卖出4月合约、买入6月合约	(新的价差＋手续费)<285元/吨	(285－新价差－1.6－4)/吨
4月份交割日～6月份交割日	如果两种合约的价差没有缩小, 则将4月合约持有并以13 185元/吨的价格交割获得棉花现货; 在6月交割日将6月合约以13 470元/吨的价格交割, 将所持有的棉花现货卖出	285元/吨	285－211.84＝73.18(元/吨)

8.2 期货交易规则

8.2.1 开设账户

在此主要介绍商品期货的开户和股指期货的开户。

1. 商品期货开户

商品期货开户时，要关注开户条件、提交资料、期货公司的选择、开户流程等内容。

1) 开户条件

商品期货的开户条件比较宽松，对投资者的资金量要求也不是很高。具体来讲包括以下条件。

(1) 具有完全民事行为能力；

(2) 有与进行期货交易相适应的自有资金或者其他财产，能够承担期货交易风险；

(3) 有固定的住所；

(4) 符合国家、行业的有关规定。

2) 开户提交资料

(1) 自然人账户：中华人民共和国居民身份证原件；银行卡(工行、农行、中行、建行、交行任选其一，开通银期转账业务)。

(2) 法人账户：法人户开户必须携带法人代表有效身份证、法人营业执照、税务登记证、银行开户证明到公司或者当地营业部办理(或在有公司或营业部员工在场的任何地方办理)。如委托人代理办理开户事宜，则需法人代表签字并同时提交加盖公章的授权书。

3) 选择期货公司

期货公司是投资者与期货交易所之间的纽带，正如买卖股票要通过证券公司一样，普通投资者参与商品期货和金融期货交易，必须通过期货公司进行。因此，选择一家合适的期货公司进行开户，有利于保护投资者的合法权益。投资者在选择期货公司时，可以考虑以下几点因素。

(1) 期货公司的合法性。依法成立的期货公司应该在交易现场挂出中国证监会颁发的《期货经纪业务许可证》《金融期货经纪业务许可证》以及国家工商总局颁发的营业执照。期货经纪公司在异地开设的合法的营业部也应该挂出中国证监会颁发的《期货经纪公司营业部经营许可证》以及当地工商局颁发的营业执照。注意，无论是许可证还是营业执照，上面都标明了有效期限。此外，由于中国证监会对期货经纪公司及其营业部实行年检制，因此，注意你所选择的期货经纪公司是否按时通过年检也很重要。

(2) 期货公司的安全性。应选择一个能保证资金安全的经纪公司。最好的方法是获得有关资料能够证明该公司实力雄厚，商业信誉良好，严格遵守经纪业务与自营业务分开的原则，而且在以前的经营中，没有严重的自营亏损，没有经济诉讼案件。

(3) 期货公司的交易平台。应选择一家网上交易技术先进、安全的期货经纪公司。目前，网上交易已经成为期货交易的主要模式，因此期货行情和交易系统的稳定性、安全性和便捷性已经成为客户能够投资成功的重要保障。

(4) 期货公司的资讯及时性。应选择一个能提供准确的市场信息和投资决策参考的经纪公司。经纪公司应提供相关商品的研究资料、报价和交易建议并帮助客户作出交易决策。有些经纪公司在农产品收获季节专门派人员去产地调查收获情况，掌握第一手资料，帮助客户正确决策；有些经纪公司与国家部委、统计部门建立友好协作关系，追踪政策面和现货基本面的变化。信息是期货交易赢利的一个关键性因素，客户应选择那些重视信息工作的经纪公司。

4) 开户流程

期货账户的开户流程是比较方便、快速的，如图8-1所示。

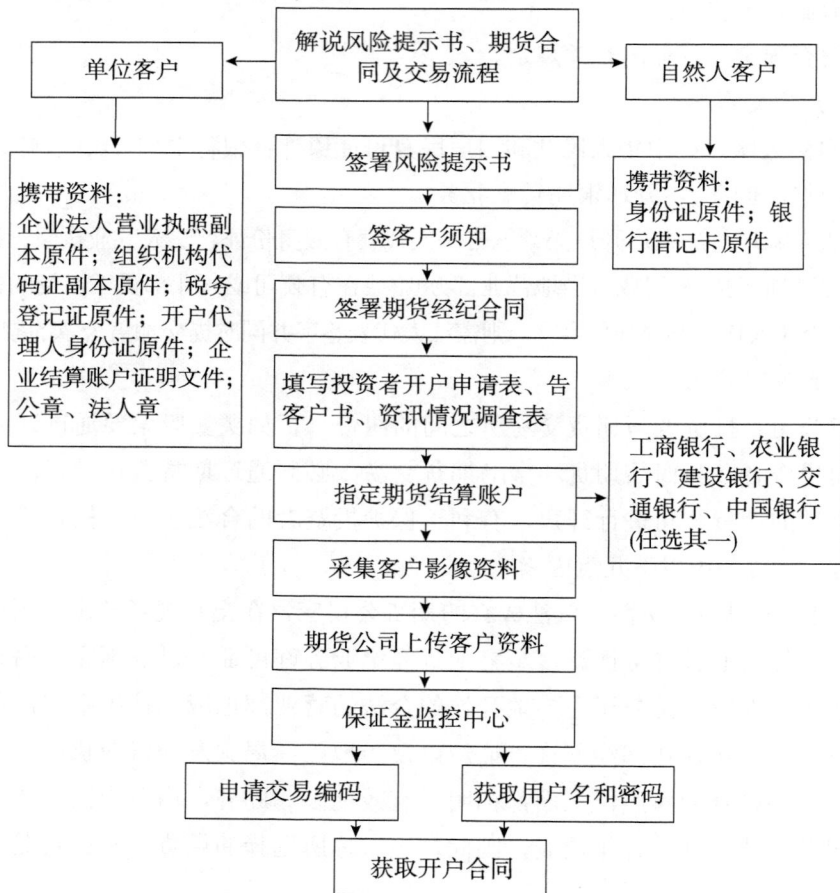

图8-1 商品期货开户流程

2. 股指期货开户

1) 开户条件

(1) 自然人投资者。自然人投资者的开户条件包括以下4个方面。

① 资金要求：客户申请开户时期货保证金账户可用资金余额须不低于50万元(以期货公司收取的保证金为标准)；

② 基础知识要求：具备股指期货基础知识并通过相关测试(不低于80分)；客户须具备至少有10个交易日、20笔以上的股指期货模拟交易经历、或者最近三年具有10笔以上商品期货交易成交记录；

③ 否定性条件要求：不存在严重不良诚信记录、或法规禁止或者限制从事股指期货交易的情形；

④ 综合评估(只针对自然人投资者)：基本情况(年龄、学历)、相关投资经历、财务状况(金融类资产、年收入)、诚信状况(个人信用报告)，综合评价得分在70分以下的，不得申请交易编码。

(2) 法人投资者。除具备以上条件外还需符合：净资产不低于100万元；具有相应的决策机制和操作流程；法人投资者的指定下单人、结算单确认人、资金调拨人同时通过股指期货基础知识测试。

2) 开户提交的资料

(1) 自然人客户须提供以下5个方面的材料。

① 基本情况的证明材料：中华人民共和国居民身份证或临时身份证原件、学历证明文件、申请开户时前一交易日日终保证金账户可用资金余额不低于人民币50万元的证明文件。

② 投资经历证明材料：以仿真交易经历申请开户的，投资者需提供模拟交易账户，期货公司从交易所网站查询投资者仿真交易数据，是否满足申请交易编码前一交易日日终具有至少10个交易日、20笔以上的成交记录；以商品期货交易经历申请开户的，投资者应当提供近期加盖相关期货公司结算专用章的最近三年商品期货交易结算单，作为商品期货交易经历证明；近期加盖相关证券营业部专用章的股票对账单作为证券交易经历证明(近3年，每年选一个月份)。

③ 本人金融类资产的证明材料：银行存款、股票、基金、期货权益及债券、黄金、理财产品(计划)等资产的证明材料。

④ 年收入证明材料：税务机关出具的收入纳税证明、银行出具的工资流水单或者其他收入证明。

⑤ 诚信状况的证明材料：当地中国人民银行出具的近两个月的《个人信用报告》。

(2) 机构法人开户须提供如下材料。

①《企业营业执照》(副本)、《税务登记证》、《组织机构代码证》(副本)原件以及复印件(加盖机构公章);

② 中国证监会规定的结算银行范围内的至少一个银行结算账号及开户行，并提供银行开户证明(基本户开户许可证或开立银行账户申请书复印件)，并加盖机构公章;

③ 法定代表人的身份证原件、复印件及法定代表人身份证明(加盖机构公章);

④ 指令下达人、资金调拨人、结算单确认人及被授权人的身份证原件、复印件(加盖机构公章);

⑤《机构投资者授权书》(若法定代表人本人前来开户，则无需签署)，并加盖机构公章;

⑥ 不低于人民币100万元的净资产证明(加盖其机构公章的最近12个月内的资产负债表);

⑦ 申请开户时前一交易日日终保证金账户可用资金余额不低于人民币50万元(保证金账户可用资金余额以公司收取的保证金标准作为计算依据);

⑧ 参与股指期货相关的决策机制和操作流程，并提供加盖公章的证明文件。决策机制应包括决策的主体与决策程序，操作流程应明确业务环节、岗位职责以及相应的制衡机制;

⑨ 公司从交易所查询并认定的，以该投资者身份参与的至少10个交易日、20笔以上的股指期货仿真交易成交记录，或加盖相关期货公司结算专用章的最近三年内商品期货交易结算单，且具有至少10笔以上的成交记录;

⑩ 特殊法人申请开立股指期货还需监管机构、主管机构批准证明文件;

⑪ 股指期货投资者适当性制度规定的其他证明文件。

3) 开户流程

股指期货的开户流程如图8-2所示。

```
┌─────────────────────────────┐
│  投资者携带身份证明文件及相关   │
│    开户材料到公司营业场所       │
└─────────────────────────────┘
              │
              ▼
┌─────────────────────────────┐
│ 开户专员对投资者进行股指期货风险提示 │
│ 并验证投资者身份真实性及材料完整性   │
└─────────────────────────────┘
```

开户专员验证投资者仿真交易经历或商品期货交易经历	开户专员组织投资者进行知识测试(80分以上)	开户专员对投资者进行综合评估(70分以上)	不存在严重不良诚信记录审查

```
┌─────────────────────────────┐
│  开户专员在柜员系统中录入投资者资料 │
└─────────────────────────────┘
              │
              ▼
┌─────────────────────────────┐
│ 开户专员验证投资者上一交易日日终可用 │
│  资金金额是否达到标准(50万以上)    │
└─────────────────────────────┘
              │
              ▼
┌─────────────────────────────┐
│  复核人复核客户资料及相关证明材料  │
└─────────────────────────────┘
              │
              ▼
┌─────────────────────────────┐
│      申请股指期货交易编码        │
└─────────────────────────────┘
          │           │
          ▼           ▼
    ┌────────┐  ┌──────────────┐
    │  回访   │  │  客户资料存档   │
    └────────┘  └──────────────┘
```

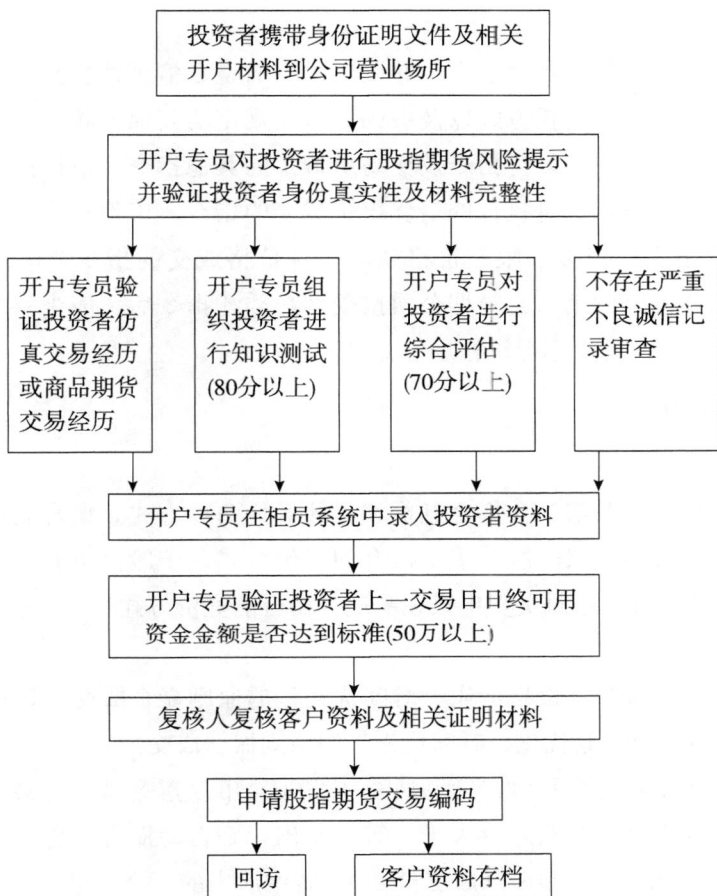

图8-2 股指期货开户流程(自然人账户)

国债期货的开户条件、流程与股指期货基本相同，在此不作赘述。

8.2.2 委托买卖、竞价与成交

1. 委托买卖

1) 交易时间

交易日为每周一至周五 (国家法定假日除外)。沪深300股指期货合约的交易时间：集合竞价时间9:10～9:14，撮合成交时间为9:14～9:15，连续交易时间为9:15～11:30(第一节)和13:00～15:15(第二节)，最后交易日交易时间为9:15～11:30(第一节)和13:00～15:00(第二节)。商品期货的交易时间为：集合竞价时间为8:55～8:59，撮合成交时间为8:59～9:00，连续交易时间为9:00～10:15(第一小节)、10:30～11:30(第二小节)、13:30～15:00(第三小节)。

2) 委托方式

期货合约的交易单位是"手"，并以"手"的整数倍进行交易。客户可以通过书面、电话、互联网等委托方式以及中国证监会规定的其他方式，下达交易指令。交易指令分为市价指令、限价指令及交易所规定的其他指令。市价指令是指不限定价格的、按照当时市场上可执行的最优报价成交的指令。市价指令的未成交部分自动撤销。限价指令是指按照限定价格或者更优价格成交的指令。限价指令当日有效，未成交部分可以撤销。会员期公司接受客户委托指令后，应当将客户的所有指令通过交易所集中交易，不得进行场外交易。

2. 竞价与成交

1) 竞价

期货竞价交易一般都包含集合竞价和连续竞价两种方式。集合竞价是指对在规定时间内接受的买卖申报一次性集中撮合的竞价方式，一般投资者应该尽量少参与集合竞价。连续竞价是指对买卖申报逐笔连续撮合的竞价方式。

2) 成交原则

连续竞价交易按照"价格优先、时间优先"的原则撮合成交。以涨跌停板价格申报的指令，按照"平仓优先、时间优先"的原则撮合成交。

限价指令连续竞价交易时，交易所系统将买卖申报指令以"价格优先、时间优先"的原则进行排序，当买入价大于、等于卖出价则自动撮合成交。撮合成交价等于买入价(bp)、卖出价(sp)和前一成交价(cp)三者中居中的一个价格。

例如，当买入价为3 450.2点、卖出价为3 449.6点时，如果前一成交价为3 449.4点，则最新成交价为3 449.6点；如果前一成交价为3 449.8点，则最新成交价为3 449.8点；如果前一成交价为3 450.4点，则最新成交价为3 450.2点。

集合竞价未产生成交价的，以上一交易日收盘价为前一成交价，按照上述办法确定第一笔成交价。

买卖申报经撮合成交后，交易即告成立。符合《中国金融期货交易所交易规则》各项规定达成的交易于成立时生效，买卖双方应当承认交易结果，履行相关义务。依照《中国金融期货交易所交易规则》达成的交易，其成交结果以交易所系统记录的成交数据为准。

8.2.3　交易费用

1. 交易手续费

不同期货品种的交易手续费是不一样的。各期货公司都是期货交易所的会员，客户参与期货交易的手续费有一部分上交给期货交易所，另一部分归期货公司所有，用于自身的运营。不同期货公司收取的手续费是不一样的，可以在期货交易所收取的手续费基础上向上浮动。规模大、实力强的期货公司手续费高一些，而一些小的期货公司略低。手续费也会因客户资金量的大小、交易量多少而不同，资金量大的客户，期货公司也会适度降低手续费。

2. 交割费用

期货合约如果没有平仓，而是继续持有到交割日进行交割，还会发生一些相关的费用：如交割手续费、运输费用、检验费、入库费、仓租费、增值税、仓单升贴水等。

仓单升贴水是指交易所对不同的交割仓库，不同品质的品种规定了详细的升贴水情况，具体参见各期货交易所网站资料。

8.2.4　风险控制制度

期货交易是一种风险较大的投资形式，所以有很多风险控制制度对盈亏加以限制，主要包括：涨跌停板制度、保证金制度、强制平仓制度等。

1. 涨跌停板制度

期货交易所实行价格涨跌停板制度，并由交易所制定各期货合约的每日最大价格波动幅度。不同的期货品种、不同的市场，其涨跌停板的比率各不相同。并且在交割月的涨跌停板比率比非交割月要高一些。当期货合约连续出现同方向的单边市的时候，该合约的涨跌板比率也要相应扩大。

所谓单边市是指当某一期货合约在某一交易日收盘前5分钟内出现只有停板价位的买入(卖出)申报、没有停板价位的卖出(买入)申报，或者一有卖出(买入)申报就成交、但未打开停板价位的情况，称为涨(跌)停板单方无报价，即单边市。

各期货品种的涨跌停板情况参见表8-1，至于对涨跌停板的调整方式，可以参见各期货交易所网站资料。

2. 保证金制度

期货交易所实行保证金制度。保证金分为结算准备金和交易保证金。

交易保证金是指结算会员存入期货交易所专用结算账户中确保合约履约的资金，是已被合约占用的保证金，其金额按合约价值的一定比例来计算。当买卖双方成交后，期货交易所按公布比例向买卖双方、依买入和卖出的持仓金额分别收取交易保证金。

结算准备金是指结算会员在期货交易所专用结算账户中预先准备的资金，是未被合约占用的保证金。结算准备金最低余额标准由期货交易所规定且须以结算会员自有资金缴纳。期货交易所有权根据市场情况调整结算会员结算准备金最低余额标准。

各期货品种的最低交易保证金比率参见表8-1，当出现连续同方向单边市之时，一般各品种的期货合约的最低交易保证金比率也会适当提高，对保证金比率的具体调整情况参见各期货交易所网站资料。

3. 强制平仓制度

期货交易所实行强制平仓制度。强制平仓是指交易所按照有关规定对会员、客户持仓实行平仓的一种强制措施。会员、客户出现下列情形之一的，交易所对其持仓实行强制平仓：结算会员结算准备金余额小于零，且未能在第一节结束前补足；客户、从事自营业务的交易会员持仓超出持仓限额标准，且未能在第一节结束前平仓；因违规、违约受到交易所强制平仓处理；根据交易所的紧急措施应当予以强制平仓；交易所规定应当予以强制平仓的其他情形。

8.3 期货投资分析

在进行期货投资时同样需要进行大量的分析，如宏观经济分析、行业分析、技术分析等，这部分内容已经在本书的第3、4章中加以介绍，在此不作赘述。本节将对期货投资的品种作简要分析。

8.3.1 农产品分析

商品期货品种投资分析的思路大体一致，一般包括：品种特性分析、行业特征分析、产业链分析和其他相关因素分析。对农产品的分析主要应考虑农产品本身的生产特点、市场特点和价格影响因素，尤其是农产品行业及其上下游产业链的内在因素和重要的外部相关因素。国内外上市的农产品期货品种包括玉米、小麦、棉花、稻米、大豆，以及农作物加工、提炼的产品——菜子油、棕榈油、豆油、豆粕、白糖等。其中小麦、玉米、早籼稻受国家政策保护，其余品种的市场化程度比较高，进出口与国际社会接轨程度较高，表现出较强的国际联动性，因此分析时必须关注国外相关品种的市场走势和影响因素。表8-5列举了大豆、玉米、棉花、白糖等农产品的品种特性和相关分析内容。

表8-5 四大农产品分析

品种	生 产 特 点	市 场 特 点	价格影响因素
黄大豆	中国非转基因大豆,种植期在5、6月份,7、8月份为关键的灌浆期,10、11月份为收获期。主要分布于东北三省,河北、山西中北部,陕西北部及西北各省(区),其中黑龙江大豆产量约占全国的40%。主要为食用,压榨所占比例较小	美国、巴西、阿根廷、中国大豆生产量分别居前4位。欧盟、亚太地区是主要大豆进口市场。国产大豆产量基本稳定,进口依存度加大,中国进口量近年迅猛增长,受进口大豆价格影响日益严重	供应:国际市场、国内大豆供应情况、进口量;消费:国际市场需求、国内市场需求因素;相关商品价格影响;相关的农业、贸易、食品政策;大豆国际市场价格
玉米	美国和中国玉米的种植与生长期基本相同,每年4~9月份主要反映作物的生长状况;10月至次年3月的南美洲玉米产区天气情况就成为关注要素之一。夏季的中期到晚期时,新作物产量情况会逐渐明朗,国内东北产区玉米在10月开始陆续上市,到来年5、6月份,玉米开始走向紧缺	美国、中国、南美产量位居前三位;美国、中国、欧盟、日本、巴西、墨西哥等为主要消费地区和国家;玉米深加工工业迅速发展,推动玉米消费需求。国内玉米消费主要来自饲料和加工业。每年进口量较低,出口量相对稳定,国内产量是影响国内供应的主要因素	玉米的供求情况:玉米的供应、玉米的需求、玉米库存的影响、相关商品的价格;气候的影响;经济周期;货币的汇率;国家相关政策的影响;其他因素
棉花	产棉区域大都在北纬40度至南纬30度之间的广阔地带。我国棉花生长期较长,受自然因素的影响较大。影响棉花生长和发育的灾害有气象灾害和病虫害。棉花主产区有新疆、河南、山东、江苏、河北、湖北、安徽等	世界棉花出口最多的五个地区依次是美国、乌兹别克斯坦、西非、澳大利亚和希腊,约占世界出口总量的65%。进口棉花较多的地区分别是印度尼西亚、墨西哥、土耳其、巴西、朝鲜、中国台湾地区和俄罗斯等。中国的棉花进口以美国陆地棉居多,其次为乌兹别克斯坦和澳大利亚。国际棉花总产量相对比较稳定	供应:前期库存量、当期生产量、品级、进口量、生产能力、生产商的总数、替代品的相对生产成本;需求:国内消费量、出口量、期末库存、消费者的购买力、消费者偏好、代用品的供求及价格等;其他因素:经济、金融、政治因素、政策因素、自然因素、社会风俗习惯、投机和心理因素等
白糖	我国食糖季节生产、全年消费,生产集中于每年的10月至次年4月。18个省区产糖,沿边境地区分布,南方是甘蔗糖,北方为甜菜糖。甘蔗糖占全国产量的80%以上。生产期具有喜高温、光照强、需水量大、吸肥多等特点,干旱、洪涝、大风、冰雹、低温霜冻等天气对处于生长期的甘蔗具有灾害性的影响	世界食糖主产国和地区有巴西、印度、欧盟、中国等,巴西、欧盟、泰国是世界食糖主要出口国家;世界食糖消费量较大的国家和地区包括印度、欧盟、中国、巴西等;食糖是价格波动最大的商品之一;我国食糖供求基本平衡,略有缺口,进口食糖以原糖为主;我国食糖主要消费区分布在华东、京津、华中、华南和东北地区	现货市场供求、进出口、库存;替代品:甜味剂主要包括淀粉糖、糖精、甜蜜素;国际期货市场的联动性;其他因素:气候与天气、季节性、政策因素、国际和国内政治经济形势、经济周期、利率、汇率、通货膨胀率、消费习惯、运输成本、市场投机力量及心理因素等

8.3.2 基本金属分析

基本金属是国民经济发展的基础材料，行业发展受经济进程及工业化水平的影响，并受矿产资源供应状况制约。矿产资源的供给相对于需求而言是有限的。基本金属行业的共同特征包括以下几点。

第一，与经济环境高度相关，周期性较为明显。当经济处于上升时期，市场需求增加，金属价格上升，当经济低迷甚至衰退时，对金属的需求增长放缓，金属价格一般会下跌。

第二，产业链环节大致相同，定价能力存在差异。一般而言，金属产业链可以划分为采选、冶炼、加工、消费4个环节，对应着矿产商、冶炼企业、金属加工企业，以及建筑、电力、电子、交运设备制造、五金机械、化工等消耗或使用金属制品的企业。产业链不同环节的定价能力取决于其垄断能力，总体而言矿产商强于冶炼企业，冶炼企业强于金属加工企业，当然品种之间、地域之间还是存在较大差异。

第三，需求弹性大于供给弹性，供求变化不同步。金属需求受世界经济形势的影响，金属需求可以在较短时间内发生较大变化。而金属的供给在短时期内提升幅度有限，因为矿产资源的勘探、开采建设周期都比较长，产能很难在短期内大幅度增加，而一旦开工生产也不会轻易压缩产能。

第四，矿山资源垄断，原料供应集中。20世纪90年代以来，采矿和钢铁行业是基础材料行业中整合度最高的行业，这其中又以铁矿石行业的垄断程度最高。淡水河谷、力拓、必和必拓这三大巨头垄断了全球70%的铁矿石资源，世界前五位铜矿生产商的占比也达到43.5%。每年的铁矿石贸易谈判、年度铜加工费谈判对于钢铁、铜价都有重要影响。

对于基本金属的具体分析如表8-6所示。

表8-6 基本金属分析

品种	生产特点	市场特点	价格影响因素
铜	世界铜资源主要集中在智利、美国、赞比亚、秘鲁、波兰等国。智利探明储量达1.5亿吨，约占世界总储量的1/4；美国探明储量为9 100万吨，居第二；赞比亚居第三。中国探明的铜资源储量为6 752.17万吨，储量主要分布在江西、云南、湖北、西藏、甘肃、安徽、山西、黑龙江等地。中国是世界最大的铜资源进口国和精炼铜生产国	2000年以来，发展中国家的铜消费的增长率远高于发达国家。西欧、美国铜消费量所占比例呈递减趋势，亚洲(除日本以外)国家和地区的铜消费量成为消费增长的主要推动力。中国从2002年起成为最大的铜消费国，2009年消费量约占世界消费总量的36.6%	国内外经济形势；供求关系、库存；汇率、进出口关税；产业政策；用铜行业发展趋势；铜的生产成本；基金的交易方向；原油、美元等相关市场价格波动

(续表)

品种	生 产 特 点	市 场 特 点	价格影响因素
铝	全球铝土矿资源探明的储量约为250亿吨，几内亚、澳大利亚、巴西、中国、牙买加、印度等国约占73%。中国铝土矿97%分布在山西、河南、贵州、广西、四川、山东、云南7省。氧化铝生产大部分分布在铝土矿资源地区。铝锭的生产主要集中在中国、美国、俄罗斯等国和地区，产量约占世界的60%以上。我国电解铝产量从2001年起居世界第一	建筑、交通运输和包装三大领域已经逐渐成为铝消费的主体。中国铝的生产企业大部分集中在西北部。华南、华东为最大的铝消费地区。2001年以前中国是铝净进口国。2001年以采国内原铝产量的大幅增长，使中国开始由净进口国成为净出口国	国内国际经济形势；供求关系、库存；电力价格；氧化铝供应及价格；产业政策；汇率、进出口关税；铝应用趋势变化；铝生产工艺的改进与革新
锌	世界主要锌生产国有中国、加拿大、韩国、日本、西班牙、澳大利亚，中国是世界上最大的锌生产国。我国锌资源储量居世界前列，云南、内蒙古、甘肃、广西、湖南广东、江西、四川、河北、陕西的储量占全国总储量的88%	世界上主要的锌消费国家有中国、美国、日本、德国、韩国、意大利、印度等。中国已经成为世界第一大锌消费国，我国交通运输、建筑基础设施等行业的发展带动了锌消费的高速增长	国内国际经济形势；供求关系、库存；汇率、进出口关税；产业政策；锌应用趋势的变化；锌冶炼成本；基金的交易方向
钢材	大型矿区主要分布在南美东部、澳大利亚西部、北美东部和东欧等地区。高品位矿区主要位于巴西、澳大利亚、印度，三国出口量占世界出口总量的70%。中国是世界最大的钢铁生产国、消费国和铁矿石进口国，尽管以含铁量计算2008年国内矿石产量已经升到全球第一，但我国原矿品位不高，不能满足钢铁生产需求，铁矿石的进口依存度仍然高达52%	2009年中国粗钢产量5.68亿吨，约占全球总产量的46.6%。国内钢企规模小、集中度低，原材料高度依赖进口。2008年螺纹钢和线材分别占钢材总产量的16.7%和13.8%。华东地区是国内最大的线螺生产和消费地区。螺纹钢和线材大部分用于建筑行业	国内外经济形势；需求因素对于钢铁价格的影响较为直接、供应调整较缓慢，对价格反映相对迟钝。投资需求在需求中所占比重巨大；库存变化；投资增长率；成本及利润；进出口政策

8.3.3 能源化工分析

对能源化工期货价格走势进行分析，既要分析各品种的个性，也要分析其共性。能源化工行业具有以下几个特征。

第一，受到原油走势影响。原油主要从两方面对化工产品产生影响，一是从成本上构成推力，二是对投资者心理产生影响。能源和化工品在走势上具有趋同性，尤其是原油在一段时间内形成明显上涨走势时，很容易引发现货市场跟涨，期货市场上大量资金涌入炒作。但是，在油价表现温和时，主导化工品价格走势的是其自身的基本面。因此，原油对化工品到底产生多少影响力关键是看原油上涨的幅度和影响的持续时间。

第二，价格波动具有季节性和频繁性的特点。化工品在生产上并不像农产品的供应具有季节性特点，但在其需求上存在季节性特点，使得期货价格也会随着上涨概率较大的季节、下跌概率较大的季节和价格盘整概率较大的季节的到来呈现三种情况。能源化工产业链长，供求关系的变化对期货价格的影响在很大程度上受交易者心理预期变化的左右，从而导致期货价格反复频繁波动。

第三，产业链影响因素复杂多变。石化产业链较为复杂，影响因素众多，且各品种具有各自的特点。无论是分析成本还是供需，都需要对各个环节有清晰的认识，忽视了任何一个环节的信息都容易产生反应过度或反应不足。

第四，价格具有垄断性。分析化工产业终端产品的价格不易，因为石化领域的"中间体"价格往往由生产企业根据成本加上企业的加工利润报价形成，而买方只能被动接受，所以化工产品价格具有垄断性。越是靠近产业链上游的企业，其价格垄断能力越强。

对能源化工产品期货的分析如表8-7所示。

表8-7　主要能源化工品期货分析

品种	生产特点	市场特点	价格影响因素
燃料油	我国燃料油主要由中国石油和中国石化两大集团公司生产、少量为地方炼油厂生产。从燃料油生产地域来看，明显呈现地区集中的态势，华东和东北地区的产量远远大于其他地区	燃料油市场化程度较高。供应中，进口资源约占50%以上。我国燃料油消费主要集中在发电(32%)、交通运输(22%)、化工(25%)等行业。消费主要集中于华南、华东地区，占全国消费总量的80%左右	供求关系，包括国内产量、进口量、库存和需求量；原油价格走势；产油国特别是OPEC各成员国的生产政策；投机因素；外汇、利率等相关市场；地缘政策因素
天然橡胶	天然橡胶树从种植到可采集一般需要6年时间，采割期大约25～30年，有淡旺季之分。每年2～4月、8～10月为淡季，5～7月、11月至次年1月为旺季。全球天然橡胶生产大国是泰国、印尼、马来西亚、中国、越南和印度	天然橡胶主要用于轮胎生产，占天然橡胶总消费量的40%～50%；天然橡胶消费量最大的国家是中国、美国、日本。我国天然橡胶流向基本是由南向北流，消费以上海、青岛和天津为中心向外辐射	供求情况及主要产胶国的出口情况；国际市场交易情况；进口政策及税率水平；季节与气候因素；主要用胶行业的发展状况；金融货币因素；政治因素
精对苯二甲酸PTA	中国是第一大PTA产能国，产能主要分布在外资、民营和中石化企业。国内聚酯产能高度集中在江苏和浙江两地；全球PTA的生产集中于亚洲、北美和西欧	长江下游对PTA需求强劲，一直存在缺口，2009年对外依存度降至30%以下。韩国、中国台湾、日本、印尼、泰国是我国PTA主要进口来源地；进口消费地集中在江浙地区	供应量：产量和库存；需求：聚酯增长及纺织增长；石油价格；生产原料价格；棉花市场价格走势；国内外装置检修状况；关税政策

(续表)

品种	生 产 特 点	市 场 特 点	价格影响因素
PVC	PVC自给率高达95%，在我国通用树脂中最高。华东、华北地区是我国PVC的主要产地，产量合计占全国的60%左右。我国电石法生产约占70%左右，乙烯法和进口单体法生产约占30%，产能主要集中在华北、华中及西北地区	PVC主要用于型材、管材、板材、电线电缆、软制品等，长三角、珠三角是PVC主要消费区域。我国PVC出口迅速扩张，进口逐渐减少，我国90%以上的进口流向了东南沿海地区。PVC国内贸易由西、北向东、南方向流动	上游原材料的影响，包括煤炭、焦炭、电力、原油、乙烯、原盐等；房地产行业状况；国内经济走势；塑料制品出口状况；产业政策；出口退税；其他相关领域，如纯碱行业、炼油行业等

8.3.4　贵金属分析

贵金属是金(Au)银(Ag)和铂族金属铂(Pt)、钯(Pd)、锇(Os)、铱(Ir)、钌(Ru)、铑(Rh)的统称。在国际期货市场上，贵金属品种仅为金、银、铂、钯4个品种。国内期货市场上市的贵金属期货主要是黄金期货。

由于贵金属有相似的物理属性和化学性，使得对贵金属的分析有一定的共性。贵金属的共性表现在以下几方面。

第一，供给的稀有性。贵金属的供给包括原始矿产资源和二次资源。矿产资源以各种各样的矿石矿物形式存在着，二次资源是矿产资源以外的各种再生资源，其来源和范围十分广泛。贵金属在地壳中的含量甚微，所以人们大多从矿石中提取贵金属，金和银的选矿冶金较为容易，而铂族金属元素由于含量更低且分散，加上彼此之间的化学性质极其相似使分离变得十分困难。

贵金属的回收也是供给的另一个重要来源。贵金属的二次资料来源主要包括贵金属材料在生产和加工过程中产生的废料，丧失使用性能的各种含有贵金属的器材和材料以及含有回收价值的各种对象、物料。贵金属具有很高的化学稳定性，各种含贵金属的材料或器件经过长期使用会失去原有的功能，但金属本身的价值依然存在；并且二次资源中回收贵金属已经受到高度重视，有关资料显示，全世界使用过的贵金属85%以上被回收和再利用。

第二，需求的特殊性。贵金属的需求主要分为首饰所用和工业需求。自20世纪70年代以来，首饰所用黄金和白银的量一直占总需求的70%～80%，不过2000年后随着黄金投资需求比例增加，首饰用金占比已经降至60%左右。早在1992年我国就成为纯金首饰最大消费国，总购买量接近335吨。目前，我国的黄金消费量占据全球第二，仅次于印度。银首饰和装饰品相对金价格较低，容易为消费者所接受。最近几年，铂金系列首饰开始猛增，主要有纯铂及其铂合金首饰、钯合金首饰等。

贵金属除用作首饰外，在现代工业材料中有着重要的用途。黄金有抗氧化、耐腐蚀，良好的导电、导热和延展性等诸多特点，在航空、新材料、电子和信息产业中的应用日益增多。此外，黄金因具有良好的生物相容性而被广泛用作牙科合金材料以及用于制成治疗类风湿关节炎的含金药物。银是所有金属中导电性最好的金属。银合金材料广泛用于供电、汽车、冰箱、电视机和雷达等各种器件中。铂族金属因具有独特的物理、化学性能，世界工业化国家都把它列为国防建设中的"战略物资"。目前铂金和钯金50%以上被用于汽车自动催化剂。

第三，投资属性。黄金的投资需求源于黄金本身的货币属性，即历史上黄金曾经是货币的载体。虽然，布雷顿森林体系崩溃后，《牙买加协议》从法律上解除了黄金的法定货币地位，但是，黄金的货币功能在国际市场和国际货币体系建设中仍然具有相当的影响力。现在黄金的作用主要集中在三个方面：①黄金仍然是各国维持货币体系和货币制度信心的基础。②黄金是一种终极资产，是应对危机的保障资产。在一国经济出现重大波动和不平衡时，黄金是最可靠的资产。③黄金作为私人投资工具所起作用更加突出。黄金交易、黄金租赁、黄金期货、黄金套期保值等产品的发展，使黄金投资克服了传统黄金交易存在的弱点，投资黄金的选择空间扩大，获利机会也相应增加。

黄金投资分析内容如表8-8所示。

表8-8　黄金投资分析内容

品种	生产特点	市场特点	价格影响因素
黄金	黄金来源于矿产资源和二次资源两个方面，主要受国家政策、资源状况和生产成本等因素的影响。2008年，中国成为黄金最大的生产国。我国黄金生产主要分布在山东、河南、福建和辽宁，其中山东产量占全国产量的20%以上	黄金金融属性的需求占到需求的2/3。而实物黄金的需求主要体现在首饰方面。印度是黄金最大的需求国。中国的消费状况与印度类似，目前处于增长期	供应：矿产金、再生金、央行售金、生产商对冲；消费：首饰用金、工业用金、投资需求；其他因素：经济因素、政治因素、资金因素、相关商品

8.3.5　金融期货分析

金融期货主要包括股指期货、国债期货、外汇期货等，我国目前推出了股指期货和国债期货。国债期货价格的影响因素非常多，主要包括：宏观经济周期、货币的供给量、国债发行量和发行利率、国债的需求、市场利率水平、物价水平、汇率被动、财政收支和货币政策、国际经济形势和跨国投资、投机和心理因素等，在此不作详细分析。在这里，主要对股指期货进行分析。

股指期货是指以股票价格指数为期货合约标的物的期货品种。所以，股指的涨跌直接决定股指期货合约的收益大小。对股指期货投资进行分析主要是分析影响股票价格指数的各因素。对股指产生影响的各因素如下。

第一，经济增长对股市的影响。股市作为经济周期的先行指标，被称为经济的"晴雨表"。股市周期与经济周期的运行有紧密的关联，股市波动的根源在于经济本身的周期性运行，而经济周期性波动是市场经济不可避免的现象。从根本上说，股票价格反映了人们对未来收益的预期，是股票持有者所有未来收益的折现。因而，整体宏观经济形势的趋势及其预期，自然就是影响股市运行的最重要的因素之一。

经济有着内在的周期性运行规律，即"衰退—萧条—复苏—繁荣—衰退"的循环。一般说来，在经济衰退时期，股票价格会逐渐下跌；到萧条时期，股价跌至最低点；而经济复苏开始时，股价又开始逐步上升；到繁荣时，股价则上涨至最高点。这种动因来源于：当经济开始衰退之后，企业的产品滞销，利润相应减少，促使企业减少产量，股票的预期收益也随之减少，预期收益现值的下降会导致股票价格的下跌，进而引起整个股市下跌。当经济衰退已经达到萧条时，整个经济处于瘫痪状况，大量的企业倒闭，投资者过度反应使整个股市跌幅超出预期，市场处于萧条和混乱之中。此时刺激经济的政策纷纷出台，经济周期经过最低谷之后又出现缓慢复苏的迹象，企业盈利逐步改善，股票所代表的预期收益增加，股票的价值(预期收益的现值)也随之增加，进而引起整个股市上涨。但需要注意的是，经济周期影响股价变动，但两者的变动周期又不是完全同步的。

第二，经济政策对股市的影响。总体上说，宏观经济政策包括财政政策、货币政策、收入政策、产业政策等。

对于货币政策而言，可以分为宽松的货币政策和紧缩型货币政策，一般来说宽松型货币政策有利于股市上涨，而紧缩型货币政策将使得股市下跌。主要原因如下：①宽松的货币政策为企业生产发展提供充足的资金，促进企业利润上升，从而带动股价上升；②宽松的货币政策下，社会总需求增大，刺激生产发展；同时居民收入得到提高，对投资的需求增加，股票价格上扬；③宽松的货币政策下，银行利率处于低位，部分资金从银行转移到股票市场，也将扩大股票市场的需求，同时低利率还提高了对股票价值的评估，二者均使股票价格上升；④货币供应量的过度增加引发通货膨胀，适度的通货膨胀有利于市场繁荣和企业利润上升，加上受保值意识驱使，资金转向股市，从而导致股价上升。宽松的货币政策包括利率下降、法定存款准备金率下降、再贴现率下降、货币供给量增加等，紧缩型货币政策的效果则与宽松型货币政策效果相反。

对于财政政策也分为积极的财政政策和稳健的财政政策。总的来说，积极的财政政策刺激经济发展，股票市场走强。稳健的财政政策将使过热的经济受到抵制，股票市场将走弱。积极的财政政策包含以下几个方面：①减少税收，降低税率，扩大减免税范围。其作用在于，增加企业的利润和居民的可支配收入，这就可以促使企业扩大生产规模，增加投资，也可以拉动消费需求，进而使股票价格上升。②扩大财政支出，加大财政赤字。其作用在于，通过政府购买公共支出增加商品和劳务需求，激励企业增加投资、提高产品产量、产出水平，于是企业利润增加，使得股市走强。

产业政策是指政府将宏观管理深入社会再生产过程中，对产业结构变化进行定向干预指导的方针和原则，它包括产业结构政策、产业组织政策、产业技术政策和产业贸易政策。一般而言，投资者应尽量选择政策支持的、高成长性的行业，规避政策限制的行业。

第三，股票市场的供给与需求。长期来看，股票价格由其内在价值决定，但就中短期而言，股票市场的交易价格是由供求关系决定的。成熟市场的供求关系是由资本收益率引导的，而像我国这样的新兴市场，股票价格很大程度上由一定时期内股票总量和资金总量的力量对比决定。

股票市场供给方面的主体是上市公司，上市公司的数量、融资规模和质量构成了股票市场供给的主要影响因素。当宏观经济运行良好，投资扩张的企业必然增多，融资的需求必然增加，这时将有更多的企业申请公开发行股票；同时，投资者良好的预期会促使其积极参与认购，上市公司数量也随之增加。这样，上市流通股份的数量就会增加，股票市场的供给也会相应增加。

股票市场需求，即股票市场资金的供给，是指能够进入股票市场购买股票的资金总量。股票市场的需求主要受以下几个方面因素影响。①货币数量，如果银根较松，整个社会的资金供给会呈现出比较充裕的局面；同时，作为微观经济主体的上市公司业绩的预期会得到相应的改善，也会吸引投资者的资金进一步进入股票市场，从而增加对股票的需求。②政策因素。由于我国股票市场还处于初步发展阶段，有关部门为了防范股票市场的风险，对进入股票市场的投资主体进行了严格的规定，一些不符合规定的资金不能进入市场。随着我国股票市场的不断成熟，政策限制逐步放开，进入股票市场的投资主体越来越多，为股票市场提供了新增资金，扩大了股票市场的资金供给量。③居民资产结构的调整。居民的金融资产主要由股票、债券及银行存款等构成。我国居民以前的金融资产绝大部分是银行储蓄，证券投资尤其是股票投资占金融资产的比例相当小。但是，随着人民生活水平的不断提高、金融投资意识的加强，不断有居民将原先的银行储蓄转化为股票投资，这将增加股票市场的资金供给量。④资本市场的逐步对外开放。证券市场的对外开放，是我国经济发展和改革开放的客观需要。合资证券期货经营机构大量设立，QFII与

QDII机制相继建立和完善，大型国有企业集团重组境外上市陆续推进，外商投资股份公司开始在境内发行上市，外资也被允许对上市公司进行战略投资等，资本市场的开放对股票市场的需求产生积极的影响。

第四，市场情绪。市场情绪至今还没有一个完整的定义，但是国际上对市场情绪的研究已经成为一个热点。许多研究表明，市场情绪对资产定价起到很大的影响作用，并可用于观察市场冷热状态；还有研究表明，情绪对市场中短期变动有很好的解释作用。总体来说，市场情绪是反映市场乐观或悲观程度的指标，是投资者心理的反映，也是投资者对市场表现的反映。当市场情绪高涨时，股市会趋于上升，当市场情绪悲观时，股价会趋于下跌。

8.4　模拟实训

8.4.1　实训目的

使学生掌握各类期货投资的开户、开仓、平仓、期货投机交易、期货套利交易、期货套期保值等操作过程；使学生拥有对各种期货进行分析的能力；对学生的学习效果进行检验、评价。

8.4.2　实训条件

1. 硬件条件

期货投资模拟实训对硬件条件的要求也不高，可以有多种途径达到要求。条件完备的学校可以选择在专门的金融实验室进行实训；没有专门金融实验室的学校可以选择在一般的计算机室通过安装软件进行实训；也可以让学生通过网络自行实训。

2. 软件条件

期货投资的实训软件主要包括：期货行情软件、期货模拟交易软件、期货实践教学软件，这些软件都可以分为安装版和网页版，有些是收费的，当然也有很多是免费的。在这里将一些软件资料列出，供教学时选择。

1) 期货行情分析软件

期货行情软件主要作用是：第一，为投资者提供各种信息，这些信息作为投资决策的依据，包括与各种期货有关的新闻、资讯、期货合约的情况等；第二，为投资者提供各种分析工具，如分时图、K线图、均线、技术分析指标、画线工具等。

期货行情软件种类繁多，绝大多数都是免费的，有的是与股票行情分析集成在一起的，有的是专门进行期货行情分析的软件。比较有影响力的期货行情软件是"文华财经——赢顺期货交易软件"，这款软件不但提供各种期货的行情，而且还可以进行期货模拟交易。具体下载地址为：http://db.wenhua.com.cn/rjxz/Download2.asp(文华财经)。同学们可以到该网站下载这个软件，并安装。

2) 期货模拟交易软件

期货模拟交易软件也有很多，经过比较和体验，本书推荐应用"文华财经——赢顺期货交易软件"作为期货模拟交易软件。因为，这是一款将期货行情和模拟交易集成在一起的软件，同学们不用另外下载安装软件了，同时该软件模拟账号的建立非常快捷、方便。下面对该软件的模拟账号的注册和设置进行介绍。在下载安装完成之后，打开http://sim.wenhua.com.cn/form.asp网页，就可以进行模拟账号的注册了：输入手机号——获得期货资金账号和密码——打开"文华财经——赢顺期货交易软件"——点击"交易"菜单——选择"切换账号设置"选项——选择"账号1"、"文华内盘模拟"、输入资金账号和密码最后点击"保存"。通过以上过程就完成了模拟账户的注册，下面就可以利用该账号进行买卖开仓、平仓的交易了。

3) 期货投资实践教学软件

期货投资实践教学软件不但具有期货模拟交易软件提供的虚拟账户和虚拟资金的功能，还具有实训教学组织、实训教学评价、实训教学管理等功能，在实践教学中具有一定的优势。但这类软件多为收费软件，各学校可以结合自身的条件进行选择。

8.4.3 实训内容

1. 熟悉期货行情分析软件

期货行情分析软件的种类很多，所拥有的功能也是比较丰富的。对于投资者而言掌握行情分析软件的功能，是期货投资活动顺利进行的条件。以"文华财经——赢顺期货交易软件"为例，教师指导学生完成下列实训内容，并对学生的操作记录进行评价或考核。

(1) 软件的下载与安装，注册模拟账户并登录；

(2) 能够快速调出各种期货合约，熟练运用各期货合约的交易代码，如"CU1308"为沪铜2013年8月交割的期货合约，"Y1309"为豆油2013年9月交割的合约等。各类期货合约的交易代码参见表8-1；

(3) 能够进入某个期货合约的分时图、K线图，并且能够在两者之间进行切换，能够变换K线图的周期，如日线、周线、1分钟线、1秒钟线等；

(4) 会查看各期货合约的基本面信息和相关新闻；

(5) 会应用技术指标进行分析，并能够在不同的技术指标间进行切换；

(6) 会运用画线工具对期货合约的价格趋势进行分析；

(7) 对所注册的模拟账户进行设置；

(8) 利用注册的模拟账户进行下单交易。

实训后填写实训记录，如表8-9所示。

表8-9　实训记录

目的:		时间:		地点:	
实训过程及理由					
实训体会					
教师点评及考核					

期货行情分析软件的功能是十分丰富的，以上所列的实训项目仅是软件的一小部分功能的应用，其他的功能还请同学生利用一定的时间进行摸索和应用。

2. 基本分析实训

基本分析对于期货投资是十分重要的方法，基本分析可以帮助投资者判断各类期货合约价格的大方向和长期趋势，帮助投资者选择出最佳合约品种作为投资对象，也可以帮投资者确定操作的基本策略是做空还是做多。基本分析的主要内容包括宏观经济分析、行业分析和期货品种分析。请同学们在教师的指导下完成下列实训内容。

(1) 判断当前的宏观经济形势及对各期货品种的影响;

(2) 选择某一期货品种进行分析, 分析该期货品种的供求状况、相关商品价格、经济因素、社会因素及政治因素等对该期货品种价格的影响, 并预测其价格的未来趋势;

(3) 收集关于某一期货品种的新闻资讯, 分析其对该期货品种价格的影响。

实训后填写实训记录, 如表8-10所示。

表8-10　实训记录

目的:		时间:	地点:
实训过程及理由			
实训体会			
教师点评及考核			

3. 技术分析实训

技术分析对于期货投资是十分重要的, 尤其是对于短线操作的期货投资者更加重要。短线操作需要对价格的变化作出快速反应, 而技术分析就能够在一定程度上帮助投资者对价格的变化作出判断。请同学们就以下内容进行技术分析的实训。

(1) 根据分时图判断某一期货品种的价格变动方向;

(2) 根据K线图(1秒钟线、5秒钟线、1分钟线、5分钟线等)判断某一期货品种的价格变动方向;

(3) 根据技术分析指标(MACD指标、RSI指标、KDJ指标等)判断某一期货品种的价格变动方向;

(4) 根据K线的形态、价量关系等, 预测某一期货品种的价格走势。

完成上述实训内容后填写实训记录, 如表8-11所示。

表8-11 实训记录

目的：	时间：	地点：
实训过程及理由		
实训体会		
教师点评及考核		

4. 委托买卖实训

同学们在掌握了基本分析与技术分析的方法之后，就可以利用虚拟账户进行期货买卖开仓、平仓的实训了。主要包括以下内容。

(1) 买入开仓、卖出平仓；

(2) 卖出开仓、买入平仓；

(3) 观察某一期货合约的持仓的盈亏情况，平仓的盈亏情况；

(4) 进行一次跨期套利。

完成上述实训内容后填写实训记录，如表8-12所示。

表8-12 实训记录

目的：	时间：	地点：
实训过程		
实训体会		

（续表）

教师点评及考核	

习 题

一、判断题

1. 美元与贵金属、工业品期货价格相关性较高，与农产品期货价格相关性较弱。（   ）

2. 人们出于投机心理开始从事期货交易。（   ）

3. 期货交易可以不在期货交易所内进行。（   ）

4. 期货交易要缴纳全额保证金。（   ）

5. 期货交易的双向机制使期货交易具有高收益性、高风险的特点。（   ）

二、单项选择题

1. 我国第一个商品期货市场是（   ）。

A. 上海期货交易所　　　　　　　　B. 郑州商品交易所

C. 大连商品交易所　　　　　　　　D. 武汉商品交易所

2. 以下（   ）不是影响金属期货价格的间接因素。

A. 经济状况　　　　　　　　　　　B. 产业政策

C. 供应和需求　　　　　　　　　　D. 资源分布

3. 金融期货中，率先出现的品种是（   ）。

A. 利率期货合约　　　　　　　　　B. 股指期货合约

C. 股票期货合约　　　　　　　　　D. 外汇期货合约

4. 下列商品中，不属于郑州商品交易所上市品种的有（   ）。

A. 小麦　　　　　B. 绿豆　　　　　C. 大豆　　　　　D. 红小豆

5. 我国实物商品期货合约的最后交易日是指某种期货合约在交割月份中进行交易的最后一个交易日，过了这个期限的未平仓期货合约，必须进行（   ）。

A. 实物交割　　　B. 对冲平仓　　　C. 协议平仓　　　D. 票据交换

6. 某客户开仓买入大豆期货合约20手，成交价格为2 020元/吨，当天平仓10手合约，成交价格为2 040元，当日结算价格为2 010元/吨，交易保证金比例为5%，则该客户当日平仓盈亏和持仓盈亏分别是(   )。

    A. 2 000元，-1 000元   B. -2 000元，1 000元

    C. -1 000元，2 000元   D. 1 000元，-2 000元

三、多项选择题

1. 下列不一定采用保证金交易的交易方式有(   )。

    A. 现货交易   B. 商品期货交易

    C. 金融期货交易   D. 远期交易

2. 期货交易的目的有(   )。

    A. 组织商品流通   B. 获得实物商品

    C. 规避现货市场价格波动风险   D. 获取投机利润

3. 在下列期货品种中，属于农产品期货的有(   )。

    A. 小麦期货   B. 黄油期货

    C. 木材期货   D. 可可期货

4. 期货投资中宏观分析有什么含义？(   )

    A. 符合对经济现象进行分析一般规律的要求

    B. 把握期货市场的总体变动趋势

    C. 了解不同经济背景下相同市场或相同经济背景下不同期货市场的表现差异

    D. 掌握宏观经济政策对期货市场的影响方向与程度

5. 期货交易的交割方式分为(   )。

    A. 实物交割   B. 现金交割

    C. 集中交割   D. 滚动交割

6. 在投资方法上，期货投资和股票投资有哪些相同之处？(   )

    A. 都采用集中竞价方式，竞价交易方式相同

    B. 两者使用投资术语差不多

    C. 大量的技术分析方法和指标都可以在两个市场使用

    D. 获利的基本法则都是"低买高卖"

课外阅读推荐

威廉·D. 江恩. 如何从商品期货交易中获利. 北京：机械工业出版社，2010

第9章　外汇投资实务

引言

美元是当今世界上最重要的货币，在国际结算中占据绝对主导地位，也是各国外汇储备的主要货币。从某种意义上讲，美国称霸世界靠的就是两个有力的拳头——美元和军事。而且美元霸权与军事霸权是相互促进、互为依托的。一旦丧失了军事上的霸权，美元霸权就会土崩瓦解。美国必须维持高额的军费开支，来控制东亚与欧盟。欧洲和亚洲以自己的外汇血汗钱构筑了美国一家独大的军事基地链来包围自己，来控制与遏制自己。在欧洲，美国以北约机制为主要控制工具。在东亚，正如中国军事科学院彭光谦少将所指出的：美国已经揭开了新冷战的序幕，试图要将中国崛起的神话扼杀在摇篮里。美国以中国为主要作战对象，构建了以西太平洋为主要战场，以空海军为主要作战力量的"空海一体战"战役作战体系。在这种情况下，美国不仅不可能降低国债，还将有针对性地增加在亚太地区的军费开支。长期来看，美军必然会继续采购大量新锐武器装备，用军事的力量来维护美元的地位，再用美元的地位维护军事的力量。换言之，用美元在全世界掠夺资源与财富，用飞机、导弹与航母来保证美元与石油的直接联系，以维护美元霸权与美国金融霸权的地位。结果我们可以看到，明明是美国发生了金融危机，但美国的通胀却并不严重，美国老百姓的生活水平却仍然居高不下，其他国家的通胀反而日趋严重，民众的生活水平缓慢下降。比如在欧洲，一些国家发生了金融动荡甚至发生了政治动荡，美国却安然无恙。这其实是美国在拿全世界的资源与财富养活它的人民、军队和航母。

资料来源：新浪读书，《美利坚帝国互为犄角的军事霸权与美元霸权》

通过这个资料或许可以让同学们了解到真实的美元。

9.1　外汇投资简介

9.1.1　外汇投资的含义及特点

1. 外汇投资的含义

狭义的外汇是指以外国货币表示的，为各国所普遍接受的，可用于国际间债权债务结算的各种支付手段。它必须具备三个特点：可支付性、可获得性和可兑换性。广义的外汇是指一国拥有的一切以外币表示的资产。包括：国外货币、外币支付凭证(票据、银行存款凭证、邮政储蓄凭证等)、外币有价证券(政府公债、国库券、公司债券、股票、息票等)、特别提款权等。

所谓外汇投资就是以外汇或者汇率为标的，以获得价差收益、套期保值、套利为目的的投资行为。

2. 外汇投资的特点

外汇市场是国际金融市场的重要组成部分，随着中国人民币国际地位的提高、人民币汇率生成机制的深化改革、中国金融市场的逐步开放，中国的外汇市场规模会越来越大，外汇投资的地位也会越来越高。外汇投资具有以下特点。

1) 市场规模巨大

外汇市场成交量大，市场透明度高。全球外汇市场日均成交量达4万亿美元，如此大的市场不存在庄家，且与外汇投资有关的数据和新闻都是在全球范围内共享的。

2) 价格以汇率(货币对)表示

一种货币不能单独形成汇价，某一货币的价格必须要由其他的货币来表现，即以汇率(货币对)的形式来表示某一货币的价格，如USD/JPY(美元/日元)、GBP/JPY(英镑/日元)等。例如：USD/JPY的汇率为120.10即表示1美元兑换120.10日元。在货币对中，第一种货币是基础货币，第二种货币是计价货币，表示1单位基础货币可兑换多少计价货币。

外汇保证金交易和外汇期货交易都是以货币对作为交易标的，相当于以计价货币买卖基础货币，但实际上投资者并不需要持有这些货币，而仅以汇率的变化作为判断盈亏的依据。

3) 投资对象较少

与股票市场上至少几千只股票相比，外汇市场上的投资对象就要少多了，这就可以减少投资者的研究和分析的工作量。在外汇市场上主要的投资对象是一些热门的货币对，如AUDUSD(澳元/美元)、EURUSD(欧元/美元)、GBPUSD(英镑/美元)、USDCAD(美元/加元)、USDCHF(美元/瑞朗)、USDCNY(美元/人民币)、USDHKD(美元/港币)、USDJPY(美元/日元)、USDSSGD(美元/新元)，以及以人民币表示的各种外币的价格等。

4) 交易机制和交易时间灵活

外汇投资一般可以进行双向交易，获利不受市况所限。外汇交易可做多，可做空，无论熊市牛市，只要市场行情波动均有机会获利；T+0交易，随时可以进行买卖，全球不同时区的外汇市场交替营业，并通过电话、网络等手段将全球的外汇市场连接成为一个24小时不间断的外汇市场。

9.1.2　外汇投资的种类

1. 目前我国银行推出的外汇业务

1) 即期结售汇

即期结售汇业务是指个人、企业等主体向银行买卖外汇的业务，分为结汇和售汇。即期结汇是指外汇所有者将外汇卖给银行，银行根据交易日汇率付给等值人民币的服务。即期售汇是指银行将外汇卖给外汇购买者，并根据交易日汇率收取等值人民币的行为。

2) 远期结售汇

与即期结售汇相对应的业务是远期结售汇业务，远期结售汇业务一般只针对企业开展。远期结售汇是指企业与银行协商签订远期结售汇合同，约定未来某一特定日期或时期，依交易当时所约定的外汇币种、金额、汇率进行交割的结售汇交易。

3) 即期外汇交易

即期外汇交易是指个人或企业等通过银行提供的交易平台，进行外汇买卖的业务。银行接受个人、企业客户的委托，为其办理两种可自由兑换货币之间的买卖业务，以规避汇率风险，达到外汇资产保值、增值目的。投资者在银行开立外汇存款账户和借记卡账户后，向银行申请并经审核同意，即可根据银行公布的外汇牌价，通过银行营业前台、电话银行或网上银行、自助终端、手机银行进行两种外汇之间的实盘买卖。外汇买卖业务主要包括的外汇币种有：美元、日元、港币、英镑、欧元、瑞士法郎、加拿大元、澳大利亚元、新加坡元、瑞典克朗、丹麦克朗和挪威克朗等。由于投资者必须持有足额的要卖出外币，才能进行交易，比较国际上流行的外汇保证金交易缺少保证金交易的卖空机制和融资杠杆机制，因此也被称为实盘交易。

4) 远期外汇交易

远期外汇交易是指银行与客户约定在将来某一特定日期按约定的汇率和金额进行外汇买卖交割的业务。此种交易方式的交割日有别于即期外汇交易，因此被称为远期外汇交易。一般而言，交割日在一年以内的为远期外汇交易；交割日在一年以上的为超远期外汇交易。

远期外汇交易是最常用的规避外汇风险、锁定夕汇成本的方法。客户对外贸易结算、到国外投资都会涉及外汇保值的问题。通过夕汇远期交易，客户可以事先锁定由于远期收付外汇而产生的成本或收益，从而达到防范汇率风险的目的。有外汇负债的客户可以利用该产品将以后所需支付的贷款利息和本金固定下来，以防范汇率风险。

5) 外汇期权

外汇期权业务是指，个人或企业在银行开立外汇存款账户后自愿与银行协商签订期权合同，约定期权买方支付给卖方一定的期权费，获得按照期权合同约定的币种、名义金额、执行汇率和日期，向期权卖方买入或卖出某种外汇的权利，期权卖方有责任按照期权合同的内容履行其义务的业务。

期权业务中买卖的期权分为看涨期权和看跌期权。看涨期权是指期权买方到期买入基础货币并卖出计价货币的期权，看跌期权是指期权买方到期卖出基础货币买入计价货币的期权。

期权按执行汇率和即期汇率的关系分为平价期权、价外期权、价内期权。平价期权指执行汇率与即期汇率相同的期权。价外期权指执行汇率高于即期汇率的看涨期权，或执行汇率低于即期汇率的看跌期权。价内期权指执行汇率低于即期汇率的看涨期权，或执行汇率高于即期汇率的看跌期权。目前我国银行办理的外汇期权多为平价期权。

期权业务的相关交易包括期权交易和期权到期执行交易。期权交易指期权本身的买入或卖出。期权到期执行交易指期权买方在期权到期日当日，按照期权合同约定的名义金额、执行价格向期权卖方买入或卖出特定标的的交易。外汇期权业务的期限主要有两周、一个月、二个月、三个月等。

2. 国外外汇经纪商在国内开展的外汇业务

目前，国外的外汇经纪商在我国开展的外汇业务主要是外汇保证金交易。外汇保证金交易也称为"虚盘交易"，是指外汇投资者在银行或外汇经纪商开设外汇交易账户后，存入一定的保证金，就可进行相当于本金的10倍～100倍投资额，投资额高于保证金的部分相当于银行或经纪商对投资者提供的信用。外汇保证金交易是以汇率作为交易标的，通过判断某一汇率的涨跌来获得低买高卖的价差收益，并不需要进行交割。也就是说外汇保证金交易是没有期限的，只要投资者账户中的保证金占持有合约价值的比率能够满足最低保证金比率要求，就不会被强制平仓。

我国境内的一些银行如交通银行、民生银行等曾经推出过外汇保证金交易，但在2008年，中国银行业监管委员会叫停了此类业务。因为，这类业务采用杠杆交易，风险极大，另外，投资者损失比例达到80%近乎于赌博，所以银监会叫停是有道理的。

但是外汇保证金交易并没有在中国绝迹，而是成为监管的灰色地带。由于受到高投资杠杆和高额回报的吸引，中国目前有大量的外汇投资者在国外外汇经纪商处开设账户从事外汇保证金交易。外汇保证金交易的保证金比率非常低，一般为1%～0.5%，这也就意味着杠杆倍数为100倍～200倍，投资者可能获得高额的回报，也可能遭受巨额的损失。另外，国外的外汇经纪商良莠不齐，客户的资金安全得不到保障，如一些外汇经纪商采用入金容易出金难、虚报外汇价格等手段来侵吞客户的资金。

3. 我国外汇投资者目前还无法参与的外汇业务

目前，我国没有推出外汇期货业务，国外的外汇经纪商一般也没有在中国开展外汇期货的代理业务。

外汇期货也可以称为货币期货，是指以各种汇率作为标的，在期货交易所内进行交易的标准化的金融期货合约。外汇期货合约规定了交割日，如果投资者在最后交易日仍然持仓，就需要在交割日进行交割。

1972年5月，芝加哥商业交易所正式成立国际货币市场分部，推出了7种外汇期货合约，从而揭开了外汇期货业务发展的序幕。从世界范围看，外汇期货业务量比较大的期货交易所还有：伦敦国际金融期货期权交易所、新加坡国际货币期货交易所、东京国际金融期货交易所、法国国际期货交易所等。

外汇期货与外汇保证金交易具有一些相同之处：都是以汇率(货币对)作为交易的标的；都是采用保证金交易制度，都可以为投资者提供一定的交易杠杆；都可以进行双向交易，即在上涨过程中先买入开仓再卖出平仓，在下跌过程中先卖出开仓再买入平仓。

但两者之间也存在一些不同之处：第一，外汇期货是在期货交易所内进行的，是场内交易是有形市场，而外汇保证金交易是在银行或外汇经纪商柜台进行的，是场外交易属于无形市场。第二，外汇期货是标准化的合约，除了汇价以外，其他的各项要素都是在合约中约定的，而外汇保证金交易是由各外汇经纪商组织交易的，在保证金比率、交易费用等方面都存在一定的差异，甚至同一汇率在不同的经纪商处的报价也存在一定的差异。第三，外汇期货合约是有期限的，即外汇期货合约都会有交割日，而外汇保证金交易是没有期限的，即外汇保证金交易不规定交割日，只要投资者的持仓不被强制平仓，那么他就可以一直持有某一仓位。所以说，外汇保证金交易既不属于现货交易也不属于期货交易。

9.1.3 外汇投资的收益与风险

1. 外汇投资收益

1) 外汇现货交易的收益计算

外汇现货交易的盈亏计算比较容易，就是买卖差价。

例9-1 某外汇投资者在欧元/美元汇率为1.315 4/1.315 8时，认为欧元对美元将升值，该投资者决定以当前汇率买入1 000欧元，假设过一段时间之后，欧元果然对美元升值，汇率变为1.331 0/1.331 6，该投资者将欧元卖出。计算其投资盈亏。

解： 欧元的买入价为1.315 8×1 000=1 315.8(美元)，欧元的卖出价为1.331 0×1 000=1 331.0(美元)，则该投资者的盈亏为1 331.0−1 315.8=15.2(美元)。

需要注意的是外汇现货交易属于实盘交易，投资者买入欧元相当于卖出美元，必须真正持有想要卖出的货币。

2) 外汇保证金交易的收益计算

外汇保证金交易与外汇现货交易的区别主要是两点：保证金制度和双向交易。外汇保证金交易者并不需要持有要卖出的货币，而是由外汇经纪商为其提供信用，这就是所谓的"卖空"交易。

如果以美元作为计价货币(如英镑/美元、欧元/美元等)，则其损益的计算公式为

$$损益=合约金额×(卖出价−买入价)×合约数−手续费±利息 \qquad (9.1)$$

如果以美元作为买卖对象而其他货币作为计价货币(如美元/日元、美元/港币等)，则其损益的计算公式为

$$损益=合约金额×\frac{卖出价−买入价}{即期汇率}×合约数−手续费±利息 \qquad (9.2)$$

例9-2 一份美元/日元合约面值为100 000美元，报价点差为3点(1点等于0.01日元，且最小的价格波动幅度为0.001日元)，每份合约保证金需求为1 000美元。保证金比率为1%。

客户认为美元价值高估，未来对于日元会走弱，为应对这种情况，客户打算卖美元/日元合约。

美元/日元以81.305/335报价，客户以81.305的价格卖出5手，这需要5 000美元的存款。如果，美元对日元确实走弱，价格因此跌落到80.273/303，对于这些信息客户通过平仓作出反应，因此以80.303的价格买入5手。分析客户的盈亏。

解： 美元的卖价=81.305×100 000×5=40 652 500(日元)，美元的买价=80.303×100 000×5=40 151 500(日元)，投资者的收益为美元的卖价−买价=40 652 500−

40 151 500＝501 000(日元)，折算为美元＝501 000/80.303＝6 238.87(美元)(未考虑佣金和利息问题)。

例9-3 一份英镑/美元合约面值为100 000英镑，报价点差为3个点(1点等于0.000 1美元，且最小的价格波动幅度为0.000 01美元)，每份合约的保证金要求为1 500美元。

客户认为英镑价值低估，未来对于美元会升值。为应对这种情况，客户决定买英镑/美元合约。英镑/美元报价为1.604 27/457。客户以1.604 57的价格买3手，这共需要4 500美元的存款，客户每手交易需要最少1 500美元的存款。

假设，英镑/美元价格跌到1.600 02/032。客户选择止损价位应对这个信息，因此以1.600 02的价格卖出3手。分析该客户的盈亏。

解： 英镑的买价＝1.604 57×100 000×3＝481 371(美元)，英镑的卖出价＝1.600 02×100 000×3＝480 006(美元)，投资者的损失为英镑的卖价－英镑的买价＝480 006－481 371＝－1 365(美元)(未考虑佣金和利息问题)。

3) 外汇期货交易的收益计算

外汇期货交易的盈亏计算与外汇保证金交易的盈亏计算基本上是相同的。参照外汇保证金交易的盈亏计算方法来进行。

4) 外汇期权交易的收益计算

期权交易与期货交易、保证金交易一样都可以进行双向交易，即无论上涨还是下跌都可以利用差价获利。期权可以分为看涨期权、看跌期权两种，不论是哪种期权其收益的计算公式都可以归纳为

$$收益＝卖价－买价－期权费 \tag{9.3}$$

例9-4 投资者预计美元对日元将升值，于是买入1万美元的看涨期权合约，假设此期权为欧式期权(只有在到期日才可行权)，执行价格为1美元＝90日元，期权费为合约价值的1%，到行权日美元对日元果然升值为1美元＝100日元，计算该投资者的收益。

解： 收益＝10 000×(100－90)÷100－10 000×1%＝1 000－100＝900(美元)。

(注意：看涨期权的执行价是买价，到期时即期汇率相当于卖价。)

例9-5 投资者选取美元与澳元这一货币对，预期澳元对美元贬值，想进行10万澳元面值的期权交易，与银行协定的汇率是1澳元＝0.7美元，期权时间为1个月，即1个月之后的到期日，投资者有权利以1澳元＝0.7美元的价格向银行卖出10万澳元，假设银行报出的期权费率为0.8%。那投资者只需要向银行支付800澳元的期权费就可以购买这个期权了。1个月后，假如澳元如期下跌，比如汇率跌到1澳元＝0.68美元，计算投资者的收益。

解：收益＝100 000×(0.7－0.68)－100 000×0.8%×0.7＝2 000－560＝1 440(美元)。

从交易本身来看，期权买方的收益可能是无限的，但其最大损失却是可以预见的，对投资者而言，最大的损失就是期权费。同样以10万澳元的期权交易为例，如果1个月后澳元汇率不跌反升，比如升到0.72美元兑1澳元，投资者可以选择不执行期权，损失的不过就是800澳元期权费而已。

2. 外汇投资的风险及风险管理

在投资学中风险的含义是指收益的不确定性，外汇投资的盈亏、收益等具有较大的不确定性，因此，可以说外汇投资具有较高的风险。这是因为，各种汇率(各种外汇的价格)的波动性是比较大的。汇价的波动性大、不确定性大导致投资者收益的不确定性也相应增大，也就是外汇投资的风险较大。再加上外汇保证金交易和外汇期货交易的保证金制度，进一步放大了外汇投资的风险——即放大了投资者的收益和损失。

引起汇率波动的因素非常多，主要包括政治因素、经济因素和心理因素等。投资者要对外汇投资的风险进行管理，要增加收益减少损失，最重要的、有效的办法就是加强分析和研究，准确预测和判断出汇率未来的变动方向。风险在外汇投资中是客观存在的，不可消除的，但通过投资者的学习、分析、研究，是能够提高判断的准确率的，准确性上升而不确定性减少就意味着风险得到了控制。

在高风险的外汇投资中，如何增加收益、减少损失，具体的方法、原则可以归纳为以下几点。

1) 系统的学习、分析、研究

外汇投资是一种专业性较强的投资活动，投资者如果没有经过专业的学习和训练而盲目投资，是极易造成巨大损失的。投资者在进行实战投资之前应该对外汇、外汇投资的相关知识进行系统的学习，包括外汇汇率的主要影响因素、汇率变动的基本分析和技术分析法等。在学完相应的理论知识后，还要进行较长时间的模拟投资，直到完全掌握外汇投资的规律、技巧，能够获得稳定的收益而不是亏损时，才真正进行实战投资。

2) 仓位的控制

仓位控制是指在不能完全准确判断汇率未来变动趋势的情况下采用的一种防御性的措施。如果有人能够百分之百准确地判断未来价格的变动趋势，那么也就不用进行仓位控制了，但这样的人是不存在的，因此，进行仓位的控制是十分必要的。有些初学者，对自己过于自信，对风险认识不足，每次都满仓操作(全部买进、全部卖出)，这样做是十分危险的，因为，一旦出现错误的判断，投资者将出现巨大的亏损，并且投资者手中已经没有弥补错误的后续手段了。

尤其是在外汇保证金交易中，由于存在巨大的交易杠杆(100倍以上)，如果投资者的仓位过高，投资者的保证金可能在一瞬间化为乌有。例如，某投资者的外汇保证金交易账户内有保证金1万美元，该投资者卖出美元/日元的合约10手，每手合约价值为10万美元，保证金比率为1%，则保证金占用为10万×10手×1%＝1万美元，则该账户为满仓操作，在这种情况下，一旦投资者的判断出现错误，即美元对日元没有下跌而是上涨，只需上涨1%投资者的1万美元保证金就可能全部损失殆尽。

3) 及时止损与止盈

外汇投资也好，期货投资也好，都是遗憾的艺术。因为你不可能每笔交易都做到完美，所以没必要追求完美。很多时候投资者总想盈利更多，没有及时卖出反而遭受损失；有些时候，投资者账户已经出现了浮亏，但投资者往往不愿承认损失，而不愿"割肉"平仓，这就使损失进一步扩大。所以为了避免由于投资者的主观因素造成的对买卖时机的"举棋不定"，投资者也可以设定一个止损、止盈的标准，并坚定地执行。

9.1.4　外汇投资对于投资者的意义

外汇投资对于投资者而言，一方面可以用来赚取买卖价差，即投机需求；另一方面外汇投资也可以用来满足投资者防范汇率风险的需求。

1. 投机交易

外汇投资由于价格波动较大，也可以作为一种投机工具。尤其是外汇保证金交易以其"以小搏大"的特点，在中国的广大外汇投资者中极受欢迎，但是我国目前并不允许国内金融机构开展此类业务，是因为投资者的亏损比例过高，所以，投资者不可盲目参与此类交易。除了外汇投资的一般风险因素外，外汇保证金交易还存在保证金安全风险，因为，投资者的保证金直接汇入国外的外汇经纪商的账户里，对于投资者的资金安全的保障程度是比较低的。

2. 防范汇率风险

外汇交易不仅可以用来赚取差价，而且还可以用来规避汇率变动可能带来的损失。尤其是利用外汇期权，更能起到规避汇率变动带来的损失的作用。

例9-6　如果某中国企业预计3个月后将支付100万美元，该企业担心未来美元对人民币升值，于是买入100万美元的期权合约，只需支付1万美元的期权费(期权费为1%)，期权合约约定的执行汇率为1美元=6.138 5人民币。计算该企业的收益：①假设3个月后汇率变为1美元=6.294 9人民币；②假设3个月后汇率变为1美元=6.011 5人民币。

解：

1) 美元升值

现货市场损失=100万美元×(6.294 9－6.138 5)=15.64万人民币

期权市场盈利＝100万美元×(6.294 9－6.138 5)－1×6.138 5＝9.501 5万人民币

总损失＝6.138 5万人民币。

2) 美元贬值

现货市场盈利＝100万美元×(6.138 5－6.011 5)＝12.7万人民币

期权市场亏损＝1万美元×6.138 5＝6.138 5万人民币(放弃行权损失为期权费)

总的亏损＝12.7－6.138 5＝6.561 5万人民币。

9.2 外汇投资交易规则

9.2.1 结售汇规则

结售汇业务主要分为：即期结售汇业务和远期结售汇业务，在此分别对其规则加以介绍。

1. 即期结售汇

结汇是指外汇收入所有者将其外汇收入出售给外汇指定银行，外汇指定银行按照一定的汇率付给等值的人民币的行为。售汇是指外汇指定银行将外汇卖给客户，按一定的汇率收取人民币的行为。从客户的角度来讲，售汇又称为购汇。

1) 基本规则

即期结售汇业务的客户包括个人和企业。

个人结售汇业务适用于境内个人与境外个人，其中：境内个人是指持有中华人民共和国居民身份证(含临时身份证)、军人身份证件、武装警察身份证件的中国公民。境外个人是指持护照、港澳居民来往内地通行证、台湾居民来往大陆通行证的外国公民(包括无国籍人)以及港澳台同胞。

国家外汇管理局对个人结汇和境内个人购汇实行年度总额管理，年度总额目前分别为每人每年等值5万美元。

企业客户一般包括进出口贸易型企业、生产加工企业、服务业企业等。与个人结售汇不同的是，企业结售汇没有最高额度的限制。从2009年开始，我国取消了强制结售汇制度，使我国的个人和企业能够开设外汇存款账户，结售汇的限制更少、更容易，方式更加灵活多样，结售汇的金额可以自愿选择。

无论是个人结售汇还是企业结售汇都可以分为经常项目下的结售汇和资本项目下的结售汇。经常项目是指一国与外国进行经济交易中经常发生的交易项目，包括贸易收支、服务收支、单方面转移等。资本项目是指国与国之间发生的资本流出与流入。资本项目主要包括跨国金融投资、跨国实业投资、跨国融资、跨国资本流动等。

结售汇业务的费用是银行的买卖价差，即银行的卖出价高于银行的买入价，这是银行的收益，也是投资者的费用。结售汇交易中，银行对外宣称都是免手续费，但由于银行有定价优势，所以银行卖出的价格总是比买入的价格高，这其实是变相地收取了手续费，而且经过折算的手续费的比率是非常高的，所以不宜频繁交易。

2) 业务流程

即期结售汇业务的办理流程比较简单，具体过程如图9-1所示。

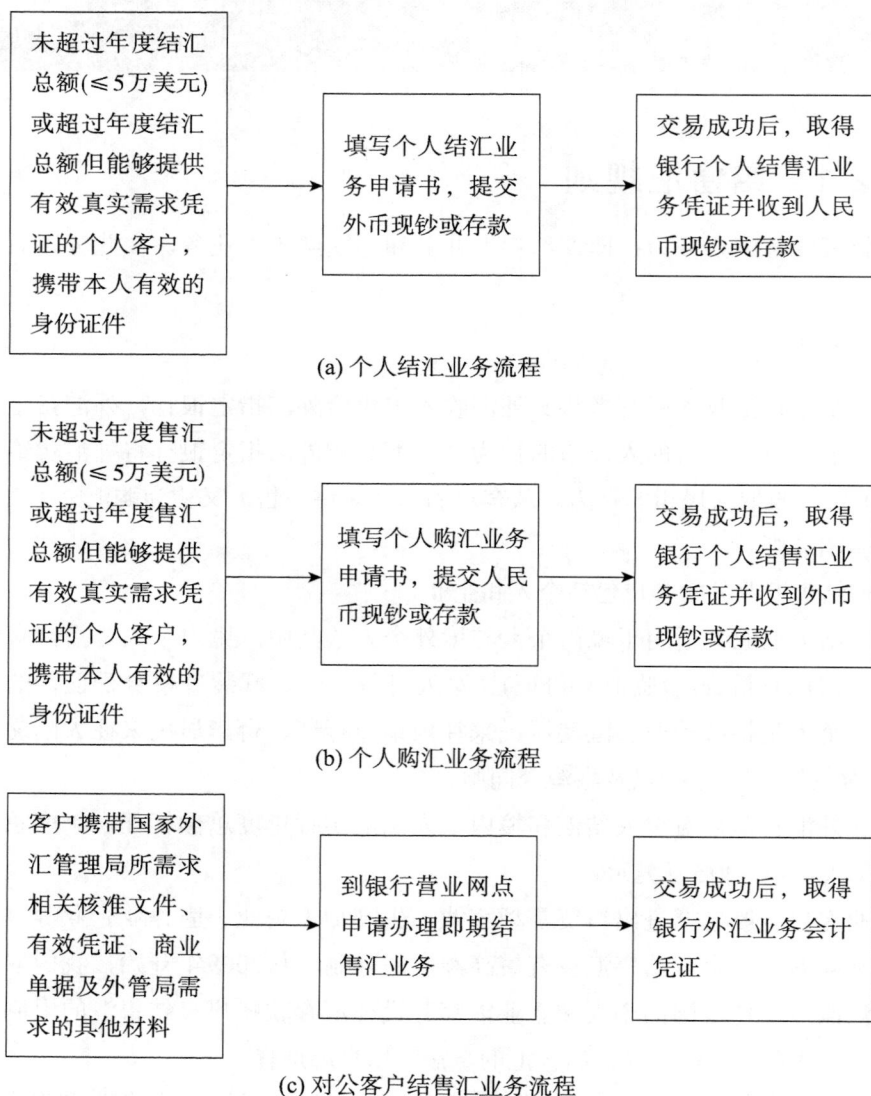

(a) 个人结汇业务流程

(b) 个人购汇业务流程

(c) 对公客户结售汇业务流程

图9-1 即期结售汇业务办理流程

2. 远期结售汇

远期结售汇业务是指客户与银行签订远期结售汇协议，约定未来结汇或售汇的外汇币种、金额、期限及汇率，到期时按照该协议订明的币种、金额、汇率办理的结售汇业务。

1) 基本规则

从远期结售汇方向上来说，远期结汇适合出口型企业，远期售汇适合进口型企业、有外债的企业以及需要汇出利润的企业。

经常项目下，凡根据《结汇、售汇及付汇管理规定》可采用即期结售汇的外汇收支项目，均可办理远期结售汇业务。客户在远期结售汇交易到期交割时，需提供结售汇业务所要求的全部有效凭证。

资本项目下的远期结售汇限于以下方面：

偿还银行自身的外汇贷款；偿还经国家外汇管理局登记的境外借款；经外汇管理局登记的境外直接投资外汇收支；经外汇管理局登记的外商投资企业外汇资本金收入；经外汇管理局登记的境内机构境外上市的外汇收入；经国家外汇管理局批准的其他外汇收支。

2) 业务流程

(1) 申请办理远期结售汇业务的客户应在银行开立相关账户。

(2) 签订远期结汇/售汇总协议书。办理远期结售汇业务的客户需与银行签订《远期结汇/售汇总协议书》，一式两份，客户与银行各执一份。

(3) 委托审核。客户申请办理远期结售汇业务时，需填写《远期结汇/售汇委托书》，同时向银行提交按照结汇、售汇及付汇管理规定所需的有效凭证；银行对照委托书和相关凭证进行审核。客户委托的远期结汇或售汇金额不得超过预计收付汇金额，交易期限也应该符合实际收付汇期限。

(4) 交易成交。银行确认客户委托有效后，客户缴纳相应的保证金或扣减相应授信额度；交易成交后，由银行向客户出具"远期结汇/售汇交易证实书"。

(5) 到期日审核和交割。到期日银行根据结汇、售汇及收付汇管理的有关规定，审核客户提交的有效凭证及/或商业单据，与客户办理交割。

(6) 展期。客户因合理原因无法按时交割的可申请展期。

(7) 违约。客户未能完全履约的，银行有权于最后交割日后对未履约交易部分主动进行违约平仓。

例9-7 某公司是一家大型服装出口企业，2013年1月份，该公司与美国客户签订一笔价值800万美元的远期出口合同，5个月后可收到美元货款。为了防止美元汇率变动带来的汇兑损失，该公司应该采取什么措施？

解： 该公司可以与银行签订远期结汇协议。根据公司的实际情况，银行建议其在签订出口合同的同时签订远期结汇协议，避免在远期收入美元的过程中，因美元贬值而造成的汇兑损失，使公司预先锁定换汇成本。

2013年1月1日，该公司在银行做了期限为5个月的800万美元远期结汇业务，成交汇率为6.214 5。2013年6月1日，该公司收到美元货款后，即办理交割手续。当天即期结汇价为6.125 0，因此，该公司做远期结汇业务比办理即期结汇业务增加收益人民币716 000元。

9.2.2 外汇现货交易规则

外汇现货交易是指客户通过银行的外汇买卖交易系统(包括柜台、电话银行、网上银行、手机银行、自助终端等)，进行不同币种之间的即期外汇交易。

1. 基本规则

通过即期外汇交易可以实现的基本目的：外汇币种的转换——将手中持有的外汇直接换成另一种所需的外币；赚取汇率收益——根据外汇市场上的每日汇率变动进行买卖操作，从而赚取汇差收益；资产保值增值：将一种利率较低的外汇转换成另外一种利率较高的外汇，从而可以获得利差收益。

外汇现货交易的交易时间比较灵活，采用T+0交易，每日交易次数不限；交易起点金额低，通常只需100美元便可进行外汇买卖交易；委托方式多样，客户可以进行即时交易委托，也可进行获利、止损及双向委托；委托指令的时限较宽泛，如时限有24小时、46小时、72小时、96小时、120小时等时间范围可供选择。

外汇现货交易的费用(买卖点差)相对于结售汇而言要低很多，美元的话一般为10~20点(换算成交易成本约为0.2‰)。

2. 业务流程

1) 开户

客户需持本人有效身份证件(身份证、军官证、士兵证)和银行活期存款账户，到银行营业柜台开通外汇现货交易业务(如工行的"汇市通"、农行的"外汇宝"等)。客户可以根据自身的需要开通网上银行或电话银行等，进行外汇交易委托。

2) 网上银行外汇交易流程(见图9-2)

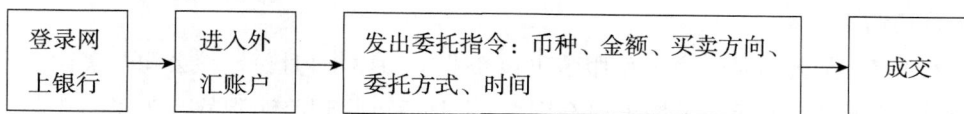

图9-2 网上银行外汇交易流程

3) 电话银行外汇交易流程(见图9-3)

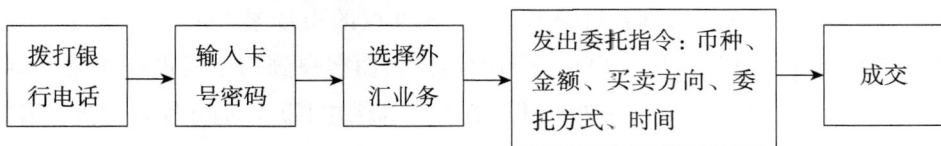

图9-3 电话银行外汇交易流程

9.2.3 外汇期权交易规则

1. 基本规则

外汇期权业务适合于以规避汇率风险为目的的客户,也适用于以赚取汇率变动差价收益为目的的客户。

一般来说,外汇期权货币对包括欧元兑美元、美元兑日元、英镑兑美元、澳大利亚元兑美元、美元兑加拿大元、美元兑瑞士法郎等。各货币对中,前者为被报价货币,后者为报价货币。

外汇期权业务起始交易的名义金额为等值1万美元,按外汇买卖即期汇率中间价计算。我国的外汇期权业务一般为欧式期权,是指期权买方只有在期权到期日当日的截止时间之前才有执行期权合同约定的权利。

外汇期权是一种合约,合约包含的基本要素有执行汇率、名义金额、期权费、起息日、到期日等。执行汇率是指到期日买方行权时所执行的汇率。名义金额是指客户与银行确定期权交易货币对中某一币种的名义金额后,根据双方商定的执行汇率折算出另一币种的名义金额。期权费是指期权的卖方向买方收取的一定的费用,也可理解为期权合约本身的价格。起息日是达成期权交易的当日,也是期权费收付的日期。到期日是期权执行和交割的日期。

2. 外汇期权业务的一般流程

1) 开设账户

客户在做期权交易之前必须在银行开立外汇存款账户,作为期权交易资金结算账户。客户在做期权交易之前必须与银行签订《外汇期权交易客户承诺书》。客户如委托有权代理人签字代理交易,有权代理人须出具经公证的委托授权书。

2) 客户买入期权

(1) 起息日。客户买入期权时无须缴纳保证金。客户买入期权时须逐笔填写《买入外汇期权交易申请书》,同时须授权银行在期权到期有收益时代为执行期权。银行根据客户申请交易的期权产品、名义金额及期权费率计算出客户应付的期权费。客户在交易达成时向银行支付期权费。银行向客户出具《买入外汇期权交易证实书》。

(2) 到期日。银行在到期日比较客户买入期权的市场参考汇率和执行汇率，如客户到期有收益，银行将代客户执行到期期权。如客户到期期权没有收益，将不执行。银行向客户发出《个人买入外汇期权到期交割通知书》，通知期权的执行情况。

3) 客户卖出期权

(1) 起息日。客户卖出期权时须以期权买方到期买入货币全额缴纳保证金。

客户卖出期权时须逐笔填写《卖出外汇期权交易申请书》，同时须授权银行在期权成交日与期权到期日之间冻结其保证金账户。银行根据客户申请交易的期权产品、名义金额及期权费率计算出客户应收的期权费。交易达成后，银行从客户的存款账户中扣划全额的期权买方到期买入货币的保证金，存入开立的保证金账户，同时冻结该保证金账户。银行向客户出具《卖出外汇期权交易证实书》。银行在交易达成当日将期权费存入客户指定的结算账户。

(2) 到期日。银行在到期日如决定执行客户卖出的期权，将释放客户的保证金账户并销户，并按照期权合同的约定与客户进行交割。如银行决定不执行客户卖出的期权，将直接释放客户的保证金账户并销户。银行向客户发出《卖出外汇期权到期交割通知书》，通知期权的执行情况。

9.2.4　外汇保证金交易规则

1. 基本规则

外汇保证金交易具有极高的交易杠杆，有些外汇经纪商需求的保证金比率为0.5%～1%，即交易杠杆达到200～100倍，也就是说如果投资者的本金(保证金)为1，那么理论上他的投资额可以达到本金的100～200倍。因此，这种交易受到一些风险偏好程度较高的投资者欢迎，主要适合于以追求高额收益为目标的投机者。

但是，需要注意的是外汇保证金交易的风险极高，只要交易对象的汇率变动极小的幅度，投资者就可能获得巨大的收益，也可能血本无归。

外汇保证金交易的对象是主要的货币对，如美元/日元、美元/欧元、澳元/美元等，前一种货币叫"基础货币"，后一种货币叫"计价货币"。在交易的时候，好像是以计价货币去买卖基础货币，但实际上根本不用考虑投资者是否拥有相应的外币，因为货币对的汇率变动仅仅是计算投资者盈亏的依据而已，投资者并不用真正去买卖这些货币。

在外汇保证金交易中，为了精确和方便表示汇价，一般精确到小数点后4位，小数点后第4位就称为"点"，如英镑/美元(GBP/USD)的报价为0.980 0，就是说0.000 1

美元为1点。但是日元的币值较小，其1点等于0.01日元，如美元/日元(USD/JPY)的报价120.00的最小单位是0.01日元，或者说0.01日元为1点。一般用"点差"来表示汇率的变动幅度，如美元/日元(USD/JPY)由120.00变为121.00时，121.00－120.00＝1.00日元，点差为100点。

无论是在外汇现货交易还是外汇保证金交易中，银行和外汇经纪商的报价永远是卖价高于买价，对于投资者来说永远是买价高于卖价，这部分点差是银行和外汇经纪商的收益，是投资者的费用。

保证金交易还涉及利率支付问题，即用卖出较低利率的外币买入较高利率的外币，投资者可以收到利息；相反，以卖出较高利率的外币而买入较低利率的外币，投资者需要支付利息，利息也同时按照杠杆率放大。利息的计算不是以保证金为基础，而是以投资额为基础。总体而言，利息损益相对于汇率波动损益是微不足道的。

2. 业务流程

外汇保证金交易的流程，如图9-4所示。

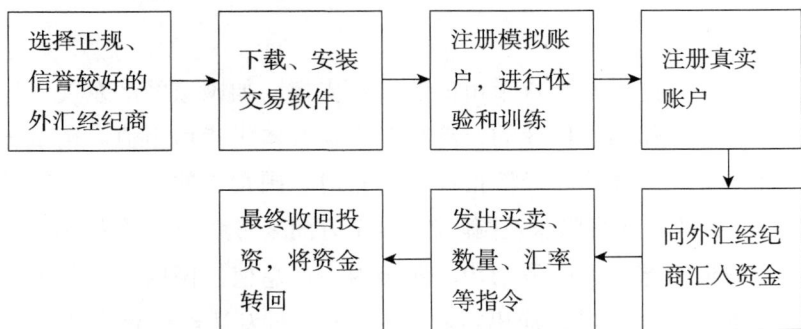

图9-4　外汇保证金交易流程图

9.3　外汇投资分析

9.3.1　外汇投资基本分析

外汇基本面分析，指的是通过对一国或多国的政治社会情况、经济金融数据、突发事件、政府或央行政策等的分析，进而判断汇率走势的一种分析方法。外汇基本分析不涉及行业分析和公司分析，仅进行宏观分析就可以了。外汇基本面分析将一国货币视为一种金融资产，那么货币发行国的基本情况及其变化都将影响这种金融资产内在价值的变化。基本面分析一般包括但不限于以下几个方面。

1. 政治稳定程度、战争、地缘政治等

现代货币基本上是一国政权强制发行和强制流通的信用货币，信用货币的可信任程度直接取决于该国政权的稳定程度。一个国家的政治制度越成熟稳定，社会状况越良好，一国货币在国际市场上越受欢迎。我们看到，美元、瑞郎一直作为所谓的"避险货币"而在危机中广受市场追捧，很大一部分原因在于美国在政治制度上的成熟稳定以及瑞士作为中立国的稳定地位。

因此，一国政治稳定程度以及有无重大政治事件将对该国货币汇率产生直接影响。另外，政治及社会的稳定程度对一国经济的健康稳定也有影响，进而也对货币走势具有影响。在一国面临大选或政府重组时，汇率的波动可能会增加。如果一国政局长期不稳定，那么该国货币势必会受到影响。

战争或地缘政治冲突，对一国政权的存在或稳定具有直接影响，也对一国货币币值有直接影响。战争或冲突对一国货币的影响一般都是负面的。

2. 宏观经济状况

一国的经济实力是对一国货币币值的直接支撑。如国家经济发展良好，对本国货币汇率将具有支撑作用，低迷的经济状况将损及本国货币币值。衡量一国宏观经济状况的指标很多，因此这些经济指标的公布对一国货币的走势具有直接影响。一般从经济增长、就业、通货膨胀及国际收支4个方面来考察一国经济情况。

衡量经济增长的综合指标是GDP，即国内生产总值。国内生产总值的增长状况又由消费、投资、政府支出、净出口4部分决定。对发达经济体来说，消费支出在GDP中占有最大份额，因此零售销售等经济数据的显得尤为重要。对有些新兴经济体而言，投资占GDP的比重较大，因此固定资产投资等数据相对重要。一国经济的稳定增长通常是有利于本国货币升值的。以美国为例，衡量经济增长的经济数据除了有国内生产总值，还有零售销售、成屋销售、个人消费支出、制造业及服务业采购经理人指数、耐用品订单等。

就业市场的好坏是国民经济好坏的风向标。经济衰退时失业率会走高，高的失业率反过来会影响个人收入和消费，从而拖累经济复苏。就业市场转好对一国货币是利好。以美国为例，就业市场方面的经济数据有失业率、初请失业金人数、非农就业人数变化等。

通货膨胀对汇率的影响比较微妙。从长期来看，通货膨胀反映一国货币的购买力的变化情况，持续的高通货膨胀会降低一国货币的购买力，因而会导致该国货币贬值。但从短中期来看，通货膨胀会迫使一国收紧货币政策，提高利率，回收流动

性，这对持有这一货币的投资者来说又是利好的。因此，我们经常看到超过预期的通货膨胀率同时伴随着本币对外升值的情况。衡量通货膨胀情况的经济数据一般有生产者物价指数、消费者物价指数等。

国际收支平衡是经济体总体平衡的一个重要方面。对出口导向型的新兴经济体而言，持续的国际收支不平衡是其货币升值压力的主要来源。一般来说，持续、大量的国际收支顺差(外汇大量流入)会导致本币升值；而持续、大量的国际收支逆差(外汇大量流出)会导致本币贬值。

3. 货币政策及财政状况

货币政策通过影响一国货币的利率进而影响汇率。利率是持有一种货币的回报，当一国利率水平上升时，持有该国货币的投资者利息收益增加，从而使对这国货币的需求也增加，进而促使该国货币升值，反之则使该国货币走低。

利率通常由一国央行来决定。央行除了直接决定该国基准利率外，还通过其他方式来影响市场利率或货币供给量，如改变商业银行贴现率，调整准备金率，在公开市场买卖国债等。央行的货币政策基本上可分为宽松货币政策和紧缩货币政策两个方向。一般来说，紧缩性的货币政策会减少本币的供给，促使本币升值；宽松的货币政策会增加本币供给，促使本币贬值。

一国的政府财政状况对一国货币亦有影响。在很多成熟的经济体中，政府债券一直是金融市场交易的一类重要资产，良好的政府财政一般既能带来稳定的政局又能带来稳定的金融市场，一旦政府财政出现问题，政府的偿债能力下降，势必影响金融市场的稳定。同时，政府的融资能力下降了，政治上的稳定也成了问题。因此，一国政府财政状况的变坏对一国货币是利空。

4. 央行干预

对于非自由兑换货币而言，央行对汇率的影响力是毋庸置疑的。对可自由兑换货币而言，央行的干预也时不时地不期而至。因此，在实际操作外汇交易时，不得不考虑央行干预的可能。

以日元为例，2011年，日元继续金融危机以来对美元的升势，日本央行和财政部多次对日元走势进行口头干预，但收效甚微。于是，日本央行于3月、8月和10月三次入市干预日元汇率，抛售日元，买入美元等。日本央行的干预，虽然并未改变日元兑美元全年的走势，但在干预之后的短期内，日元兑美元亦大幅走软。

5. 其他基本面因素

货币汇率是一国基本面的综合反映，除了上面提到的这些方面外，凡是对一国政治、经济、社会有重大影响的事件均会对汇率产生影响。

市场情绪对货币走势具有重要影响。如在危机来临时，投资者倾向于持有具有避险性质的货币，这时候美元、瑞郎等货币会受益。

在分析汇率时，还需注意要同其他金融市场结合起来分析。如股市、债市、大宗商品市场等。以澳元为例，作为商品货币，澳元与大宗商品和股市的走势具有一定程度的正相关性。

9.3.2　外汇投资技术分析

外汇投资的技术分析与股票、期货等基本相同，同样包含K线分析、形态分析、指标分析等手段。这部分内容在此作以简述，详细内容参照本书第4章中的内容。

1. K线分析

　K线的研究手法是侧重若干天K线的组合情况，推测外汇市场多空双方力量的对比，进而判断外汇市场多空双方谁占优势，K线图是进行各种技术分析的最重要的图表。

2. 切线分析

切线是按一定方法和原则在由外汇价格波动的走势线图表中画出一些直线，然后根据这些直线的情况推测外汇价格的未来趋势，这些直线就叫趋势线。

趋势线主要起支撑和压力的作用。支撑线和压力线的往后延伸位置对价格趋势起一定的制约作用。一般说来，外汇价格在从下向上波动的过程中，一触及压力线，甚至远未触及压力线，就会调头向下。同样，汇价从上向下波动的过程中，在支撑线附近就会转头向上。另外，如果触及切线后没有转向，而是继续向上或向下，这就叫突破线。

3. 形态分析

形态是根据价格图表中过去一段时间走过的轨迹形态来预测外汇价格未来趋势的方法。价格走过的形态是市场行为的重要部分，是外汇市场对各种信息感受之后的具体表现，用价格图的轨迹或者说形态来推测外汇价格的将来是有道理的。主要的形态有M头、W底、头肩顶、三角形、矩形、头肩底等十几种。

4. 指标分析

进行指标分析时要考虑市场行为的各个方面，建立一个数学模型，给出数学上的计算公式，得到一个体现外汇市场的某个方面内在实质的数字，这个数字叫指标值。

目前，外汇市场上的各种技术指标数不胜数。

例如，相对强弱指标(RSI)、随机指标(KD)、趋向指标(DMI)、平滑异同移动平均线(MACD)、心理线(PSY)、乖离率(BIAS)等。这些都是很著名的技术指标，在外汇市场应用中长盛不衰。而且，随着时间的推移，新的技术指标还在不断涌现。

5. 波浪理论

波浪理论把汇价的上下变动和不同时期的持续上涨、下跌看成是波浪的上下起伏。波浪的起伏遵循自然界的规律，货币的价格运动也就遵循波浪起伏的规律。简单地说，上升是5浪，下跌是3浪。数清楚了各个浪就能准确地预见到未来的变化趋势，跌势已接近尾声，牛市即将来临，或是牛市已是强弩之末，熊市即将来到。

波浪理论较之于别的技术分析流派，最大的区别就是能提前很长时间预计到行情的底和顶，而别的流派往往要等到新的趋势已经确立之后才能看到。

9.4 模拟实训

9.4.1 实训目的

使学生掌握外汇投资的基本分析能力、技术分析能力；熟悉各类外汇投资业务的流程、操作特点等；帮助学生形成外汇投资的经验和体会，调动学生的学习积极性；对学生的学习效果进行检验、评价。

9.4.2 实训条件

1. 硬件条件

外汇投资模拟实训的硬件条件要求同其他投资业务。

2. 软件条件

外汇投资的实训软件主要包括：外汇行情软件、外汇投资模拟交易软件、外汇投资实践教学软件，这些软件都可以分为安装版和网页版，有些是收费的，当然也有很多是免费的。在这里将一些软件资料列出，供教学时选择。

1) 外汇行情软件

外汇行情软件与股票、期货等行情软件的功能是一样的，可以为投资者提供各种汇率的即时信息，提供分析汇率变动趋势的分析工具，提供有关外汇的各种资讯等。招商银行就提供一款免费的外汇行情软件，同学们可以下载并安装使用。下载地址为：**http://fx.cmbchina.com/Download/Client Download.htm**。在这个软件中提供了外汇现货交易行情、外汇期权交易行情两部分内容，因为国内银行的外汇业务主要以这两种为主。

如果想了解外汇保证金交易的行情，可以在外汇经纪商处下载外汇保证金交易平台，其中最有名的交易平台是MT4平台。MT4交易平台全称MetaTrader4客户终端，由MetaQuotes软件公司研发，是一款市场行情接收软件，提供免费试用，有中英文界面。下载地址为：http：//cn.gkfx.com/Platforms。由于各个交易公司提供了许许多多的服务器接入地址，MT4可以即时查看黄金、白银、外汇、股票、期货等行情，同时可以进行模拟交易，功能特别强大，是目前最为广泛使用的外汇行情软件之一。

2) 外汇投资模拟交易软件

利用MT4交易平台不但可以查询、分析各种投资对象的行情，还可以注册模拟账户，进行外汇保证金交易的模拟训练。下载地址和注册账户地址同上。

第一步：打开上述网址之后，点击"申请模拟账户"，输入个人信息后点击"提交"就可以获得模拟账户和密码了。

第二步：下载MT4交易平台。下载时有多种选择，一般选择电脑版的。下载后就可以进行安装了。

第三步：用模拟账户进行登陆。打开软件后，会自动弹出登陆窗口，将账户和密码输入，选择的服务器为：GKFX-Demo，点击"登录"即可。

第四步：进行交易。点击"新订单"按钮，调出交易窗口。或者双击某一货币对，也可以调出交易窗口。选择交易商品(货币对)，选择"手"数，选择交易类型(市价成交、挂单交易)，最后选择交易方向(买入、卖出、平仓)。其界面如图9-5所示。

图9-5　交易下单窗口

第五步：查看模拟账户情况及盈亏情况。在软件的下方区域，是模拟账户的信息，同学们可以看到交易详情、账户历史、盈亏情况、资金流向、保证金占用等。

最后，我们从总体上介绍一下这个软件初始界面中，各区域的主要功能：在软件的上部分是工具栏，提供各种工具(画线工具、坐标调整、K线周期调整等)；在中间区域是各种商品(货币对)列表以及某一商品的K线图；界面的下部是投资者的账户信息和交易信息等。

3) 外汇投资实践教学软件

外汇投资实践教学软件不但具有模拟交易软件提供虚拟账户和虚拟资金的功能，还具有实训教学组织、实训教学评价、实训教学管理等功能，在实践教学中具有一定的优势。但这类软件多为收费软件，各学校可以结合自身的条件进行选择。在此，不作介绍。

9.4.3　实训内容

在这里，主要进行的外汇投资实训的内容是：外汇保证金交易及MT4交易平台的使用。因为，外汇保证金交易与外汇现货交易在分析方法、交易策略、操作过程等方面都是非常相似的，而且外汇保证金交易的模拟交易系统是比较成熟的、稳定的，所以我们选择外汇保证金交易进行实训就足够了。

1. 熟悉MT4交易平台软件

教师指导学生完成下列实训内容，并对学生的操作记录进行评价或考核。

(1) 按照教材中给出的网址，注册模拟账户、下载软件、安装并登陆；

(2) 掌握各种货币符号所代表的货币对；

(3) 通过不同的途径调出交易窗口；

(4) 能够进入某个货币对的分时图、K线图，并且能够在两者之间进行切换，能够变换K线图的周期，如日线、周线、1分钟线等，放大或缩小K线图(右键点击某个货币对，选择分时图或K线图)；

(5) 会应用技术指标进行分析，并能够在不同的技术指标间进行切换(点击"插入"选择技术指标)；

(6) 会运用画线工具对货币对的价格趋势进行分析。

完成上述任务后填写实训记录，如表9-1所示。

表9-1 实训记录

目的：		时间：		地点：	
实训过程及理由					
实训体会					
教师点评及考核					

MT4交易平台软件的功能是十分丰富的，以上所列的实训项目仅是软件的一小部分功能的应用，其他的功能还请同学们利用一定的时间进行摸索和应用。

2. 基本分析实训

基本分析对于外汇保证金交易分析是十分重要的方法，基本分析可以帮助投资者判断主要货币对的汇率变动的大方向和长期趋势，帮投资者确定操作的基本策略是做空还是做多。外汇投资的基本分析的主要内容包括各国宏观经济分析、各国政治情况分析、各国的货币政策、汇率政策、贸易政策等。请同学们在教师的指导下完成下列实训内容。

(1) 观察和查找当前中国、美国、日本、英国、欧元区的宏观经济情况，并分析这些国家和地区的经济形势对人民币、美元、日元、英镑、欧元汇率的影响；

(2) 观察和查找当前中国、美国、日本、英国、欧元区的货币政策，并分析这些货币政策对人民币、美元、日元、英镑、欧元汇率的影响；

(3) 观察和查找当前中国、美国、日本、英国、欧元区的汇率政策和国际收支政策，并分析这些政策对人民币、美元、日元、英镑、欧元的汇率的影响。

完成上述任务后填写实训记录，如表9-2所示。

表9-2 实训记录

目的:	时间:	地点:
实训过程及理由		
实训体会		
教师点评及考核		

3. 技术分析实训

技术分析对于外汇投资是十分重要的，尤其是对于需要频繁交易的外汇保证金交易的投资者更加重要。外汇保证金交易需要对价格的变化作出快速反应，而技术分析就能够在一定程度上帮助投资者对价格的变化作出判断。请同学们就以下内容进行技术分析的实训。

(1) 根据分时图判断某一货币对汇率即时变动的方向；

(2) 根据K线图(1分钟线、5分钟线、1小时线、日线、周线等)判断某一货币对的汇率在下一分钟、下一小时、下一交易日等的变动方向；

(3) 根据技术分析指标判断某一货币对汇率的变动方向；

(4) 运用画线工具来分析和预测某一货币对的汇率变动方向。

完成上述任务后填写实训记录，如表9-3所示。

表9-3 实训记录

目的:	时间:	地点:
实训过程及理由		

（续表）

实训体会	
教师点评及考核	

4. 委托买卖实训

同学们在掌握了基本分析与技术分析的方法之后，就可以利用虚拟账户进行外汇保证金交易的买卖开仓、平仓的实训了。主要包括以下内容。

(1) 买入开仓、卖出平仓；

(2) 卖出开仓、买入平仓；

(3) 观察模拟账户中的某一货币对的持仓的盈亏情况，平仓的盈亏情况；

(4) 观察一下模拟账户中资金量的变化、占用保证金的金额、可用的保证金金额等。

完成上述任务后填写实训记录，如表9-4所示。

表9-4　实训记录

目的:		时间:		地点:	
实训过程					
实训体会					
教师点评及考核					

习｜题

一、判断题

1. 在所有的金融市场中，外汇市场的存在时间要比期货市场长得多。（　　）

2. 目前银行的个人外汇买卖业务只存在买卖差价，不收取手续费。（　　）

3. 外汇作为资产的一种，其价格受到各种基本面信息的影响，所以投资者应关注市场上的各种消息，甚至是非经济的消息。（　　）

4. 纽约外汇市场的交易币种是各大外汇交易中心中最丰富的，几乎包括了所有的可兑换货币，其中规模最大的是美元对英镑的交易。（　　）

5. 我国现已基本建成通过市场供求决定市场汇率的外汇市场，但是央行还是经常会运用行政手段对人民币汇率进行干预。（　　）

二、单项选择题

1. 银行对于现汇的卖出价一般（　　）现钞的买入价。

　　A. 高于　　　　　　　　B. 等于　　　　　　　　C. 低于　　　　　　　　D. 不能确定

2. 一般情况下，一种汇率的表示通常有（　　）位有数字。

　　A. 4　　　　　　　　　B. 5　　　　　　　　　　C. 6　　　　　　　　　D. 7

3. 下列国家中不使用间接标价法的是（　　）。

　　A. 英国　　　　　　　　B. 新西兰　　　　　　　C. 瑞士　　　　　　　　D. 南非

4. 若某日外汇市场上A银行报价如下：

美元/日元：119.73/120.13，欧元/美元：1.193 8/1.197 0，Z先生要向A银行购入1欧元，要支付（　　）日元？

　　A. 142.933 7　　　　　B. 143.795 6　　　　　C. 100.025 1　　　　D. 100.628 2

5. 国际几大外汇交易中心按照欧洲标准时间开始营业的先后顺序为（　　）。

　　A. 香港 纽约 伦敦 巴黎　　　　　　　　　B. 东京 法兰克福 伦敦 纽约

　　C. 纽约 新加坡 法兰克福 伦敦　　　　　　D. 法兰克福 香港 纽约 巴黎

6. 对于我国目前的银行个人外汇买卖业务，不正确的描述是（　　）。

　　A. 个人外汇买卖交易采用实盘交易方式，买卖成交后必须进行实际交割

　　B. 目前个人外汇买卖业务主要是外汇宝交易

　　C. 个人外汇买卖交易的币种一般为各家银行的外币储蓄币种

　　D. 现在大多数银行对客户通过柜台进行外汇买卖仍设有较高的最低交易金额的限制

三、多项选择题

1. 按照我国1997年修正颁布的《外汇管理条例》规定，下列属于外汇范围的

是( )。

    A. 外国货币　　　　B. 外币债券　　　C. 外币存款凭证

    D. 特别提款权　　　E. 其他外币资产

2. 影响汇率波动的因素有( )。

    A. 央行宣布加息　　　　　　　　B. 经济增长速度减缓

    C. 发现油田　　　　　　　　　　D. 人民银行宣布将再贴现率提高0.5%

3. 以下对外汇市场的特点的叙述中正确的有( )。

    A. 外汇市场像股票市场一样有统一固定的地点

    B. 全球外汇市场每天24小时连续作业，为投资者提供了没有时间和空间限制的投资场所

    C. 外汇交易通常没有固定的交易场所，外汇交易基本都是通过电脑和通讯网络来完成的

    D. 在外汇市场上，无论汇率如何波动，总的价值是不变的

    E. 在外汇市场上，随着汇率的波动，总的价值量也在发生变化

4. 下列有关我国外汇交易的描述中正确的是( )。

    A. 我国外汇交易市场在结构、组织形式、交易方式和交易内容等方面都与国际规范化的外汇市场越来越接近

    B. 目前外汇市场只进行人民币与美元、人民币与日元、人民币与港币之间的现汇交易

    C. 在市场结构上可分为两个层次：一是客户与外汇指定银行之间的交易；二是银行间的外汇交易

    D. 中国人民银行对外汇市场进行宏观调控和管理，并制定每日的市场汇率

    E. 决定市场汇率的基础是外汇市场的供求情况，央行主要运用货币政策进行干预

课外阅读推荐

李国平. 美元如何掠夺世界财富. 杭州：浙江大学出版社，2012

第10章 黄金投资实务

引言

国际黄金价格从2012年10月的1 795.71美元/盎司开始下跌，到2013年6月最低时价格为1 180.71美元/盎司，下跌幅度为34%。国内金价也相应的大幅度下跌。

黄金价格的这一轮下跌的原因是什么呢？原因不外乎以下4点。

第一，美国经济数据向好，投资者看好美国经济复苏，美股屡创新高，金价避险光芒黯淡，资金加速从金市流向股市。第二，美国经济复苏，近期美联储多位官员呼吁美联储提前退出量化宽松货币政策(QE)，这将使美元走强。第三，强势美元也是压制金价的重要因素，美元指数创近3年新高，打开了新的上涨空间，美元涨，黄金跌。第四，黄金ETF继续减仓，上周继续减仓13吨。机构不看好黄金后市，金市资金出逃！

即使欧洲经济一塌糊涂，只要美国经济复苏，那么投资者仍然会追捧美股和美元，黄金价格还是跌。除非美国经济数据复苏低于预期，美联储退出QE预期减弱，那么再加上欧洲经济的衰退，黄金将再次发出避险光芒，迎来翻身的机会。总而言之，现在大家都关心美国的经济数据，比以往任何时候都关心。

资料来源：金投网，《黄金价格最近暴跌的4大原因》

这个资料告诉投资者决定国际黄金价格的首要因素是美元走势和美国经济形势，同时国内的黄金价格与国际黄金价格的关联度是非常高的。在经济全球化和自由化的背景下，各国经济之间的联系越来越密切，投资者在决策时眼界不能太狭隘，要掌握国际国内的各种信息。

10.1 黄金投资简介

10.1.1 黄金投资的含义及特点

1. 黄金投资的含义

黄金投资是指投资者以黄金的保值、增值为目的，持有实物黄金或开设黄金投资账户进行黄金买卖的投资行为。

2. 黄金投资的特点

黄金投资的具有以下一些特点。

第一，黄金投资的流动性较好。无论是在国际、国内，黄金都有极高的接受度，投资者很容易将其出售变现。在用黄金作为抵押品融资时，一般银行、典当行都会给予黄金价值90%以上的贷款，而用住房作为抵押品融资时，一般不超过房产价值的70%。

第二，不易被人操纵。黄金市场是全球性市场，现实中还没有哪个财团或国家具有操控黄金市场的实力。所以，黄金市场是一个比较透明、有效的市场，这将在很大程度上为黄金投资者的投资提供保障。

第三，黄金投资的种类繁多，投资者的选择空间较大。以黄金为标的的投资方式非常多，如实物黄金、账户黄金、黄金期货、黄金保证金交易等，每种投资方式都有自身的规则和风险特性，投资者可以结合自己的实际情况和风险偏好选择适合自己的投资方式。

第四，黄金价格总体上来说是比较稳定的，波动幅度较小，同时黄金具有较强的抵御通货膨胀的能力。1944年的布雷顿森林条约规定一盎司黄金兑换35美元(一盎司=31.103 5克)，近几年黄金价格处于一盎司黄金兑换1 200美元～1 800美元的区间之内，可见，过了100年左右的时间，黄金价格上涨了30～50倍，能够抵御通货膨胀的影响。

10.1.2 黄金投资的种类

1. 实物黄金投资

实物黄金主要是针对黄金衍生品而言的，实物黄金投资是指以金条、金币、黄金首饰等黄金实物作为投资对象的投资方式。

按照"是否是国家法定发行"的标准进行划分，将实物黄金投资划分为：金币类实物黄金和非金币类实物黄金。

1) 金币类实物黄金

金银币为国家法定货币是国际惯例。世界上绝大多数国家金银币由中央银行、财政部或造币机构发行，发行程序严格。在我国也一样，我国金银币是属于人民币的法定货币，其典型的标志是带有人民币面额；中国人民银行是唯一的发行机构，中国金币总公司负责总经销。

金币大致分为两种：纪念性金币和投资性金币。

纪念币：是一个国家为纪念国际或本国的政治、历史、文化等方面的重大事件、杰出人物、名胜古迹、珍稀动植物、体育比赛等而发行的法定货币，它包括金币、银币、铂币、钯币、普通金属币和纸币等，质量一般为精制，限量发行。普通金属和纸等材料制作的纪念币是可以按其面值进行流通的，所以这类纪念币也称为"流通纪念币"。

投资币：投资币是金银币的一个大类。投资性金银币，不一定有明确的主题内容，一般采用代表一个国家象征图案即可，每年可不换图案，发行量不限，质量为普通质量。投资性金银币的价格是国际金银价格略加较低的升水，可自由买卖，可随时向指定银行或金店兑现。如我国的熊猫金币、孔雀金币，美国的鹰扬金币、澳大利亚的袋鼠金币、加拿大的枫叶金币，就属于这类金币。

纪念性金币与投资性金币的区别：第一，投资性金币的含金量要高于纪念性金币，所以投资性金币价格对黄金价的变动比较敏感，而纪念性金币对黄金价格的变化敏感度要低一些；第二，纪念性金币在做工精细程度和艺术价值方面，要比普通投资性金币好很多，并且纪念性金币的主题要比投资性金币丰富；第三，纪念性金币是限量发行，而投资性金币不限量发行，所以，纪念性金币的收藏与纪念意义要高于投资性金币；第四，纪念性金币的升水(溢价)水平要高于投资性金币，也就是说纪念性金币的发行价格(售价)要比真实价值高出很多，而投资性金币的发行价格与其真实价值比较接近。

每年，由中国人民银行公布当年的贵金属纪念币项目发行计划，投资者可以到人民银行网站、中国金币总公司网站进行查询。例如，中国人民银行2013年贵金属纪念币计划发行10个项目，49个品种，其中金币26个品种，银币23个品种。这10个项目分别为：2013版熊猫金银纪念币(包括上海浦东发展银行成立20周年熊猫加字金银纪念币)、北斗卫星导航系统开通运行金银纪念币、中国佛教圣地(普陀山)金银纪念币、中国青铜器金银纪念币(第2组)、世界遗产——黄山金银纪念币、2013北京国际钱币博览会纪念银币、2014中国甲午(马)年金银纪念币。

关于金币、银币的销售渠道，投资者一定要有清晰的认识，以防上当受骗。其销售渠道一般是由中国金币总公司在全国的分支机构和全国的特许经销商构成的，这些机构，投资者可以登录中国金币总公司的网站进行查询。

小资料

中国的熊猫金币

中国人民银行从1982年开始发行熊猫金币，第一年发行的4款熊猫金币没有设置面值，四款币分别为1盎司、1/2盎司、1/4盎司和1/10盎司，如图10-1所示。从1983年开始，熊猫金币增加了1/20盎司的品种，并且还在每枚币上标明面值。为了更好地展现熊猫活泼顽皮的天性和黑白两色，我国技术专家利用黄金的折射和反射出现的光面和暗面产生的白与黑效果，发明了凹刻折光法，后来又采用鼓体反面喷沙技术，再现大熊猫的黑白两色且使其更具立体感。

目前，熊猫系列已是"子孙满堂"，总的分为普通投资金币和纪念性金币两大类。无论是哪个类别，所有熊猫金币都具有共同特点：保值和艺术收藏的功能，同时还具有一定的投资功能。我国的熊猫金币与美国鹰洋金币、加拿大枫叶金币、南非福格林金币、澳大利亚袋鼠金币齐名，是世界上著名的五大投资金币之一。纪念性熊猫金币重在收藏和艺术欣赏，不过，随着时间的推移，其身价也不断上涨，最后自然转变成投资类产品。

图10-1　熊猫金币

资料来源：金币投资网

2) 非金币类实物黄金

非金币类实物黄金不是法定发行的，其发行不需经过国家央行的批准，但这类实物物黄金也有一部分是由行以外的权威机构发行的，这一部分也具有较强的购买价值。

非金币类黄金制品，包含规则形状和非规则形状的实物黄金，规则形状的实物黄金制品包括条形、圆形、方形，依次称为金条、金章、金砖，在工艺上目前有油压工艺和浇铸工艺两种。非规则形状的实物黄金制品有黄金首饰品、黄金电铸摆件、采用其他油压、浇铸工艺制成的异形黄金制品。

从投资和收藏的角度来看，与金币一样，非金币类黄金制品中的规则形状产品也可以分为两种：一种是普通规则型非金币类黄金制品，另一种是纪念规则型非金币类黄金制品。

普通规则型非金币类黄金制品是指主要用于黄金投资的非金币类黄金制品，也可以称为"投资金条"。它是目前黄金市场上的主要投资产品。纪念规则型非金币类黄金制品是指为了纪念某一特定事件而发售的非金币类黄金制品。如1999年12月，为了纪念"千禧年"的到来，经过中国人民银行授权，中国金币总公司面向全国限量发售的共计1.5吨的"千禧年"金条，以及国内一些商家推出的"贺岁"生肖金条就属于这类。纪念规则型非金币类黄金制品一般都铸有精美的图案，精巧的样式，因此，特别适合于收藏、摆设和馈赠亲友。

由于世界各国黄金市场交易的类型、交易的习惯、管理的制度和规则各不相同，因此，非金币类黄金制品的规格多种多样。但按国际惯例，进入市场交易的非金币类黄金制品，在精炼厂浇铸成型时都必须标明其成色和重量，一般还应标有精炼厂的厂名及编号等。国际黄金市场上，一般把标准规格的非金币类黄金制品称为标金。标金也有很多种，比较常见的有400衡盎司标金、100衡盎司标金，1公斤标金、1衡盎司标金等。

投资金条的价格包含纯黄金本身的价格及一定的加工费、仓储费等。投资金条是实物黄金中最稳健的黄金商品，比较适合于投资风格比较保守、风险厌恶程度较高的投资者。投资金条的销售渠道较多，如各家银行、黄金企业的销售柜台等。

小资料

部分金条的价格

2013年4月25日，单位：元/克

黄金AU9999	298.20
中国黄金投资金条价格	313.50
建设银行龙鼎金条价格	299.50
中国银行金条价格	284.90
工商银行如意金条价格	301.13

注：每个品牌和黄金公司及银行的金条价格一般是在金交所黄金AU9999即时价格的基础上加上不等加工费和仓储费，其中成色、外观等都有些许差别，价格也经常会有少许浮动。

2. 账户黄金

"纸黄金"是一种个人凭证式黄金，又称账户金，很多银行将其称为"黄金宝"，投资者按银行报价在账面上买卖"虚拟"黄金，个人通过把握国际金价走势低吸高抛，赚取黄金价格的波动差价。投资者的买卖交易记录只在个人预先开立的"黄金存折账户"上体现，不发生实金提取和交割。投资纸黄金不计利息，因此只能通过低吸高抛，赚取买卖差价获利。黄金价格受多种因素影响，因此与其他任何一种投资品种一样，投资"黄金宝"也将面临一定的风险，投资者必须保持良好的投资心态。

相对实物黄金，其交易方便快捷，交易成本相对较低，适合投资者进行中短线操作。目前国内已有多家银行开办账户黄金业务，分别是中国银行、中国工商银行、中国建设银行、中国交通银行、华夏银行、民生银行、兴业银行等。

账户黄金投资具有如下特点。

第一，其为记账式黄金，不仅为投资人省去了存储成本，也为投资人的变现提供了便利。投资真金购买之后需要操心保存、存储，需要变现之时，又有鉴别是否为真金的成本。而纸黄金采用记账方式，用国际金价以及由此换算来的人民币标价，省去了投资真金的不便。

第二，账户黄金与国际金价挂钩，采取24小时不间断交易模式。国内夜晚，正好对应着欧美的白日，即黄金价格波动最大之时，为上班族的理财提供了充沛的时间。

第三，账户黄金提供了美元金和人民币金两种交易模式，为外币和人民币的理财都提供了相应的机会。同时，纸黄金采用T+0的交割方式，当时购买，当时到账，便于做日内交易，比国内股票市场多了更多的短线操作机会。

第四，账户黄金是全额交易的，而非保证金交易。即投资者购买一定价值的黄金要支付等值的货币资金。

3. 黄金期货

黄金期货是指在上海期货交易所上市的黄金期货品种，具体内容参见第8章中关于黄金期货的论述，在此不做赘述。

4. 黄金现货保证金交易

黄金现货保证金交易与黄金期货所采用保证金交易有所不同。黄金现货保证金交易也可称为黄金现货延期交收业务(上海黄金交易所简称Au(T+D)、Au(T+N)，天津贵金属交易所简称"天通金")，是指是指以保证金方式进行买卖，交易者可以选择合约交易日当天交割，也可以延期交割，同时引入延期补偿费机制来平抑供求矛盾的一种现货交易模式。

小资料

Au(T+N)与Au(T+D)的区别

Au(T+D)每天进行延期费支付，能确保实物交收，更适合现货商参与；(每交易日进行延期费支付，费率为万分之二。) Au(T+N)每两个月发生一次延期费支付，在此过程不确保交收能够成功，但成本可控，更适合投资者参与；Au(T+N1)为单数月月末进行延期费支付完成交割，Au(T+N2)为双数月月末进行延期费支付，费率均为百分之一。Au(T+D)价格与现货黄金价格紧密结合。Au(T+N)价格与现货价格可能会有小幅偏离，体现价格发现功能。

资料来源：深圳金融电子结算中心

延期交收的作用在于：在目前实盘交易的基础上，活跃交易，提高交易效率；采用保证金交易方式降低交易成本；流动性增大，有利于提高市场成交率；风险的有效释放，避免风险累积等。

黄金现货延期交收业务具有如下特点。

第一，交易时间灵活。Au(T+D)的交易时间为9:00～11:30、13:30～15:30、21:00～02:30。由于可以在晚上进行交易，而且波动最活跃的时候也是在晚上，所以非常适合平时白天需要上班的投资者。

第二，双向交易。黄金保证金交易先买后卖，也可以先卖后买(手中没有黄金也可卖出，称为卖空、做空)。这样既可以在上涨的行情中通过先买后卖获利，也可以在下跌的行情中通过先卖后买获利。而股票投资不能做空，所以股票投资只能在上涨行情中才能获利，在下跌的行情中是不能获利的。

第三，采用保证金交易模式。保证金制度也可称为"杠杆交易"，能使投资者以较少的资金，进行数倍、数十倍于本金规模的交易。这个制度起到了节省资金、以小搏大的效果。可以说黄金保证金交易是所有黄金投资产品中，投机性最强的产品，因为其盈利可能放大数倍，同时损失也可能放大数倍，所以它的风险是非常大的。

第四，无交割时间的限制。投资者在每个交易日均可申请交割，也可无限期持仓，不必担心因交割时间到期而被迫交割；投资者不想继续持有合约时，可以随时平仓。

第五，交易成本低。银行的账户黄金交易费为0.8～1元/克，而黄金现货延期交收业务的交易费用一般为交易总额的万分之十五，而且无须缴纳印花税，使其波段操作成本更低。

黄金现货延期交收业务与黄金期货业务有一定的相似性，也有很大的差别，差别表现在以下几方面。

第一，黄金期货没有夜市交易。全球的黄金市场是个联运市场，国内的黄金交易价格与国际交易价格联动，主要受伦敦、纽约两个市场的影响最大。而伦敦、纽约开市时间正好是我国夜间，黄金现货延期交收业务可以在夜间交易，让投资者能够尽可能跟随国际价格的波动，从而捕捉到更多的盈利机会。

第二，黄金期货是标准化合约，到期必须交割。而黄金现货延期交收业务是非标准化合约，持有者可以当天申请交割，也可在缴纳小额延期补偿费的前提下，在日后的任一交易日交割。

目前，在我国开展黄金保证金交易的机构和市场包括：上海黄金交易所、天津贵金属交易所以及两个交易所下属的会员单位(包括：中资银行、外资银行、经营黄金业务的企业等)。

5. 境外黄金保证金交易

目前，我们国内有许多境外黄金保证金交易的代理机构，主要是"伦敦金"。伦敦是全球主要黄金买卖和交收中心，也是世界上最大、历史最悠久的黄金市场。每个交易日伦敦金银市场协会的五大黄金交易商都会定出当日的黄金市场价格。与其他黄金市场不同，它只为市场的交易者买入或卖出黄金提供单一的报价。此价格还被广泛应用于生产商、消费者和中央银行之间，作为中间价参考。伦敦金市场属现货黄金交易市场，最大的特色就是没有一个固定的交易所。由于伦敦没有实际的交易场所，伦敦金买卖主要通过场外交易形式——电子交易系统完成，即随时随地均可买卖。

"伦敦金"投资属于纯粹的保证金交易，与我国国内的黄金延期交收业务相比，"伦敦金"是不能交割的，而对于后者投资者是可以自愿选择交割时间的。国内投资"伦敦金"的模式与第9章中所讲的境外机构代理的外汇保证金交易业务模式非常相似，所以，很多境外代理机构是同时从事这两种业务的。与外汇保证金业务相同，投资者的资金也需要直接汇入境外的黄金运营商的账户，没有第三方存管制度，因此，资金安全的风险比较大。"伦敦金"的运营商给投资者设定的杠杆比率非常高，一般为100倍，以高收益来吸引投资者，但是投资者应该清楚地认识到，不但收益被放大100倍，同时损失也会被放大100倍，而且运营商还要从中收取点差作为交易费用。

10.1.3　黄金投资的收益与风险

1. 黄金投资收益

黄金投资与其他的投资品种一样，其收益同样来自于买卖差价——卖价高于买价是盈利，卖价低于买价是损失。单向交易的实物黄金投资、账户黄金投资只能"先买后卖"，不允许做空，所以投资者只有通过先买入黄金然后等待黄金价格上涨后卖出来获利。对于双向交易的黄金期货、黄金保证金交易可以"先买后卖，也可以先卖后买"，允许做空，投资者不但在上涨的行情中可以盈利，在下跌的行情中也可以盈利。在市场价格下跌的过程中，投资者可以先以较高的价格卖出黄金期货合约、黄金现货保证金交易合约，然后等到价格下跌后，再以较低的价格买入相同的合约平仓，同样能够实现卖价高于买价的盈利。投资者计算收益时，无论是什么投资对象，都是用卖价减去买价，再减去相应的交易费用。

2. 黄金投资的风险及风险管理

在所有的黄金投资产品中，实物黄金投资、账户黄金投资的风险相对较小，而黄金期货投资和黄金保证金交易的风险较大。这是因为实物黄金投资和账户黄金投资是非杠杆交易，也就是说100元人民币只能投资100元的黄金产品；而黄金期货与黄金保证金交易是杠杆交易，100元人民币可以投资于1 000～10 000元的合约，所以盈利和损失被放大了10倍乃至100倍，因此风险也是极高的。

面对黄金投资的风险，投资者应该有清醒的认识，做好相应的准备，采取有效的风险管理策略来避免损失。具体的措施包括以下几点。

第一，真正掌握投资对象的基本知识、交易规则、价格的影响因素、操作技巧等知识，不要盲目投资。对于任何投资项目都是一样的，投资者要获得盈利避免损失的最有效的手段就是真正地理解和掌握所投资的产品。

第二，用闲置资金去投资。投资的资金来源一定是未来相当长的时间内，都不会被使用的部分。这样做的好处在于即使投资遭受损失也不至于影响投资者的正常生活。

第三，要控制好投资的比例。个人、家庭的收入和资金一定要合理地配置，要对无风险资产和风险资产进行合理的分配。无风险资产如存款、国债等；风险资产如股票、期货、外汇、黄金等。只有有效地分配，使整个家庭财产的风险得到有效的分散，同时配置一定比例的风险资产，才能够在不影响正常生活的情况下尽可能地提高收益水平。

第四，坚持不懈、不断学习和提高。任何一种投资所包括的投资智慧和艺术都是博大精深的，投资者只有不断地学习、体会，不断地总结成功与失败的经验与教训，才能真正走向成熟，才能成为一个优秀的投资者。

10.2 黄金投资交易规则

在此主要介绍账户黄金和黄金现货延期交收交易开设账户的规则，黄金期货、黄金保证金业务的开户参照期货和外汇的开户规则。

10.2.1 开设账户

1. 账户黄金开设账户

人民币账户贵金属(含黄金、白银等)需要在开立个人账户贵金属账户后方可进行交易，美元账户贵金属(含黄金、白银等)无需开户即可直接交易。

(1) 柜面开户：凭本人有效证件，持有银行活期存折、银行卡、理财金账户卡到银行网点，填写个人账户贵金属开销户申请书，签字确认后即可办理开通。

(2) 电子银行渠道开户：投资者可通过银行提供的网上银行、电话银行或手机银行等方式自助办理个人账户贵金属开户手续。

2. 黄金现货延期交收交易开设账户

一般来说黄金现货延期交收交易账户的开通流程如图10-2所示。

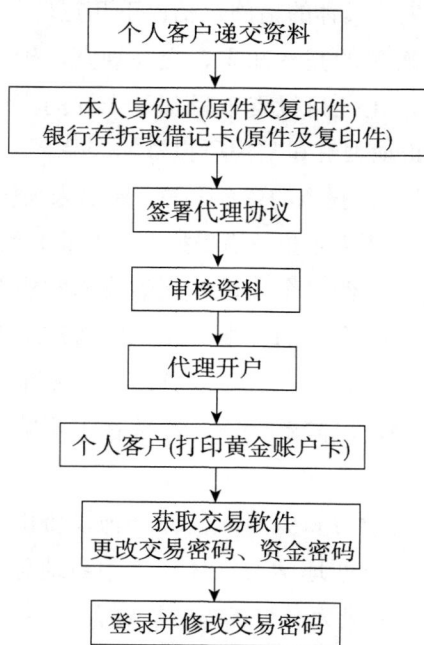

图10-2　黄金现货延期交收交易开户流程

10.2.2 各类黄金投资产品交易规则对比

下面通过表10-1来说明各种黄金投资产品在交易规则方面的异同。

表10-1　各类黄金投资产品交易规则对比

类别	账户黄金	黄金期货	黄金现货延期交收交易 Au(T+D)、Au(T+N)、天通金		伦敦金
运营机构	各银行	上海期货交易所	上海黄金交易所	天津贵金属交易所	各黄金运营商
报价方式	人民币/克	人民币/克	人民币/克	人民币/手	美元/盎司
交易单位	10克/手	1 000克/手	1 000克/手	1 000克/手	100盎司/手
是否实物交割	不能交割	平仓或实物交割	平仓或实物交割	平仓或实物交割	不能交割
交易方式	单向或双向T+0	双向T+0	双向T+0	双向T+0	双向T+0
交易机制	随时成交	撮合成交	撮合成交	随时成交	随时成交
资金保障	银行的产品	银行第三方托管	银行第三方托管	银行第三方托管	资金一般得出境，没有保障
保证金比例	100%	4%	15%～20%	8%	1%
交易成本	较高，手续费0.8元/克	手续费60元/千克，交割费1毛/克	双边万分之三十左右，递延费：万分之二/天，交割费1毛/克	双边万分之十六，递延费：万分之二/天	手续费双边万分之七左右
最后交易日	无固定期限	交割月份的15日	无固定期限	无固定期限	无固定期限
交易时间	各银行各不相同	周一至周五：9:00～11:30 13:30～15:00	周一至周五 9:00～11:30 13:30～15:30 周一至周四 21:00～2:30(国家法定假日除外)	每周一至周五开市(国家法定节假日及国际市场休市除外)，周一早8:00至周六早4:00，每日4:00～6:00结算	周一至周五24小时交易，一般每日4:00～6:00结算
风险控制	无强制平仓，无波幅度限制	强制平仓，每日价格最大波动限制：不超过上一交易日结算价±3%	强制平仓，每日价格最大波动限制：不超过上一交易日结算价±7%	强制平仓，无波幅度限制	强制平仓，无波幅度限制
适宜人群	转嫁通胀风险	能承担一定风险，要求利润较高	黄金使用机构(金商等)	投资获利，门槛较高，10万人民币起步	追求高风险高收益，操作理念技术全面

小资料

黄金现货延期交收交易中的延期费

延期补偿费是市场多空持仓中的某一方为顺延实物交收义务向另一方支付的费用。延期补偿费的支付方向由交收申报数量对比决定。当交货申报小于收货申报时，空头持仓向多头持仓支付延期补偿费；当交货申报大于收货申报时，多头持仓向空头持仓支付延期补偿费；当交货申报等于收货申报时，不发生延期补偿支付。延期补偿费一般为0.2‰/天。投资者通过交纳延期补偿费可以选择交割时间，在交割之前还可以选择平仓了结，以避免履行交割义务。

10.3 黄金投资分析

10.3.1 黄金投资基本分析

黄金价格的变动，绝大部分原因是受到黄金本身供求关系的影响。因此，作为一个具有自己投资原则的投资者，就应该尽可能地了解任何可能影响黄金供给的因素，从而进一步明了场内其他投资者的动态，对黄金价格的走势进行预测，以达到进行合理投资的目的。其主要的因素包括以下几个方面。

1. 美元走势

美元虽然没有黄金那样的稳定，但是它比黄金的流动性要好得多。因此，美元被认为是第一类的钱，黄金是第二类。当国际政局紧张不明朗时，人们都会因预期金价会上涨而购入黄金。但是最多的人保留在自己手中的货币其实是美元。假如国家在战乱时期需要从他国购买武器或者其他用品，也会沽空手中的黄金，来换取美元。因此，在政局不稳定时期黄金未必会升，还要看美元的走势。简单地说，美元强黄金就弱，黄金强美元就弱。

通常投资人士储蓄保本时，取黄金就会舍美元，取美元就会舍黄金。黄金虽然本身不是法定货币，但始终有其价值，不会贬值成废铁。若美元走势强劲，投资美元升值机会大，人们自然会追逐美元。相反，当美元在外汇市场上趋弱时，黄金价格就会趋强。

2. 政治局势

战争和政局震荡时期，经济的发展会受到很大的限制。任何当地的货币，都可能会由于通货膨胀而贬值。这时，黄金的重要性就被发挥地淋漓尽致。由于黄金具有公认的特性，为国际公认的交易媒介，在这种时刻，人们都会把目标投向黄金。对黄金的抢购，也必然会造成金价的上升。

3. 通货膨胀

我们知道，一个国家货币的购买能力，是基于物价指数而决定的。当一国的物价稳定时，其货币的购买能力就稳定。相反，通胀率越高，货币的购买力就越弱，这种货币就愈缺乏吸引力。如果美国和世界主要地区的物价指数保持平稳，持有现金也不会贬值，又有利息收入，那么美元必然成为投资者的首选。

相反，如果通胀剧烈，持有现金根本没有保障，收取利息也赶不上物价的暴升。人们就会采购黄金，因为此时黄金的理论价格会随通胀而上升。西方主要国家的通胀越高，以黄金作保值的要求也就越大，世界金价亦会越高。其中，美国的通胀率最容易左右黄金价格的变动。

4. 石油价格

黄金本身是通胀之下的保值品，与美国通胀形影不离。石油价格上涨意味着通胀会随之而来，金价也会随之上涨。

5. 经济状况

经济欣欣向荣，人们生活无忧，自然会增强人们投资的欲望，民间购买黄金进行保值或装饰的能力会大为增强，金价也会得到一定的支持。相反之下，民不聊生，经济萧条时期，人们连吃饭穿衣的基本保障都不能满足，又哪里会有对黄金投资的兴致呢？金价必然会下跌。经济状况也是构成黄金价格波动的一个因素。

6. 黄金供需关系

金价是基于供求关系的基础之上的。如果黄金的产量大幅增加，金价会受到影响而回落。但如果出现矿工长时间罢工等原因使产量停止增加，金价就会在求过于供的情况下升值。此外，新采金技术的应用、新矿的发现，均令黄金的供给增加，表现在价格上当然会令金价下跌。一个地方也可能出现投资黄金的风习，例如在中国和印度老百姓对黄金的热爱和偏好程度非常高，对黄金的需求量非常大，这在一定程度上影响到黄金的价格。

对于黄金走势的基本分析涉及许多方面的因素，当我们在利用这些因素时，就应当考虑到它们各自作用的强度到底有多大。找到每个因素的主次地位和影响时间段，才能够得出最佳的投资决策。黄金的基本分析在时间段上分为短期(通常是三个月)因素和长期因素。我们对于其影响及作用要分别对待。

10.3.2 黄金投资技术分析

因为黄金投资市场是一个信息非常透明、充分的市场，投资者容易获得价格、交易量等市场信息，所以黄金投资同样可以应用技术分析方法。在第4章中所讲的技术分析的方法在黄金投资分析中一般都是适用的。这些内容在此不作赘述。

10.4 模拟实训

由于黄金投资的种类比较多，其中可操作性较强的黄金投资模拟实训包括：账户黄金、黄金期货、黄金现货延期交收、"伦敦金"，而实物黄金投资并不适合做模拟实训。其中，黄金期货的模拟实训参照第8章期货投资中的内容进行，在此不作介绍。"伦敦金"投资所使用的交易平台与外汇保证金交易的交易平台是相似的——MT4交易平台，它们的下载、安装与使用都是非常接近的，所以"伦敦金"投资就不作实训了。本章中的模拟实训以黄金现货延期交收交易作为黄金投资模拟实训的重点。

10.4.1 实训目的

使学生熟悉各类黄金投资产品的特点；培养黄金投资的基本分析能力、技术分析能力；帮助学生积累黄金投资的经验和加深对黄金投资的体会，调动学生的学习积极性；对学生的学习效果进行检验、评价。

10.4.2 实训条件

1. 硬件条件

黄金投资模拟实训的硬件条件要求同其他投资业务。

2. 软件条件

黄金投资的模拟实训软件主要包括：黄金行情软件、黄金投资模拟账户。当然有些收费的金融实训教学软件中就包含了黄金投资的实训。在这里我们向大家介绍两款比较好用的软件：由"金投网"提供的上海黄金交易所Au(T+D)模拟交易系统

(网页版)和黄金行情软件(下载安装)。上海黄金Au(T+D)业务模拟交易账号注册网址：http：//www.cngold.org/down/4157.html，填入相应的个人信息就可以获得模拟账户。黄金投资行情软件的下载地址为：http：//www.cngold.org/down/90.html，直接点击下载软件就可以了。

登陆模拟账户之后，在交易时间可以进行上海Au(T+D)业务的模拟交易。账户中有虚拟资金100万元人民币，可以选择买入、卖出、开仓、平仓，填入价格和数量就可以生成委托，同时还有交易查询、资金查询等功能。

10.4.3　实训内容

1. 熟悉黄金投资行情软件

教师指导学生完成下列实训内容，并对学生的操作记录进行评价或考核。

(1) 按照教材中给出的网址，注册模拟账户、下载软件、安装并登录；

(2) 通过黄金行情软件查看各黄金投资品种的报价；

(3) 查看某一具体黄金投资品种的分时图、K线图等；

(4) 查看有关黄金投资的信息、资金、资讯等。

完成上述任务后填写实训记录，如表10-2所示。

表10-2　实训记录

目的：		时间：	地点：
实训过程及理由			
实训体会			
教师点评及考核			

2. 基本分析实训

基本分析对于黄金投资分析是十分重要的方法，基本分析可以帮助投资者判断主要黄金价格变动的大方向和长期趋势，帮投资者确定操作的基本策略是做空还是做多。黄金投资的基本分析的主要涉及美元汇率、政治局势、通胀水平、国际国内经济形势、黄金的供给与需求等因素。请同学们在教师的指导下完成下列实训内容，完成后填写表10-3。

(1) 观察和分析当前美国的货币政策、美元的汇率走势、美元汇率走势对黄金价格的影响；

(2) 观察和分析国内、国际经济形势，并分析其对黄金价格的影响；

(3) 观察和分析国际石油价格与黄金价格的关系；

(4) 观察和分析国际、国内的通货膨胀水平，并分析其对黄金价格的影响；

(5) 观察和分析国际、国内黄金的供给情况、需求情况，并根据黄金的供求预测黄金未来的价格走势。

表10-3　实训记录

目的：		时间：	地点：
实训过程及理由			
实训体会			
教师点评及考核			

3. 技术分析实训

请同学们就以下内容进行技术分析的实训，完成后填写表10-4。

(1) 根据行情软件所提供的黄金价格走势、成交量信息、递延费支付情况，来预测黄金价格的走势；

(2) 根据K线图(1分钟线、5分钟线、1小时线、日线、周线等)判断某一黄金投资产品价格变动方向；

(3) 根据技术分析指标判断某一黄金投资产品价格的变动方向；

(4) 运用画线工具来分析和预测某一黄金投资产品价格的变动方向。

表10-4　实训记录

目的：		时间：	地点：
实训过程及理由			
实训体会			
教师点评及考核			

4. 委托买卖实训

同学们在掌握了基本分析与技术分析的方法之后，就可以利用虚拟账户进行黄金现货延期交收交易Au(T+D)的买卖开仓、平仓的实训了。主要包括以下内容，完成后填写表10-5。

(1) 买入开仓、卖出平仓；

(2) 卖出开仓、买入平仓；

(3) 观察模拟账户中的资金总量及盈亏情况；

(4) 观察模拟账户中保证金占用、可用资金情况；

(5) 观察"金投网"中其他投资者的收益情况及排名；

(6) 参加"金投网"组织的黄金投资大赛。

表10-5　实训记录

目的：		时间：		地点：	
实训过程及理由					
实训体会					
教师点评及考核					

习｜题

一、判断题

1. 黄金价格与美元指数成正相关关系。（　　）

2. 银行推出的账户黄金业务只能单向交易。（　　）

3. "伦敦金"没有期限，永远不能实物交割。（　　）

4. 黄金储备在我国的国际储备中所占的比重非常小，这是不合理的。（　　）

5. 德国的黄金储备在世界排名第一。（　　）

二、单项选择题

1. 2007年9月11日，中国证监会公布，批准（　　）上市黄金期货，标志着我国黄金远期合约市场建设的启动和黄金金融投资领域改革攻坚战的开始。

A. 上海黄金交易所　　　　　　　　B. 上海期货交易所

C. 中国黄金协会　　　　　　　　　D. 中国外汇管理局

2. 我国黄金期货的交易单位为（　　）。

A. 100克　　　　　B. 1 000克　　　　　C. 1盎司　　　　　D. 100盎司

3.布雷顿森林体系解体以后对美元国际货币地位威胁最大的货币是(　　)。

A.日元　　　　　　　B.德国马克　　　　　C.英镑　　　　　　D.欧元

4.黄金投资中最应该关注的核心问题是(　　)。

A.黄金投资品种选择配置　　　　　　　B.投资策略

C.技术走势　　　　　　　　　　　　　D.黄金价格

三、多项选择题

1.可用于黄金投资分析的方法是(　　)。

A.基本面分析　　　B.技术分析　　　　　C.财务分析　　　D.心理分析

2.黄金投资种类包括(　　)。

A.实物黄金　　　　B.纸黄金　　　　　　C.基金期货　　　D.黄金现货延期

E.伦敦金

3.黄金投资中风险最大的三种是(　　)。

A.实物黄金　　　　B.纸黄金　　　　　　C.基金期货　　　D.黄金现货延期

E.伦敦金

4.上海黄金交易所的会员分为(　　)。

A.自营类　　　　　B.金融类　　　　　　C.综合类　　　　D.银行

课外阅读推荐

约翰·季格森，等.黄金投资从入门到精通.北京：人民邮电出版社，2013

参考文献

[1] 中国证券业协会. 证券投资分析. 北京：中国财政经济出版社，2012

[2] 滋维·博迪，等. 投资学. 北京：机械工业出版社，2012

[3] 菲利普·A. 费雪. 怎样选择成长股. 北京：机械工业出版社，2009

[4] 吉姆·罗杰斯. 投资骑士. 北京：中信出版社，2007

[5] 维克多·斯波朗迪. 专业投机原理. 北京：宇航出版社，2002

[6] 埃德温·J. 埃尔顿，等. 现代投资组合理论和投资分析. 北京：中国人民大学出版社，2006

[7] 赫什·舍夫林. 超越恐惧和贪婪. 上海：上海财经大学出版社，2005

[8] 威廉·欧奈尔. 笑傲股市. 北京：中国财政经济出版社，2004

[9] 彼得·林奇. 战胜华尔街. 北京：机械工业出版社，2007

[10] 威廉·D. 江恩. 如何从商品期货交易中获利. 北京：机械工业出版社，2010

[11] 李国平. 美元如何掠夺世界财富. 杭州：浙江大学出版社，2012

[12] 约翰·季格森，等. 黄金投资从入门到精通. 北京：人民邮电出版社，2013

[13] 伯顿·麦基尔. 漫步华尔街. 上海：上海财经大学出版社，2002

[14] 乔治·索罗斯. 金融炼金术. 海口：海南出版社，1999

[15] 约瑟夫·H. 埃利斯. 我在高盛的经济预测法. 北京：机械工业出版社，2011